VOYAGES
EN EUROPE,
EN ASIE ET EN AFRIQUE.

TOME PREMIER.

VOYAGES
EN EUROPE,
EN ASIE ET EN AFRIQUE,

CONTENANT

La description des Mœurs, Coutumes, Loix, Productions, Manufactures de ces Contrées, & l'Etat actuel des Possessions Angloises dans l'Inde;

Commencés en 1777, & finis en 1781,

Par M. MAKINTOSH;

Suivis des Voyages du Colonel CAPPER, *dans les Indes, au travers de l'Egypte & du grand désert, par Suez & par Bassora, en* 1779.

Traduits de l'Anglois, & accompagnés de Notes sur l'original & de Cartes Géographiques.

TOME PREMIER.

A LONDRES,
Et se trouve à PARIS,

Chez REGNAUT, Libraire, rue Saint-Jacques, vis-à-vis celle du Plâtre.

1786.

TABLE
DES LETTRES

Contenues dans le premier Tome.

LETTRE PREMIERE. *Voyage en Hollande, Description d'Anvers, de Gand, de Bruges & d'Ostende.* Page 7

LETT. II. *Voyage en Flandre & dans les Pays-Bas. Anecdote sur le Lord Ferrers & le Corsaire Cunningham. Observations sur la guerre de l'Angleterre avec ses Colonies.* 21

LETT. III. *Politique Françoise. Portraits de quelques Personnages célebres. Tableau des Mœurs de la Nation Françoise.* 26

LETT. IV. *Préparatifs de guerre à l'Orient.* 51

LETT. V. *Traité entre les Etats-Unis & la France. Description de l'Orient & de Nantes.* 61

LETT. VI. *Vues des François sur l'Indostan. Leurs Plans. Questions relatives aux établissemens Anglois dans l'Inde.* 67

TABLE.

LETT. VII. *Particularités sur Haïder-Aly.* Page 81

LETT. VIII. *Départ de la France pour les Indes. Description d'un Vaisseau François.* 84

LETT. IX. *L'Auteur est arrêté par le Capitaine de Vaisseau.* 95

LETT. X. *Lettre au Gouverneur de Pondichery.* 104

LETT. XI. *Autre Lettre au même.* 107

LETT. XII. *Sa réponse.* 109

LETT. XIII. *A M. de Launay. Captivité de l'Auteur à l'Isle de France.* 111

LETT. XIV. *Au Gouverneur Général de cette Isle.* 115

LETT. XV. *Sa réponse.* 118

LETT. XVI. *Différens événemens arrivés à l'Auteur pendant cette captivité.* 120

LETT. XVII. *Histoire de son Voyage, depuis Madere jusqu'à l'Isle de France. Description de l'engagement entre M. du Tronjolly & l'Amiral Vernon.* 132

LETT. XVIII. *A M. Anquetil.* 149

LETT. XIX. *Au Gouverneur de l'Isle de Bourbon.* 150

LETT. XX. *Voyage à bord du Vaisseau le Favori.* 153

LETT. XXI. *Nouveaux efforts de l'Auteur pour*

TABLE.

recouvrer sa liberté. Page 163

LETT. XXII. *A M. Hastings Gouverneur général de l'Inde, sur les préparatifs & les projets des François.* 169

LETT. XXIII. *Précis des opérations militaires en Asie. Remarques sur le traitement fait au Nabab d'Arcate.* 174

LETT. XXIV. *Observations sur les établissemens Hollandois dans l'Inde, sur leur détresse, l'embarras de leur Compagnie des Indes, &c.* 182

LETT. XXV. *Sur le traité des richesses du Docteur Smith. Sur les suites de la prise de Pondichéry.* 211

LETT. XXVI. *Description du Cap-de-Bonne-Espérance, de ses habitans, de leur caractère, mœurs, richesses, de l'oppression de cette Colonie, de ses revenus, productions, commerce; des Hottentots, &c.* 217

LETT. XXVII. *Etat des Etablissemens Anglois dans l'Inde. Portraits de quelques Administrateurs célèbres dans l'Inde.* 249

LETT. XXVIII. *Description du sol, du climat, des productions naturelles, de la population, du commerce de l'Indostan, &c.* 255

LETT. XXIX. *Sur la guerre entre l'Amérique & l'Angleterre.*

Lett. XXX. *Avantages que l'Angleterre pourroit tirer de l'Inde. Anecdote intéressante de bienfaisance.* 270

Lett. XXXI. *Coutumes, Mœurs, Opinions des Indous.* 283

Lett. XXXII. *Fautes de la Compagnie des Indes.* 322

Lett. XXXIII. *Etat des Manufactures, des Monnoies de l'Inde.* 334

Lett. XXXIV. *Sur les Billets de Banque qu'on pourroit y établir.* 437

Lett. XXXV. XXXVI. XXXVII. XXXVIII. XXXIX. *Systême de réforme, pour les Etablissemens Anglois dans l'Inde.* 350 à 382

Lett. XL. *Description des Isles de France & de Bourbon.* 382

Lett. XLI. *Sur l'avantage que pourroit en tirer l'Angleterre, si elle les soumettoit.* 393

Lett. XLII. *Description des Isles de Niccabar.* 394

Lett. XLIII. *Guerre de la présidence de Bombay avec les Marattes. Siége du Fort de Tannay. Histoire de Ragoba. Description du Pays des Marattes. Mœurs des différentes Nations sur la côte de Bombay. Leurs Mariages. Des Bayaderes, &c.*

PRÉFACE

DE L'ÉDITEUR.

Dans un moment où les Anglois s'empreſſent à réparer dans les Indes Orientales la perte qu'ils viennent de faire en Amérique, où ils cherchent à étendre leur commerce par-tout, & à couvrir l'Univers de leurs marchandiſes, où preſque toutes les Nations de l'Europe, deſirent prendre une plus ou moins grande part à ce commerce; j'ai cru rendre ſervice à la France & à l'Europe, en traduiſant en François ces Voyages récemment écrits en Anglois. Ce qui a ruiné preſque toutes les

PRÉFACE

Compagnies qui ont ci-devant entrepris le Commerce de l'Inde, est l'ignorance de la situation politique & commerciale de cette contrée. Une foule de Voyageurs nous ont instruit, à la vérité, sur quelques productions, sur le caractère, les mœurs de quelques castes, de quelques Nations, sur les cérémonies religieuses, les antiquités, &c. mais aucun (je parle des Voyageurs François) ne nous a donné des renseignemens exacts, sur l'état politique de l'Inde; & cependant sans la connoissance préalable de cet état, les grandes Compagnies Européennes qui veulent y former des établissemens, doivent s'y ruiner infailliblement. La lumière sur l'état politique de l'Inde, ne peut nous venir que des Anglois. Ils y possedent à présent le plus vaste empire qu'on y connoisse. Ils y ont des relations plus ou moins intérieures avec les autres Puissances. Ils y entretiennent dans les Cours des Envoyés, des Résidens; dans presque toutes on rencontre des Anglois, qui, aux opérations de commerce les plus étendues, joignent le goût des connoissances, qui observent tout, recueillent tout, impriment tout; & voilà comment il y a en Angleterre mille personnes parfaitement instruites de la Géographie, de la Topographie de l'Inde, de l'Histoire, de ses différens Soubas, Nababs, de leurs forces actuelles, de leurs richesses, de leurs dispositions, &c. tandis que dans le reste de l'Europe, à peine pourroit-on rassembler cinquante personnes qui aient des idées nettes & vraies sur ces différens points (1). La raison de cette ignorance générale est bien palpable ; c'est le défaut d'intérêt. On s'inquiète peu de connoître un pays, avec lequel on a peu de liaison. Tel est le raisonnement d'instinct du vulgaire. Il est tems qu'il se dissipe. Car si l'Angleterre a dans la derniere guerre, quoique l'issue en ait été

---

(1) Pour donner ici un échantillon de cette ignorance où l'on est sur l'état des Indes Orientales, je citerai deux bévues impardonables qui se trouvent dans une Histoire imprimée cette année même en France. On y fait combattre Haïder-Aly, à la tête de 25,000 Marattes, & l'on y dit que Ragoba vouloit être *Nabab*, chez ces mêmes Marattes ; tandis que Haïder - Aly a toujours été l'ennemi & le rival des Marattes ; tandis que ces peuples ne connoissent que des Rajahs, & non pas des Nababs, titre affecté aux Princes ou Gouverneurs Mogols, ou Mahométans.

bien fatale pour elle, si elle a résisté long-tems avec tant d'énergie, tant de gloire, aux efforts combinés de ses ennemis, à qui doit-elle cet avantage ? A son crédit immense. Et ce crédit immense, d'où découle-t-il ? De l'idée qu'on a de ses richesses dont la source paroît intarissable. Or, cette source est dans son commerce exclusif de l'Inde, dans ses possessions territoriales de l'Inde, dans les tributs immenses qu'elle tire de l'Inde. Si donc on veut contrebalancer l'influence universelle de la Grande-Bretagne, il faut l'étudier, la consulter, dans l'Indostan comme dans son enceinte même. Les rapports de l'Europe & de la France sur-tout avec cette Isle, mettent donc les Européens & les François dans la nécessité de s'instruire à fonds de l'état préfent de l'Indoſtan, & c'eſt pour le leur faire connoître que je leur préſente cette traduction des Voyages de M. Makintosh. Des circonſtances particulieres la firent tomber entre mes mains, dans un moment où je m'occupois fortement d'approfondir l'état de l'Indoſtan. Je crus qu'en y faiſant des coupures, des additions, elle pourroit être utile à ma patrie.

M. M. parcourut ces établiſſemens Anglois pendant la derniere guerre, & c'eſt à cette époque qu'il les décrit. Mais qu'on ne croye pas trouver uniquement ici les Obſervations d'un Voyageur qui jette en paſſant un coup-d'œil ſur le pays qu'il traverſe. A ſes remarques particulieres, M. M. a joint le réſultat précieux d'Obſervations faites par des Anglois éclairés, qui ont long-tems résidé dans l'Inde, & qui les lui ont communiquées. La plus grande partie de ces matériaux a été fournie par M. Francis, qui a joué un rôle si considérable dans l'Indostan, & depuis dans les débats Parlementaires de l'Angleterre; sa place le mettoit à portée de connoître toutes les parties de l'Administration Angloise, les revenus, les productions, le commerce. On peut compter sur la vérité de ses assertions, par cela même qu'il les publioit, & qu'il s'exposoit à être démenti, s'il en eût imposé.

On ne doit pas dissimuler que l'intérêt privé s'est souvent glissé dans ces observations. Mais cette tache importe peu aux étrangers. Il leur suffit de connoître l'état de l'Indostan, les richesses qu'on en tire, qu'on en peut tirer. Peu leur importe d'ailleurs que M. Haſtings ait tort ou raiſon, qu'il ait ou n'ait pas pillé pendant le tems de ſon adminiſtration.

Une autre prévention perce encore dans ces Voyages; celle qui caractériſe la nation Angloiſe, ſon antipathie contre la France. M. M. s'y livre ſouvent; je n'ai pas toujours ſupprimé ſes élans de haine patriotique; il m'a ſemblé que chaque peuple devoit avoir ſon caractere, parler ſon langage. Il feroit ridicule de prêter à un Anglois, nos idées & notre ton.

Quelque mal que diſent des François, les Ecrivains Anglois, je crois qu'il faut les traduire en entier; traduire juſqu'à leurs calomnies; 1° parce que ces jugemens nous apprennent à nous connoître,

DE L'ÉDITEUR. xvij

ou au moins à voir de quelle manière les étrangers nous jugent; 2° notre justification leur parvient, les corrige de leurs erreurs; car souvent on réimprime en Angleterre avec les notes des François, les originaux Anglois, leurs Journaux indiquent les corrections, & les préjugés se dissipent ainsi insensiblement.

M. Makintosh a trouvé des adversaires, des ennemis en Angleterre. Il avoit censuré amerement l'administration de M. Hastings. Son Ouvrage devoit donc soulever, contre lui, tout le parti dévoué à ce célebre Aministrateur de l'Inde. Un des plus furieux adversaires de l'Auteur Anglois, fut un Négociant de l'Inde, nommé Joseph Price, qui y a demeuré pendant trente ans. De retour en

b

Angleterre, il a fait avec sa plume une guerre courageuse à Messieurs Fox, Burke, Francis, & autres ennemis de M. Hastings. Il n'a pas ménagé M. M. dans *ses Observations* (1) sur son Ouvrage; c'est une satyre d'un bout à l'autre; on voit que l'Auteur a sans cesse trempé sa plume dans le fiel; mais au milieu de ces éclats, on trouve d'excellentes remarques sur l'état de l'Indostan. J'en ai enrichi cette traduction, en m'attachant à rejetter tout ce qui portoit trop fortement le caractere de la vengeance & de la partialité; j'ai suivi cette méthode également dans les nombreux retranchemens que j'ai

---

(1) *Observations on travels in Europe*, &c. London, 1784.

faits à l'Auteur original. Il y avoit des répétitions, je les ai élaguées; des longueurs, j'ai abrégé; des idées peu claires, j'ai éclairci; des fauſſetés, je les ai réfutées dans les notes; en un mot, j'ai tâché de conſerver dans cet Ouvrage, *tout ce qui pouvoit être inſtructif, intéreſſant, amuſant, pour des François.*

Ceux qui voudront connoître la puiſſance des Anglois dans l'Inde, l'aviliſſement de l'Empereur Mogol, la dégradation des Nababs du Bengale, du Décan, du Carnate ; les vexations du Gouvernement anglois; la dévaſtation, la dépopulation du pays de Rohillas, la guerre deſtructive & déshonorante contre les Marattes, &c. &c. trouveront ici des détails infiniment inſtructifs & certains, que n'offrent aucuns Voyageurs ou Ecrivains François. J'en excepte cependant l'Auteur du *Tableau de la situation actuelle des Anglois dans l'Inde* (1). J'ai trouvé dans son Ouvrage des lumieres sur quelques points faux ou inintelligibles dans le Voyageur Anglois ; quand ce Tableau sera fini, ce sera sans doute pour les Francois un *Manuel politique sur l'Inde*, qui réunira toutes les connoissances des Anglois, sans avoir la tache de leur partialité.

Ceux qui cherchent dans les Voyageurs des descriptions amusantes, des anecdotes, &c. peuvent encore se satisfaire par la

---

(1) *Se trouve à Paris, chez Perisse, Libraire, au Marché-Neuf.*

lecture de ces Voyages. La Lettre XLIII, pour ne citer que celle-là, contient une foule de détails singulièrement intéressans sur le caractère & les mœurs des Indous.

Il est une classe de Lecteurs qui s'attachent à connoître les grands personnages qui jouent un rôle sur le théâtre du monde. La curiosité de cette espece de Lecteurs trouvera de l'aliment ici. Ils connoîtront les Anglois célebres, qui depuis vingt ans gouvernent l'Indostan. Mais comme la passion a quelquefois égaré le pinceau du Voyageur Anglois, j'ai eu soin d'accompagner ces portraits de notes, qui m'ont été fournies, soit par des personnes respectables, qui ont vécu dans l'Inde, soit par des livres anglois, sur lesquels je pouvois compter. Pour donner un échantillon de cette impartialité, je renvoie à la longue note que j'ai inferée à la page 378 du premier Tome; elle concerne les calomnies débitées constamment par les Anglois & par M. M. lui-même, contre M. Bolts, l'Européen peut-être, hors de l'Angleterre, le mieux instruit sur l'état politique de l'Inde, sur son commerce, ses productions, les intérêts, les dispositions de ses différens chefs, sur les langues qu'on y parle, &c. homme respectable, dont les lumieres ne peuvent être qu'infiniment utiles aux Nations, aux individus qui auront le bon sens d'en profiter.

A la traduction de ce Voyage, j'ai cru devoir joindre celle d'un autre Voyageur Anglois, qui n'offrira pas moins d'intérêt. On sait, où on doit savoir qu'il y a deux routes par terre pour se rendre dans l'Inde ; celle de Suez, & celle de Bassora. Il importe infiniment à la France, qui a des relations avec cette partie du monde, qui peut-être en aura un jour de plus grandes, de bien les connoître. L'Histoire de la dernière Guerre a prouvé quelle influence sur les événemens politiques, pouvoit avoir cette connoissance. M. Capper, Auteur de l'Ouvrage dont nous parlons, a été dans l'Inde par l'une & l'autre route. Il y rend compte à la Compagnie des Indes Angloises, au service de laquelle il étoit Colonel, de toutes les circonstances de ce Voyage. En le traduisant, on en a pris toutes celles qui pouvoient intéresser la France.

Pour rendre ce Voyage plus

intelligible, on l'a accompagné d'une Carte qui repréſente la route par Suez & par Baſſora.

On en a mis une autre à la tête du Voyage de M. M.; elle renferme tous les établiſſemens Anglois dans l'Inde, dont il eſt principalement queſtion dans cet Ouvrage.

PRÉFACE
DE L'AUTEUR.

L'AUTEUR de cet Ouvrage n'aspire point à la gloire littéraire. Il cede uniquement aux instances de quelques personnes distinguées, par des vertus publiques & privées, qui l'ont engagé à publier cette correspondance, telle qu'elle a réellement eu lieu. Ses Voyages dans les pays étrangers, ont fourni de vastes matieres à ses observations & l'ont conduit souvent aux sources de connoissances rarement à la portée des Européens.

L'amour de la nouveauté & de la variété est une passion universelle : une relation de ce qui concerne les usages, la politique, les arts, les coutumes & les mœurs des Nations éloignées & peu

PRÉFACE

connues, intéressera sûrement dans tout les tems les curieux, quand même elle manqueroit d'ornemens, si elle est faite avec vérité. Mais dans le moment actuel, le commerce étant infiniment étendu, les Nations les plus sauvages pouvant tout-à-coup se trouver sur la scène, au centre du système général, les productions de chaque sol, la nature de chaque climat, le caractere réel, l'habileté & les circonstances de chaque Peuple deviennent dignes de l'attention des Politiques & des Législateurs, & font une des branches nécessaires de la science de l'économie politique. Le commerce est une source intarissable de jalousies & d'émulation entre les Puissances de l'Europe, & la regle qu'il faut suivre pour déterminer sur l'échelle politique, le degré qu'occupe chacune d'elles. Depuis environ un siecle, la Grande-Bretagne s'est attirée l'admiration du reste de l'Europe, tant par ses richesses que par l'excellence de sa constitution civile. Si elle ne peut conserver par le moyen de ces avantages la place qu'elle a occupée jusqu'ici parmi les autres Nations, elle doit renoncer à sa prééminence. Au reste, quoiqu'elle ait perdu son empire dans un hémisphere, elle peut le faire fleurir dans l'autre, & briller même dans tous les deux en qualité de Puissance commerçante, quoiqu'en resserrant les limites de son empire.

Les révolutions dans nos provinces d'Amérique, occasionnées par un abus odieux du pouvoir envers un peuple allié, & encouragées par la mauvaise conduite des Commandans en chef, ont présenté un objet attrayant à l'ambition des Nations rivales. Mais les ressources du gouvernement Anglois aux Indes orientales sont encore immenses. Si la législation dirigeoit aujourd'hui avec sagesse nos établissemens en Asie, elle pourroit compenser jusqu'à un certain point les calamités qui ont accompagné la derniere guerre, & rétablir la gloire du nom Anglois. Si la Grande-Bretagne s'est élevée à un degré de grandeur assez éminent pour lui avoir attiré l'envie des autres Nations, ce n'a pas été en faisant avancer des armées triomphantes sur le territoire de ses voisins : ses dépendances éloignées, la grande source de ses richesses & de son pouvoir, sont dues à l'esprit du commerce, & à son système de répandre des colonies par toute la terre. Qu'elle ait recours dans les jours de son adversité, à ces mêmes maximes qui l'ont conduite à la prospérité & à la gloire; c'est bien plus en conservant & en améliorant ses conquêtes, qu'en en faisant de nouvelles, que l'on peut acquérir de la réputation & des avantages réels.

L'Auteur de ces voyages a parcouru principalement les contrées de l'Asie & de l'Afrique, dont le commerce déjà lucratif, peut devenir d'une importance inestimable dans les revenus & les richesses de l'Angleterre. Bien plus, elles présentent des moyens pour délivrer le public d'un fardeau de dettes, qui sans elles deviendra bientôt insupportable. Le principal but de l'Auteur, en publiant ses Voyages, a été de fournir quelques idées pour les établissemens dans l'Inde, des plans qui pussent être également d'accord avec les intérêts de la patrie, & ceux des Indiens; d'en indiquer de propres à faire cesser le démembrement de l'empire du Mogol; en remettant le Roi de Delhi sur le Trône Impérial; en formant avec lui une étroite alliance, fondée sur des principes de sûreté & d'utilité mutuelles, en fixant les limites des Etats qui dépendent de cet Empire. Que la Compagnie des Indes rende à des pays désertés leurs habitans exilés; qu'elle plante au milieu d'un peuple trop fréquemment vexé, l'étendard de la liberté & de la justice: on verra bientôt découler de ces opérations sages, une foule d'encouragemens pour l'agriculture; en faisant naître la confiance & le repos, on relevera les esprits abattus des artisans & des agricoles. On tirera des milliers d'hommes de l'état d'oppression & de la vie sauvage, & on les remettra en possession de la liberté & de la vie.

Les remarques de l'Auteur sur le génie de plusieurs Nations d'Asie ou d'Europe, sur diverses matieres, relatives à la politique & au commerce, & en général sur ce qui est arrivé de plus intéressant pendant son séjour dans ces différentes parties du monde, forment la portion la plus considérable de ce qu'on va lire. Pendant les dernieres années, il a visité toutes les grandes villes commerçantes de l'Europe ; & comme, par ses relations avec des Compagnies de commerce, & avec des hommes distingués par leur rang & leur fortune, il s'est trouvé quelquefois à portée de voir ce qui se passoit derriere le rideau qui couvre la scène des évenemens, ces volumes pourront servir d'aliment à la curiosité publique, & peut-être même suggerer aux Princes & aux Politiques, des plans utiles & praticables.

VOYAGES
EN EUROPE,
EN ASIE ET EN AFRIQUE,
TRADUITS DE L'ANGLOIS.

LETTRE PREMIERE.

A R. W. Esqr à Londres.

Anvers le 12 Juin 1777.

Mon cher Ami,

MA santé constamment dérangée par l'air de Londres, s'est rétablie à vue-d'œil en Hollande. Dois-je attribuer cet

A 4

effet singulier au climat des Provinces-Unies, ou au voyage que j'ai fait pour m'y rendre ? Mon expérience n'est pas suffisante pour résoudre cette question; mais quelque singulier que cela puisse paroître, je puis vous assurer que les symptomes de la fievre que j'avois emportée de Londres, ont disparu en Hollande, & sont revenus dans toute leur malignité, à proportion que je m'éloignois de l'atmosphere humide & grossier de ce pays, & que je respirois l'air pur du Brabant. Me voici actuellement confiné dans cette ville, dans un état si languissant & si précaire, que je ne sais quand je serai en état de continuer mon voyage. Cependant, dans une situation aussi triste, je tire une grande consolation de l'hospitalité & des attentions de toute espece, qu'ont pour moi le Gouverneur Plunket & M. Hollier, & plus encore, s'il est possible, de leur entretien & de leur conversation instructive.

Depuis le tems que je vous fais espérer une correspondance réguliere & prompte, vous attribuez sans doute mon silence à la paresse, & vous le regardez comme une infraction d'un engagement formel. Mais il suffira, je pense, de quelques particularités pour me justifier de toutes imputations de cette nature. Permettez-moi seulement d'observer que je n'avois rien de nouveau ni d'intéressant à vous marquer de Hollande, ayant épuisé mes remarques sur ce pays, tant par lettres que dans mes conversations. Vous observerez aussi que ma premiere intention ayant été de retourner en Angleterre, ou d'aller à Paris sous peu de semaines, notre correspondance devenoit moins sûre, ou plutôt tout-à-fait inutile. Ne voulant donc pas vous ennuyer par une justification superflue, je vous dirai que mes heures de loisir ont été en vérité tellement employées en recherches sur le commerce de la France, de la Hollande, du Danemark & du Portugal, aux Indes Orientales, que mes autres idées se sont trouvées tout-à-fait absorbées par ces divers objets.

Mais ayant été retenu ici plus long-tems que je ne le croyois, je m'empresse aujourd'hui à remplir les obligations de l'amitié, & je saisis avec plaisir, & autant qu'il est en mon pouvoir, l'occasion de cultiver ce commerce agréable de sentimens, qui nous a si souvent fait plaisir, mais qui a dû souffrir une longue interruption par nos destinations respectives dans différens hémisphères. Ma résidence ici, quoiqu'involontaire & forcée à d'autres égards, a été en verité accompagnée d'avantages qu'un voyageur ne peut manquer d'être tenté de célébrer. Elle m'a fourni l'occasion de connoître l'état présent de cette ancienne ville, autrefois le marché de l'Europe, & encore aujourd'hui distinguée par les richesses, la sagesse & l'économie de ses habitans.

Toute l'Europe sait que le commerce d'Amsterdam a été fondé sur les ruines de celui d'Anvers. La politique des

Hollandois, profitant des besoins de l'Autriche, & la candeur peu prévoyante de l'Angleterre, firent & confirmerent ces fameux Traités dans lesquels l'Empire sacrifia le port & le commerce de cette ville, aux vues mercantiles de la Hollande. L'Escaut est navigable pour les vaisseaux du plus grand port; mais deux Forts placés des deux côtés de cette riviere s'opposent au passage des vaisseaux qui passent un nombre limité de tonneaux, & ce nombre est fort petit. Les Hollandois ont eu un grand soin de répandre, le plus qu'il leur a été possible, un conte auquel ils ont donné plus de crédit qu'il ne méritoit. Ils ont fait croire, non seulement dans les pays étrangers, mais dans le Brabant, mais à Anvers même, qu'il y avoit cinq grands vaisseaux coulés bas aux environs de ces forts; on ne peut s'empêcher de rire de la crédulité humaine. Par combien de faux ressorts & de mensonges généralement reçus, notre pauvre espece n'a-t-elle pas été trompée! Je sais bien certainement,

& de personnes dignes de foi, & du premier rang, qu'il n'y a pas un seul vaisseau coulé bas dans l'Escaut, ni d'autres obstacles que les Traités & les Forts dont j'ai déjà parlé, à ce qu'un vaisseau de 74 canons puisse s'avancer jusque sous les murs d'Anvers, où il y a un bassin vaste & sûr, construit pour y recevoir un bon nombre de vaisseaux de tout port.

(1) Cette ville, qui a environ quatre milles Anglois de tour, est fortifiée de tous les côtés, excepté de celui de la riviere. La citadelle est située au Nord-Ouest. Les ouvrages extérieurs sont fort étendus, les murs en bon état. Il y a çà & là des fossés comblés; il faudroit une garnison au moins de 15000 hommes, pour en défendre les ouvrages avec succès. Les maisons & les rues, toutes fort spacieuses, sont bien entretenues, & con-

---

(1) Le mille Anglois est de 69 au degré, ce qui donne 826 toises & un très-foible excédent.

servent leur premiere propreté & leur ancienne élégance. Parmi les vieilles maisons on en voit de superbes, & parmi les modernes, de très-élégantes ; les églises ni les bâtimens publics ne laissent appercevoir aucune trace de l'impression du tems, ni de la décadence du commerce. La magnifique maison du célebre Rubens, dont la façade offre aux yeux dix fenêtres par étage, est très-bien entretenue, ayant été fréquemment réparée, &, à ce que je crois, aux frais du public.

La Bourse, qui est la plus spacieuse & la plus commode qu'il y ai[...]ns tout le monde, est un très-beau morceau d'architecture à la Grecque ; elle a été maintenue en bon ordre jusqu'à ce jour, quoiqu'elle ne soit gueres fréquentée que par une demi-douzaine de banquiers, & autant de courtiers. Parmi les canaux qui communiquoient avec la riviere, lors de sa magnificence, & de sa splendeur, quelques-uns sont remplis, mais ils peuvent être aisément ouverts. Anvers contient environ 60000 ames, dont environ 10000 sont au nombre des pauvres. La police de cette ville à l'égard de ceux-ci, est aussi mauvaise qu'elle est singuliere. Il y a des fonds très-considérables pour leur entretien; ils sont distribués non aux gens qui sont réellement indigens, mais aux familles de certaines personnes qui ont été enregistrées parmi les pauvres il y a déjà plusieurs générations, quand la police générale résolut de pourvoir à l'entretien de ceux qui ne le pouvoient faire par eux-mêmes.

Il y a Anvers peu ou point de manufactures ou de commerce. Les habitans sont dévots à l'excès. J'ai presque employé le terme odieux & outrageant de superstitieux, dont se gratifient mutuellement les diverses sectes chrétiennes. Ils sont extrêmement élégants dans leur parure & dans leur équipage. En général les femmes y sont petites, fort propres, très-délicates & assez belles, mais étant presque exclues des sociétés, & ne pensant qu'à l'économie intérieure de leur ménage & au soin de leur enfants, elles ne sont pas aussi sociables que les Angloises & les Françoises. Elles sont presque toutes pâles, ce qu'on pourroit attribuer à leur vie trop sédentaire ; elles ne sortent jamais que les Dimanches après midi, ou les jours de cérémonie, pour prendre l'air dans la grande rue appelée la *Rue la Mer*, & le long du canal couvert, ou aux environs de la ville.

Quant à ce qui regarde les richesses de cette ville, on les croit supérieures à celles de toute autre ville de l'Europe, située également & aussi peuplée. Elle prête son argent au dehors, sur des hypotheques, situées en pays étrangers ; elle en tire depuis deux & demi jusqu'à quatre & demi, & cinq pour cent. Les Anversois en ont en dernier lieu placé une grande quantité sur la banque de Vienne. Il est de notoriété, que parmi le grand nombre des habitans d'Anvers, il n'y a pas une seule famille, pas même un seul individu qui dépense en entier l'intérêt que produit son capital.

Les anciennes dettes hypothéquées, que les habitans ont contractées envers les Hollandois, pour subvenir aux frais de la réception qu'ils ont faite à un de leur Princes, & qui étoient un fardeau énorme pour le commerce de cette ville, paroissent, non sans fondement, sinon acquitées tout-à-fait, au moins bien près de l'être. Au reste, quoique cette cité doive encore de très-grandes sommes, il en est là comme en Hollande. Les individus y sont très à leur aise, & y vivent dans l'abondance. La dette publique est allégée par l'intérêt légal de l'argent qui n'excede pas deux pour cent; mais elle ne sera jamais réduite, ni même renfermée dans les bornes actuelles par aucun autre moyen que par le rétablissement du commerce.

Ce peuple fait pour cela des vœux, qu'il espere voir bientôt accomplir, par
l'anéantissement

l'anéantissement de ce traité honteux qui lui a enlevé ses droits naturels. Je ne puis croire que ce grand évenement soit fort éloigné. (1) La premiere Puissance de l'Europe fait sans doute des réflexions bien mortifiantes, quand elle pense que ses ports sont fermés en vertu d'un traité solemnel dicté par l'un des plus foibles états de l'Europe, & que plusieurs de ses Places reçoivent garnison de la part d'une république de peu de conséquence. La mort de l'Impératrice mettra les rênes du Gouvernement entre les mains d'un Prince, en qui brillent les plus grands talens, les plus éclatantes vertus & l'ambition la plus sage ; formé par la nature, & appelé par la Providence pour rendre ses domaines florissans, & faire le bonheur de ses peuples, il est actuellement dans sa trente-septieme année ; sa bonté

―――――――――――――――――――

(1) M. Mackintosh écrivoit cette prophétie en 1777, & elle s'est vérifiée en 1784, au moins à cette époque la réclamation a paru. *N. du Trad.*

& son affabilité, font l'admiration de tout son peuple, qui attend avec la plus vive impatience son heureux avénement pour lui faire l'offre de ses services, & des sermens de fidélité, dictés par l'amour autant que par le devoir.

Anvers jouira d'avantages supérieurs à ceux de tout autre pays. L'Escaut, belle riviere qui communique avec le Rhin, la Meuse & le Lys, un prompt passage entre la mer d'Allemagne & le canal d'Angleterre, différens ports sur le golfe Adriatique, sont entre les mains d'un Prince puissant & politique, moyens qui le mettent à portée de participer amplement au commerce des deux Indes, & d'en tirer des avantages particuliers. Ce sera l'intérêt de l'Angleterre & de la France, de détourner l'Empereur de ces idées. En effet les Hollandois, sur la ruine desquels le commerce d'Autriche doit s'élever, ont déjà atteint le plus haut point de leur grandeur politique, & commencé depuis quelques tems à décliner par un mouvement lent, mais uniformément accéleré, & qui, après avoir acquis une certaine vîtesse, se terminera enfin par la chûte de la République. Elle arrivera quand les mines Hollandoises des Indes orientales seront épuisées, & toutes les richesses des Provinces - Unies rassemblées entre les mains de quelques habitans des places commerçantes de la Hollande & de la Zélande. Il n'y a donc rien à craindre de la rivalité ni des progrès du commerce ou du pouvoir des Hollandois, ils tomberont d'eux-mêmes : mais on peut regarder comme un sujet intéressant en politique, la solution de cette question : jusqu'à quel point est-il judicieux d'encourager l'ambition naissante d'une nation pauvre, mais qui peut tirer de sa position, des avantages assez considérables pour l'élever sur les débris du commerce ruiné des Provinces - Unies, au point de devenir une des premières

Puissances maritimes de l'Europe? Que la navigation de l'Escaut soit rétablie, que l'Empereur profite de tous les avantages qui l'invitent à cultiver le commerce; ses domaines deviendront un vaste champ dans lequel des milliers d'hommes de toutes Nations se porteront en foule, avec l'espérance d'y faire une ample récolte.

Il est inutile de vous décrire Bruxelles, c'est le siege du Gouvernement, & la résidence d'une Cour; en conséquence le luxe & les vices de toute espèce y sont naturellement encouragés. Les villes de Gand & de Bruges, (1) jadis si

---

(1) Les habitans de ces villes dépeuplées reparerent en dernier lieu, & débarasserent leurs rues pour la réception de l'Empereur; ils recrépirent & reblanchirent ces places, qui depuis bien des années présentoient le triste spectacle de la dépopulation. Cette prévoyance avoit été assez bien combinée pour imprimer dans l'esprit de S. M. I. une idée de ce qu'ont été ces villes, & de ce qu'elles peuvent encore devenir. *N. de l'Aut.*

opulentes, ne font que des monumens de leur ancienne grandeur. Oſtende eſt bien ſitué pour être un petit port de mer, & pour une branche de commerce avantageuſe, mais peu étendue, le port étant non-ſeulement incapable d'être aggrandi au point d'y recevoir des vaiſſeaux d'un certain port, mais encore l'entrée & la ſortie en étant fort difficiles. Je vous écrirai des différentes villes de Flandres par leſquelles je paſſerai.

Je ſuis, &c.

LETTRE II.

A. R. W. Eſqr à Londres.

Saint-Omer, le 25 Juin 1777.

JE me ſuis décidé à eſſayer l'effet que produiroit ſur moi l'air de Saint-Omer, & me ſuis rendu dans cette ville par Gand, Oſtende & Nieuport. Les barques des canaux Autrichiens font infiniment plus commodes que les *trackfkuits* de Hollande. Elles font beaucoup plus larges, & elle ont fous le pont d'excellens appartemens, pour trois différentes classes de passagers, un petit tillac avec une tente, & des bancs pour ceux qui préferent le grand air : on y trouve un bon dîner, trois tables fervies d'une maniere analogue aux facultés des passagers de chaque appartement, des vins de différente espece, du thé, du café & de la biere de Flandres. Le voyage & la voiture font excessivement bon marché, & les meilleurs appartemens font toujours remplis de très-bonne compagnie. J'ai vu à Dunkerque le corfaire Cunningham; il a eu l'audace d'infulter dans cette ville le Lord Ferrers, qui pour toute réponfe l'a honoré d'un fouverain mépris. Ce Lord avoit remarqué dans le cours de la conversation, que l'on devoit faire une grande diftinction entre un homme né en Amérique, & portant les armes contre l'Angleterre, & un Anglois né dans l'un des trois Royaumes, & se trouvant dans le même cas; le corsaire qui est Irlandois, eut l'audace de jurer en présence du Lord Ferrers, qu'il observeroit ses mouvemens, & que s'il pouvoit découvrir son yacht, il le couleroit à fond avec tout ce qu'il auroit à bord. Cet incident, & quelques autres me remirent devant les yeux ma chere patrie, & réveillerent dans mon ame le plus vif intérêt pour sa situation présente. On ne sent jamais si fortement l'amour de la patrie, que dans les pays étrangers. Quelqu'un a dit, je crois que c'est le Duc de la Rochefoucault, que l'absence détruit les passions foibles, mais qu'elle augmente les passions violentes: de même que le vent éteint une chandelle, & allume le feu; si cette réflexion est juste, je puis en tirer une opinion bien favorable à mon patriotisme.

La guerre entre la Grande-Bretagne & l'Amérique, est la matiere la plus ordinaire de toutes les converfations du continent. Les étrangers femblent prendre plus d'intérêt à l'iffue de cette querelle, que les parties belligérantes elles-mêmes. Les neuf dixiemes des Efpagnols, des François, des Brabançons, des Hollandois & des Allemands, font des vœux publics pour l'indépendance de l'Amérique. Les divers Gouvernemens de ces différens États font contraints par des vues de politique & des circonftances momentanées, de cacher les mêmes fentimens. On pourroit d'abord imaginer que telle Puiffance Européenne qui a elle-même des Colonies en Amérique, doit craindre en quelque forte que l'indépendance des Colonies Angloifes ne ferve d'exemple & d'encouragement à une révolution dans tout le refte du nouveau continent, que l'Europe entiere peut redouter les effets de l'influence & du commerce de cet hémifphere réuni, fuffifant peut-être un jour pour exclure de l'Afie & de l'Afrique, les Nations maritimes qui font aujourd'hui en possession du commerce de tout le monde. Mais ce n'est pas là leur opinion, (si je puis juger de celles des Cabinets, d'après celles des peuples) ils croyent l'Amérique capable de résister aux armes & à l'autorité de la Grande - Bretagne, jusqu'à ce que les deux partis soient épuisés; ils croyent que celle-ci doit nécessairement renoncer à toute prétention de souveraineté sur celle-là : qu'il en résultera une banqueroute qui lui fera perdre son poids dans la balance de l'Europe, & que, d'un autre côté, l'Amérique Septentrionale sera si foible alors, qu'au lieu de nuire aux établissemens Espagnols, Portugais, Hollandois & François qui sont dans son voisinage, elle sera dans la dépendance de leurs métropoles.

Il est aussi absurde d'imaginer que l'Angleterre puisse abandonner sa souveraineté sur l'Amérique, tant que la Nation sera en état de fournir des subsides, qu'il l'est de supposer celleci en état de résister aux armes de celle-là sans des secours étrangers. Mais, si les Américains soutiennent l'événement de la campagne actuelle, effet que ne peuvent manquer de produire les secours qu'on leur donne, les préjugés contre l'Angleterre, & la prévention en faveur de l'Amérique, exciteront dans les têtes exaltées un enthousiasme, un esprit de Chevalerie qui coopérera avec les vues politiques des Puissances de l'Europe, les engagera à faire de nouveaux efforts pour seconder ceux des Colonies Angloises.

Mais quand même les richesses de l'Angleterre lui feroient avoir le dessus dans cette contestation importante, malgré les obstacles qu'elle rencontrera indubitablement, la soumission forcée d'un peuple nombreux possédant un territoire aussi étendu & aussi florissant, ne peut produire qu'une suspension d'armes momentanée; les Américains seront prêts à rompre avec une nouvelle furie, dès que l'occasion s'en préfentera, fi l'on ne réuffit que par la crainte, à concilier les efprits ; & d'un autre côté, fi après de longs & fanglans efforts, les Colonies réuffiffent à fe débarraffer tout-à-fait de ce que le langage de la paffion leur fait nommer le joug de la Grande-Bretagne, elles tomberont probablement fous celui d'une, ou de plufieurs autres Nations, dont la tyrannie leur apprendra, mais trop tard, combien peu ils avoient raifon de fe féparer de la mere patrie. Il eft donc de l'intérêt de la Grande-Bretagne d'employer fon génie & fa puiffance à former des traités de paix, plutôt que des plans de guerre.

Je vais un inftant me fuppofer revêtu de la plus refpectable des fonctions dont un mortel puiffe être honoré, celle d'arbitre entre la Grande-Bretagne & fes Colonies. A l'ombre de ce caractere je ne craindrai pas de propofer aux deux parties le plan d'accommodement que l'on va lire (1).

1° On corrigera les actes de commerce, d'après des principes de générosité, conformes à la constitution & à la saine politique.

2° On considérera la Grande-Bretagne comme l'agent universel de l'Amérique, & le magasin général de ses productions en Europe, en Asie & en Afrique.

3° L'Amérique jouira de la liberté d'établir des manufactures convenables aux climats de ses différentes Provinces, & de la liberté du commerce de Province à Province.

4° Elle restreindra sa navigation, & réduira ses importations aux choses fa-

---

(1) Quoique ce grand procès soit aujourd'hui jugé, je ne veux pas supprimer le plan qu'on va lire. Il intéressera malgré son inutilité, & prouvera que l'Auteur avoit de bonnes vues sur ce point. *N. du Trad.*

briquées dans les manufactures Angloises, & aux productions étrangeres tirées par la voie d'Angletetre (1).

5° On comprendra les Indes occidentales, Bahama & les Bermudes, dans les reglemens généraux, concernant l'Amérique septentrionale.

6° On annullera toute loi imposant sur l'Amérique des taxes de quelque nature qu'elles puissent être, ou qui restreignent le commerce intérieur de Colonie à Colonie.

7° On établira dans les possessions Angloises en Amérique, un Gouvernement semblable à celui de l'Irlande, en conservant aux différentes Provinces & Isles, sous certaines restrictions & dans certains cas, le pouvoir législatif.

8° Sa Majesté nommera un Vice-Roi qui tiendra sa Cour en Amérique, un

___

(1) Cet article eût tôt ou tard produit ou dû produire une révolution. Il est trop contraire au droit naturel. *N. de l'Edit.*

Bureau de la Guerre, un de la Marine, un Conseil des Finances, & les autres départemens du Ministere; de même qu'une Cour Générale de Loi, de Chancelerie, (1) d'Amirauté & d'Echiquier, toutes soumises à la révision du Gouvernement Anglois.

9° Sa Majesté conférera des titres, des honneurs & des emplois aux Américains, distinguera les personnes qui ont invariablement perséveré dans leur fidélité envers elle, & dans leur attachement à la mere patrie.

10° Il sera passé un acte en vertu duquel toute personne qui voudra en profiter, pourra jusqu'à un certain jour fixé, se faire indemniser des pertes que la guerre lui a pu causer.

11° Tout établissement civil & mili-

---

(1) C'étoit un détestable établissement que proposoit l'Auteur. Le présent le plus funeste que l'Angleterre ait fait à l'Amérique, est celui de ses loix civiles. *N. de l'Edit.*

taire, en Amérique, fera entretenu du produit des taxes, & des redevances imposées par fon propre Parlement.

12° L'Amérique fupportera les charges dont l'Angleterre fe trouve grevée par la guerre actuelle, à dater d'un certain jour, de celui par exemple, de la réfolution de l'indépendance.

13° Quant aux guerres dans lefquelles l'Angleterre pourroit être par la fuite engagée, l'Amérique payera fa quote-part des frais qu'elles occafionneront.

14° L'on choifira pour Vice-Roi, un Seigneur né en Angleterre, & jouiffant dans l'Ifle, d'un titre élevé, & d'une fortune indépendante.

15° Les Américains feront capables d'occuper toute efpece d'emploi dans l'Etat militaire, & toutes fortes de poftes, excepté ceux qui doivent être remplis par des Officiers Généraux (1).

___

(1) Cette exclufion deshonorante pour les Américains, croit-on qu'il l'euffent jamais acceptée ? *N. de l'Edit.*

16º De même que ci-devant, tous les Régimens changeront de garnison à tour de rôle, & seront recrutés par des Européens, quand ce sera leur tour de marcher en Amérique ; mais en revanche, ils seront tous recrutés par des Américains, à la veille de leur retour en Europe (1).

17º La Religion Protestante sera la dominante (2) en Amérique ; mais toutes les sectes religieuses y jouiront d'une tolérance illimitée.

18º Le premier Parlement qui se tiendra en Amérique, reconnoîtra & confirmera par un acte universel, toutes les loix Angloises, concernant les Colonies ; & à cette époque le Parlement

---

(1) Détestable politique ! pourquoi séparer les hommes de ce qu'ils ont de plus cher, de leur famille, de leur patrie ? Ce sont des gages de la fidélité de ceux qui restent, dit-on ; mais faut-il pour avoir des gages, violer la loi de la nature ? *N. de l'Edit.*

(2) Mauvaise distinction qui ne pourroit créer que des haines & des jalousies. *N. de l'Edit.*

d'Angleterre n'aura plus le pouvoir de faire des loix qui obligent l'Amérique; cependant celle-ci n'aura pas le pouvoir d'annuler, de mitiger, ou d'expliquer fans le consentement du Parlement d'Angleterre, aucune des loix qui, faites par celui-ci, auront été reconnues par le Parlement Américain (1).

19° Le nouveau Gouvernement de l'Amérique restera chargé de toutes les dettes contractées par le Congrès; les Provinces & les particuliers qui sont restés attachés à l'Angleterre, devant être exempts de ces taxes.

20° Le cours des espèces, d'or & d'argent sera réduit à la même valeur dans les différentes Provinces & Isles; le change avec l'Angleterre en livres sterlings, & portions, variera selon le

―――――――――――――――――――

(1) C'étoit une absurdité. Car puisque ce Parlement Américain avoit & succédoit au pouvoir du Parlement Anglois, il pouvoit, comme celui-ci, détruire & interpréter ses loix. *N. de l'Edit.*

cours de la place, & suivra les diverses fluctuations résultantes des circonstances ordinaires du commerce.

21º Le Roi ajoutera à ses titres, celui de Roi de l'Amérique septentrionale.

J'ose proposer encore qu'en ajoutant le titre de Roi de l'Amérique septentrionale, Sa Majesté raye celui de Roi de France, & je ne crois pas m'exposer au soupçon de trahir les intérêts de mon maître ; les titres de Sa Majesté seront alors : Roi de la Grande-Bretagne, de l'Amérique septentrionale, de l'Irlande, &c.

Je devrois actuellement essayer de démontrer la sagesse & la justice de ces arrangemens ; mais, en vérité, je suis effrayé d'avoir si long-tems abusé de votre patience : permettez-moi seulement d'observer que l'établissement d'un Parlement, d'une Cour, d'une marine, d'une armée, de titres, de différens départemens, & de toutes les distinctions que je viens de proposer, doivent tôt ou tard introduire le luxe & la jalousie en Amérique. Les conséquences politiques de tout ceci se présentent d'elles-même. (1) Cette forme contribuera plus qu'aucun autre plan tracé avec le compas de la politique, à tenir les Colonies dans la dépendance de la mere patrie (2).

---

(1) Cette vue politique est atroce. Eh! quoi n'attachera-t-on donc jamais les hommes au Gouvernement que par des fers, des vices ou des crimes?

Quoique ce plan ait d'excellent articles, il est heureux qu'il n'ait pas été exécuté, & il vaut mieux que les Américains aient leur liberté, qu'une liaison onéreuse avec leur métropole, dont l'intérêt devoit tôt ou tard rompre le lien. *N. de l'Edit.*

(2) Cette lettre écrite en Octobre 1777, fut envoyée en substance à Paris, au principal Agent des Américains, qui trouva le système de l'Auteur, trop généreux, trop juste pour être adopté par l'Angleterre. *N. de l'Auteur.*

LETTRE III.

A. R. W. Esqr à Londres.

Paris, le 13 Novembre 1777.

Les entraves que la situation actuelle des affaires d'Amérique & d'Europe met à notre correspondance, me causent un véritable chagrin. Je ne puis traiter qu'avec beaucoup de circonspection & de réserve, les affaires publiques, qui sont cependant celles qui vous intéressent le plus. J'ai de bonnes raisons pour croire que les affaires d'Amérique sont aujourd'hui le grand objet des délibérations des principaux cabinets de l'Europe, quoique tous fassent des efforts pour couvrir leurs procédés d'un voile mystérieux. Je hasarde toutefois de vous écrire aujourd'hui ma façon de penser, avec plus de franchise, parce que j'ai une occasion particuliere, sûre & non suspecte, pour vous faire passer ma lettre.

Ou je me trompe fort, ou la France ne dissimulera pas long-tems ses sentimens hostiles & sa haine pour l'Angleterre, son ancienne rivale, ni le desir qu'elle a depuis long-tems de démembrer son empire. Elle fait aujourd'hui d'immenses préparatifs pour y réussir, & elle commencera ses hostilités en même-tems dans les deux Indes. Mais la tempête éclatera premièrement dans les Indes Orientales, car c'est dans cette partie du monde que le sage Ministere de France esperé les plus grands succès. Je me flatte, mon cher ami, que cet éloge donné à nos voisins, n'offensera pas un esprit aussi franc & aussi généreux que le vôtre.

Il y a plus de folie que de grandeur d'ame à déprifer le mérite de ses ennemis. Une juste appréciation de la Puissance que vous avez à combattre, peut seule vous mettre à portée de le faire avec succès. Dans le fait, l'administration du Royaume dont il est ici question, fait de la politique une science dans laquelle tout homme qui a des prétentions à quelque place dans l'Etat, doit être bien versé. Ici, un homme d'Etat fait, comme cela doit être, un apprentissage régulier; car personne de quelque haute naissance ou fortune qu'elle puisse être, ne parvient de préférence à un poste important dans la politique, sans avoir auparavant donné des preuves de son habileté à le remplir, en exerçant un emploi inférieur. Le pouvoir qu'a le cabinet François d'appeler aux emplois publics tous les gens de génie du Royaume, est une conséquence de son Gouvernement. Au lieu qu'en Angleterre, où regne une liberté entiere dans le Gouvernement, l'union des familles puissantes, la grande opulence qui se fait des créatures, & la voix d'une multitude capricieuse, portent quelquefois un sot, un ignorant, dans les emplois les plus importans. Telle est la cause du raffinement & de la constance de la politique Françoise ; tandis que les efforts de l'Angleterre, quoique souvent fort puissans, sont incohérens & même extravagans, comme tout ce qui se fait au hasard. L'un des plus grands avantages qu'ait un Gouvernement absolu sur un Etat libre, c'est le secret & la promptitude de ses opérations. Nous n'avons pas ces avantages dans le nôtre. Aussi les secrets du Cabinet de Saint-James sont-ils presqu'aussi-tôt connus & publiés que conçus. Un Ecrivain François, établi à Londres même, éclaire l'Europe à nos dépens. Son *Courier de l'Europe*, a fait, fait & continuera de faire plus de mal à l'Angleterre, que ne sauroient se l'imaginer les personnes qui demeurent à Londres, peut-être plus que n'auroient pû le faire cinquante mille hommes de troupes. Ce sont les discours de nos Parlementaires répandus par toute l'Europe, au moyen de ce papier, qui ont encouragé les ennemis de la Grande-Bretagne à fecourir la rebellion de l'Amérique. Le Duc de Richemont, le Comte de Shelburne, M. Fox, le Colonel Barré, & d'autres patriotes, ont fans ceffe mis au grand jour la foibleffe des armées navales & de terre de notre pays, & les ont même repréfentées comme plus foibles qu'elles ne le font en effet. Ils font de triftes peintures de la décadence du commerce & de l'agriculture, de l'Angleterre, aggravent les mécontentemens & les divifions de fes habitans, & par-deffus tout, font de l'état actuel de ce pays, des defcriptions qui n'annoncent rien moins que fa ruine & fa deftruction. Qu'eft-ce autre chofe, finon de crier aux oreilles de nos ennemis : voici le tems de hâter notre chûte ?

Tandis que les François font induits par les déclamations de la minorité, à concevoir de fausses idées des forces de la Grande-Bretagne (1), les Anglois d'un autre côté, sans avoir pour excuse une semblable source d'erreur, & purement par une antipathie invéterée, & un préjugé vulgaire, ont de fausses notions des difficultés qu'ils doivent rencontrer dans une guerre avec la France. Je compte au nombre de ces obstacles que nous avons à redouter, les vertus du Monarque qui est aujourd'hui sur le trône. C'est un Prince judicieux, humain & juste, qui n'est attaché à aucun objet qui puisse le détacher seulement une heure des affaires d'Etat. Ses vues sont invariablement tournées vers le bonheur de son peuple; il s'efforce de le procurer

_____

(1) Mais si d'après le Courier de l'Europe, l'on ne pouvoit se faire qu'une fausse idée de l'état de l'Angleterre, il n'étoit donc pas si dangereux que l'Auteur veut le faire paroître. Il est très-vrai cependant que l'on s'occupa à Londres des moyens de l'anéantir. Mais on n'en put trouver aucun. La loi le sauva. *N. de l'Edit.*

par les moyens les plus efficaces, quelqu'opposés qu'ils puissent être aux préjugés & aux maximes de la Nation Françoise. Il n'est guidé dans le choix de ses Ministres, que par leur capacité, leurs connoissances & leur probité, & n'a nul égard à leur rang, à leur famille, ou à leur religion. Il a tiré de la Police de Paris, pour le porter dans la marine, le Ministre le plus habile, & le génie le plus actif de l'Europe, M. de Sartine. Il a dans son département le soin d'établir une marine formidable, & les Colonies des Indes Orientales & Occidentales.

Le Comte de Maurepas, premier Ministre, est d'un âge trop avancé pour remplir avec activité son office important ; mais il y met de la précision & de l'intégrité. Il a donné la plus grande preuve de ses vertus patriotiques en *se donnant pour adjoint* (1), sous le titre de

---

(1) Je laisse subsister ces expressions impropres & qui

Directeur Général des Finances, un étranger, un Protestant, un Négociant, en un mot, M. Neker; caractères qui étoient tous contraires aux maximes reçues par le Gouvernement François, & aux idées du vulgaire, qui croyoit qu'un premier Ministre du Roi de France doit nécessairement être d'une des familles du plus haut rang, & des plus distinguées. Le génie de Louis XVI étoit analogue à celui de son Ministre. Il a rompu les chaînes de la superstition politique & de l'orgueil national; il a dédaigné les préjugés, & ne s'est attaché qu'au bien de ses peuples. Que n'a pas à craindre l'Angleterre de l'ambition d'un peuple rival, gouverné par un tel Roi?

D'un Roi, la transition au représentant d'un Roi est toute naturelle. Je viens donc au portrait de l'Ambassadeur

---

doivent nécessairement échaper aux étrangers peu instruits de notre hiérarchie ministérielle, qu'ils ramenent toujours à celle de leur pays. *N. du Trad.*

d'Angleterre en cette Cour. Il n'eſt pas fort répandu parmi les François ni les Anglois, parce qu'il n'a pas de tems à perdre en plaiſirs frivoles & en diſſipations, & qu'il ne met pas au nombre des devoirs d'un Ambaſſadeur, le ſoin de ſe diſtinguer par la ſplendeur de ſes habits, & l'éclat de ſes équipages. Les Américains parlent de lui avec une aigreur qui montre aſſez combien ils redoutent ſes talens & ſes vertus. Les vues des Américains ont été ſouvent traverſées à la Cour de Verſailles, par la pénétration & la vigilance du Lord Stormont, avec plus de ſuccès qu'elles n'euſſent peut-être pû l'être par un autre Seigneur Anglois. Ses manieres & ſon commerce dans le cours des affaires ordinaires de la vie, ſont polies & agréables; mais ſa conduite, quand il paroît revêtu de ſon caractere public, eſt dépouillée de toute eſpèce d'amenité, & marquée par une roideur inflexible, qui confond les plus ſubtils courtiſans de ce pays, & fait avorter tous leurs projets pour l'amuser. Au reste, quel que peu répandu que soit ici Lord Stormont, il est généralement respecté pour ses connoissances & son savoir. C'est un singulier spectacle, que de voir un Ambassadeur se dévouer pendant ses heures de loisir à l'étude de la littérature Grecque & Romaine. Lord Stormont est d'une attention remarquable pour tout ce qui concerne les individus de sa Nation, en sorte qu'à tous égards, il remplit parfaitement les devoirs de sa place, qu'il ne conservera cependant pas long-tems suivant toute apparence. Il a le mérite de surveiller & de suspendre depuis long-tems la liaison de la France & de l'Amérique, & conséquemment l'influence qu'une telle union auroit sur l'Espagne, & peut-être sur d'autres Puissances.

La ville de Paris, & les mœurs de la Nation Françoise, ont été décrites par mille Ecrivains, & prêtent encore à des descriptions sans fin. Il seroit donc superflu de vous en entretenir ; cependant comme les relations innombrables que l'on a faites de Paris, & de ses habitans, sont en contradiction les unes avec les autres, vous aurez de la peine à savoir à laquelle il faut croire. J'ai fait le tour de Paris, pour comparer son étendue avec celle de Londres ; & je crois que la capitale du Royaume de France couvre un espace qui n'est pas les deux tiers de celui qu'occupe la Métropole Angloise (1). Mais la hauteur des maisons, & le nombre des familles des classes mitoyennes & inférieures qui habitent chaque étage, & par-dessus tout la multitude de gens entassés les uns sur les autres, dans les quatrièmes, cinquièmes & sixièmes étages, prouve sûre-

---

(1) C'est une erreur ; M. Mentelle, dans les plans des grandes villes qui se trouvent dans son excellent Atlas, fixe cette proportion pour la surface de Paris, à 5,280,000 toises, & pour celle de Londres, sans y comprendre le bourg de Southwark, à 3,900,000 toises. *N. de l'Edit.*

ment, sans contradiction, que la ville de Paris contient un plus grand nombre d'habitans que celle de Londres, dans laquelle chaque maison, l'une portant l'autre, ne contient pas plus de cinq ou six personnes. Nous devons encore observer que l'on trouve à Londres une foule de maisons vuides, ce qui est fort rare à Paris. Par toute la France les loyers & la vie animale sont à fort bon compte (1) ; la pauvreté du bas peuple le rend économe, l'habitude de l'économie produit le contentement, & le contentement le bonheur (2).

───────────────

(1) Cette assertion du Voyageur Anglois mérite une distinction. Les denrées nécessaires, telles que le pain, la viande de boucherie, le poisson, le beure, sont certainement à meilleur marché à Londres qu'à Paris, proportion gardée, c'est-à-dire en comparant les rapports des denrées, des métaux & des salaires des deux pays. Mais les objets de luxe sont certainement plus chers en Angleterre qu'en France. *N. de l'Edit.*

(1) Je doute qu'avec ce beau raisonnement, un ouvrier soit plus content de dîner avec du pain, des na-

Je ne sais s'il a été généralement remarqué par les Voyageurs, qu'en France, les personnes d'un haut rang, possédant des titres, & décorées d'ordres & de charges respectables, ne rougissent pas d'avoir de l'économie, tandis qu'un Anglois d'une fortune même bornée, en rougiroit. A Paris, tout homme honnête, avec du crédit & de la conduite, peut vivre en raison de son revenu. Vous pouvez vous répandre dans les cercles les mieux composés, avec une fortune qui n'excede pas deux cent louis d'or par an.

Les maisons publiques tenues par les *restaurateurs*, & qui répondent à nos *tavernes* & à nos *eating houses*, offrent bien plus de propreté dans le service, plus de variété dans les mets, quoique le prix en soit modéré. On y peut dîner à très-

---

vets ou des pommes & de l'eau, qu'avec de la viande, des pommes de terre & de la forte bierre, nourriture ordinaire des ouvriers Anglois. *N. de l'Edit.*

bon compte, & souvent il y a la meilleure compagnie. Du restaurateur, passons un instant aux cafés. Il est aisé de s'appercevoir par la conversation des François, qu'ils ne sont nullement disposés à oublier les malheurs de la dernière guerre, ni la prise des vaisseaux faite par les Anglois avant aucune déclaration de guerre. La guerre d'Amérique est le sujet de toutes leurs conversations. Certainement, la jonction de la France à l'Amérique, est propre à opérer une révolution dans les esprits de ses habitans ; & à étendre leurs idées en politique. On discute aujourd'ui la cause de la liberté nationale & politique, aussi librement dans les cafés de Paris, & dans les sociétés, que dans la Chambre des Communes, ou dans une des associations de la minorité en Angleterre.

Voilà assez de politique. Vous attendez sans doute que je vous dise pourquoi je suis à Paris, tandis que je devrois être sur la mer Rouge, faisant voile pour la côte des Indes. En voici la raison ; à mon arrivée dans ce pays, j'ai vu qu'il ne falloit plus songer au passage par le golfe Arabique, la mousson s'y opposant jusqu'à la saison prochaine. On m'a en même-tems assuré en confidence, qu'il y avoit à l'Orient un vaisseau prêt à appareiller pour le mois de Septembre, & qu'en passant dessus je gagnerois cinq mois, sans compter d'autres avantages, qui m'aideroient dans mes recherches, dont je vous ai déjà expliqué l'objet dans mes lettres précédentes. Mais j'ai été amusé par les Armateurs, & remis de tems à autre, & ce n'est que depuis peu de jours que j'ai enfin terminé avec eux. Je quitte Paris après demain. La vraie cause du retard des vaisseaux qui doivent aller aux Indes Orientales, est l'incertitude de la paix ou de la guerre, & l'expédition des vaisseaux de guerre qui doivent partir de Brest au nombre de sept, pour cette partie du monde, & y porter quatre mille hommes de troupes réglées, sous le commandement du Comte d'Estaing. Mon esprit est plein de mauvais présages concernant cet armement, & je suis aussi alarmé pour mon propre compte, que pour celui de mon pays.

Je suis, &c.

LETTRE IV.

A M. R. W. Esqr.

Nantes, le 3 Janvier 1778.

L'EMBARGO est levé, & on a permis aux vaisseaux particuliers de prendre les documens ordinaires (que nous appellons *clearances.*) pour l'Inde. J'ai une chambre dans le vaisseau, & j'ai fait mes provisions particulieres pour la mer. Le vaisseau est prêt, & nous n'attendons plus qu'un vent favorable pour faire voile ; cependant, après avoir consulté l'Armateur, je me suis décidé à voir *Rennes*, la capitale de la Bretagne, pour y joindre un particulier de Bordeaux, à qui je veux confier mes lettres pour la Grande-Bretagne, & j'ai préferé à faire un détour de vingt milles, pour voir cette grande ville de commerce.

Je n'ai éprouvé de désagrémens & d'impolitesses, depuis que je voyage, que dans la ville de *l'Orient*. Je devois peu m'y attendre en France, ce pays de l'Univers si renommé par la politesse de ses habitans. Les querelles politiques influent donc quelquefois sur les têtes Françoises.

L'Orient, Nantes & Dunkerque sont les ports de France qui se distinguent le plus par leur attachement à la cause de l'Amérique, & leur opposition à celle de la Grande-Bretagne. Les équipages des frégates Américaines, le Raleigh & l'Alfred, qui viennent de partir de l'Orient, m'ont reconnu; ils ne purent pas se persuader que j'eusse réellement le dessein de passer aux Indes. Ils donnerent à leurs Agents des foupçons fur moi, & auffi-tôt on obferva tous mes mouvemens avec la plus grande attention.

J'avois obtenu, le 15 Novembre dernier, un ordre de S. M. T. C., contrefigné par M. le Secrétaire d'Etat, en vertu duquel on devoit me laiffer paffer librement, & fans empêchement, à l'Orient, pour m'y embarquer pour l'Inde. Lors de mon arrivée à l'Orient, M. l'Avaiffe, à qui j'avois remis une lettre, vint me voir, & nous nous promenâmes enfemble fur le port. Il me demanda fi j'avois vu les principaux Officiers? Je lui dis que non, & lui en expliquai les raifons. Nous étions dans ce moment près de la maifon du Commiffaire de la Marine, & nous jugeâmes à propos de paffer chez lui. Nous ne le trouvâmes pas, mais nous laiffâmes nos noms. Le lendemain matin, je repaffai avec M. A. R. D., qui eft un autre Marchand de l'Orient, & M. Boutel,

Capitaine de vaiſſeau, chez le Commiſſaire, qui nous reçut dans ſon bureau. Ces Meſſieurs me préſenterent à lui comme un Anglois qui paſſoit aux Indes par le premier vaiſſeau. Il demanda fort durement ſi j'étois cet Anglois qui m'étois promené hier ſur le port, & qui paroiſſoit n'avoir aucune recommandation pour les gens en place? M. A. R. D. lui expliqua alors très-diſtinctement ma conduite, ſur quoi celui-ci demanda ſi j'avois une permiſſion pour m'embarquer. On lui répondit que oui, & je lui mis ſous les yeux le paſſeport du Roi, contreſigné du Miniſtre. Le mépris avec lequel il traita la ſignature de ſon Maître, me conſola un peu de la manière peu honnête avec laquelle j'avois été reçu: Si, Monſieur, dit-il, n'a pas d'autres permiſſions, je ne permettrai pas qu'il s'embarque ſur aucun de nos vaiſſeaux à l'Orient. Nous prîmes congé de ce *mince Officier*, & fûmes chez Monſieur de la Vigne, Commandant du Port, qui me reçut avec toute la politesse d'un vrai François. Je fus accueilli de même chez M. de Frémicourt, Commandant de la Ville; après toutes ces cérémonies, M. A. R. D. écrivit, avec sa bonté ordinaire, à son beau-frere à Paris, pour solliciter un passe-port de M. de Sartine. Je crus qu'il étoit prudent de seconder les démarches de M Vincent, & je mandai ma situation au Lord Vicomte Stormont, alors Ambassadeur d'Angleterre en France. Je crus cette démarche absolument nécessaire, car les Américains m'avoient représenté comme un membre de la législation de la Grenade, un des principaux Officiers des Douanes de S. M. B. & un homme qu'il étoit dangereux de laisser aller aux Indes dans la circonstance actuelle. Cependant, les soins de M. Vincent suffirent pour obtenir de la justice de M. de Sartine ce que je désirois : j'eus sans difficulté le passe-port nécessaire. Dans ma lettre au Lord Stormont, qui avoit la forme d'une plainte, j'entremêlai, d'une maniere indirecte, différentes particularités qu'il étoit plus important pour notre Nation de faire connoître à S. E. (1) que les difficultés que j'avois éprouvées. Je lui donnai une idée des ouvrages qui étoient dans le port, fur les chantiers, & un état des forces que l'on embarquoit fur les vaiffeaux deftinés pour l'Amérique. J'ignore fi ces infinuations parurent fuffifantes au Lord Stormont, pour l'engager à des recherches, ou fi ce Miniftre vigilant & capable avoit été informé du tout avant que j'euffe l'honneur de lui écrire; mais je fais que du moment que le Commiffaire eut appris que j'avois

---

(1) M. Price, qui a fait des obfervations, à la vérité, trop ameres fur ce Voyage, & que je citerai plus d'une fois, n'eft point furpris des défagrémens éprouvés par l'Auteur, d'après l'aveu qu'il fait d'avoir envoyé des détails fur Nantes, à l'Ambaffadeur Anglois. La conduite de M. M.... quoique dictée par le patriotifme, n'eft pas certainement exempte de reproches à cet égard. *N. de l'Edit.*

écrit à mon Ambassadeur, il fit des recherches extraordinaires sur ma destination, mes liaisons, en sorte que mes amis conçurent des craintes pour ma sûreté à l'Orient. Je pris donc le parti de m'en aller à Hennebon, pour changer d'air, & pour ma santé. Craignant d'ailleurs que le ressentiment & la jalousie du Commissaire ne le portâssent à entreprendre quelque chose contre la personne chez qui je vivois, je jugeai à propos de lui écrire ce que j'avois appris des soupçons que l'on avoit conçus de moi, & de lui rendre la justice qu'il méritoit. La copie de ma lettre, que je joins ici, vous donnera une idée de ma conduite en cette occasion. Vous la trouverez peut-être hardie, mais très-probablement elle m'a épargné de plus grandes insultes ; je ne suis pas sûr à présent, après ce qui s'est passé, de poursuivre mon voyage aux Indes par la voie d'un vaisseau François ; je fonde ce doute sur l'extrême probabilité d'une rupture entre les Cours de France & d'Angleterre : je tire cette probabilité de faits, d'aveux, d'apparences générales, & de mes conversations avec diverses personnes de cette Nation, & avec les Agents de l'Amérique.

L'expédition des Indes Orientales est suspendue pour cette saison; les forces destinées à l'attaque des établissemens Anglois dans cette partie du monde, seront envoyées aux secours des Amériquains. Onze vaisseaux sont chargés, & ont probablement fait voile actuellement de l'Orient & de Nantes pour Boston ; ils ont à bord de la grosse artillerie, des munitions, des draps, du sel & d'autres provisions. Les vaisseaux Amériquains ont été conduits dans le plus grand secret, par une frégate Françoise, jusqu'à ce qu'ils fussent sortis de la baye de Biscaye.

Le Traité entre M. Franklin & la Cour de France, a pour objet une alliance offensive & défensive; la France d'un côté doit soutenir l'indépendance de l'Amérique Septentrionale, & de l'autre l'Amérique doit accorder à la France le commerce *exclusif* (1) des Provinces Méridionales, la Caroline, la Virginie & le Maryland. J'ai de plus appris, par une frégate arrivée de Pondichery & de l'Isle de France, le 17 du mois dernier, à l'Orient, qu'il a été conclu un Traité entre un M. de Saint-Lubin, & le célebre Hyder Aly Kan, l'ennemi le plus irréconciliable & le plus puissant des Anglois & du Nabab d'Arcot. L'objet de cette association, est l'invasion du Carnate, l'émancipation du Rajah de Tanjaour, & le rétablissement du commerce & de la prépondérance des François en Asie. La France ne compte envoyer cette année que trois

---

(1) Ce Traité, qui a été publié depuis, a prouvé que l'Auteur se trompoit, & que la France l'avoit posé sur une base plus généreuse que celle d'un commerce exclusif. *N. de l'Edit.*

cent recrues, sur des vaisseaux particuliers, qui porteront en outre du charbon, des vivres & des munitions; tout cela n'est qu'un préparatif aux grandes opérations de l'année prochaine, qui seront conduites par le Général Belcombe & le Comte d'Estaing. Une très-belle frégate appellée la Sartine, en l'honneur du Ministre de la Marine, qui est l'ame du Cabinet & l'auteur de tous les projets, est partie de Bordeaux, il y a douze ou quinze mois, chargée de grandes & petites armes, de munitions, de provisions, de draps & autres marchandises, sous la direction de M. de Saint-Lubin, qui a été à la côte de Malabar, & a réussi dans le principal objet de sa mission (1).

---

(1) On avoit induit M. M... en erreur; l'opération du Chevalier de Saint-Lubin devoit se faire à la Cour des Mahrates, & non pas à celle de Haïder-Ali, entre les mains duquel il avoit de bonnes raisons de ne pas se confier. M. Price traite ce Chevalier d'a-

Comme la ville & le port de l'Orient, ont le privilege de recevoir tout ce qui s'importe de marchandises venant d'audelà du Cap-de-Bonne-Espérance, à condition de payer cinq pour cent d'indult sur les grosses ventes, qui se font dans les magasins de Roi, outre les droits ordinaires, ils n'ont point jusqu'à présent participé au commerce des Indes Occidentales. Mais n'y ayant aucune espèce de prohibition qui les empêche d'importer des marchandises d'Amérique, ils s'efforcent aujourd'hui d'engager les Américains de commercer avec eux, & ils réussissent dans leur projet.

Cette concurrence cause un mécontentement & une jalousie sensible aux

---

venturier François, cependant il lui prête de grandes connoissances des langues de l'Inde, ce qui prouve qu'il ne le connoissoit pas.

Voyez Observations on Mak. travels pag. 15. N. de l'Edit.

Marchands de Nantes, ville située sur la Loire, belle & grande rivière qui se jette dans l'Océan, & qui est navigable ainsi que plusieurs de ses bras, jusques dans l'intérieur du Royaume. Il est remarquable que les Nantois ont toujours été les premiers en France, à commettre des hostilités contre l'Angleterre. En 1744, les Marchands de Nantes furent les premiers mobiles de l'entreprise du Prétendant, & à l'engager à soutenir ses prétentions au Trône de la Grande-Bretagne. Ils le fournirent d'armes, de munitions & d'argent, & armerent des vaisseaux pour le transporter en Ecosse avec ses partisans. Ils étoient entrés dans un plan considérable pour favoriser ses vues. Ils ont montré un zele & une activité égale à soutenir les prétentions de l'Amérique, & à la fournir de tout ce dont elle a besoin.

La ville de Nantes est extrêmement commode pour le commerce, grande, belle, saine & bien peuplée, extrêmement bien située, comme nous l'avons déjà observé par sa situation sur la Loire. Tous les vaisseaux marchands, de quelque port qu'ils soient, & en quelque nombre qu'ils puissent être, peuvent remonter la rivière & entrer dans la ville. La navigation de la Loire est parfaitement sûre dans un espace d'environ trente milles, & n'est, comme je l'entends dire, défendue non plus que Nantes, par aucune fortification régulière.

Non-seulement l'Orient est défendue par la forteresse du Port-Louis, à l'entrée de la rade, & par différentes batteries sur la côte opposée, mais encore par grand nombre d'autres qui défendent l'intérieur de la rade, & la ville elle-même est régulierement fortifiée. Les maisons, les rues, l'extérieur des habitans, qui, malgré le peu d'étendue de la ville, montent à près de 20,000 ames, fournissent une preuve de la douceur du Gouvernement & des avantages du commerce.

Je puis vous assurer qu'il m'a toujours été facile de juger de la bonté ou des défauts de la constitution civile d'un pays, de la vertu & des vices des gens qui gouvernent, par l'extérieur du peuple, des rues & des maisons.

Celle-ci sera probablement la dernière que je vous écrirai d'Europe. De même que je suis assuré de la sincérité des vœux que vous faites pour moi, je vous prie de croire que mon affection pour vous est des plus sinceres, & que j'apprendrai avec plaisir tout ce qui pourra contribuer à votre bonheur.

Je suis, &c.

LETTRE

LETTRE V.

A. M..... à l'Orient (1).

Hennebon, premier Janvier 1778.

Vous êtes, Monsieur, du petit nombre des personnes de qui j'aie reçu des politesses à l'Orient. Je vous en conserve la plus grande reconnoissance. Tous vos compatriotes n'ont pas imité votre exemple ; ma qualité d'Anglois, m'a, dans les circonstances où nous sommes, rendu suspect à leurs yeux. Ils m'ont calomnié sourdement, lorsqu'à l'extérieur ils me prodiguoient les marques du dédain & de la haine. Les Nations civilisées ont établi des Ministres

---

(1) Je ne donne cette Lettre qu'en abrégé ; elle renferme des détails & une justification qui intéresseroient peu de Lecteurs. N. du Trad.

dont la fonction est de veiller sur la sûreté des individus de leur nation, qui, étant dans un pays étranger, n'ont souvent point d'abri contre les injustices privées ou publiques. J'ai cru devoir profiter de cette institution; j'ai écrit pour me plaindre, pour me justifier, à l'Ambassadeur de ma Nation. Je l'ai fait avec fermeté; à mon apologie, j'ai joint des faits qui indigneroient ici les esprits contre moi, mais que, comme Anglois, je n'ai pas dû dissimuler au Représentant de ma Nation en France. La pureté de mes intentions est telle que je ne crains pas le plus grand jour, & je n'aurois pas l'appui de Lord Stormont, que je me jetterois avec la même confiance sous la protection de Sa Majesté ou de ses Ministres, bien persuadé que, quoiqu'Anglois, ils me rendroient justice contre leurs sujets, violant les loix de l'hospitalité. Le patriotisme qui a guidé ma plume & dicté mes opinions, ne sauroit être un crime à leurs yeux, quoiqu'il contrarie leurs opérations, &c.

J'ai l'honneur d'être,

LETTRE VI.

Au très-honorable LORD NORTH.

A la Mer, le 12 Mars 1778.
Par la voie de Sainte-Hélene.

MYLORD,

DIVERSES circonstances m'ont fourni les moyens de m'instruire de plusieurs faits qui intéressent la Grande-Bretagne, aussi-bien que des vues des autres Nations, ennemies secrettes de notre patrie. J'ose me flatter d'avoir donné à notre Ambassadeur à Paris, dans le courant de l'hiver dernier, des projets d'une utilité incontestable. J'ai aussi trouvé le moyen, quoique par des canaux indirects, d'en faire parvenir à l'administration. J'attendois alors à l'Orient, l'instant de m'embarquer pour les Indes, & j'y découvris, ainsi que dans les Ports voisins, des choses qui indiquoient assez la haine des François ponr l'Angleterre. Je crus de mon devoir d'en informer le Gouvernement. Entre autre chose, je donnois communication d'une piece *secrette*, qui avoit été apportée à l'Orient en Décembre dernier, par la frégate la Consolante, venant de l'Isle de France; c'étoit la nouvelle du Traité conclu par M. de Saint-Lubin, avec Hyder Aly Kan, & de l'accession du Rajah de Tanjaour. Je crois que vous ne trouverez pas les raisons qui m'ont porté à ajouter foi à ce rapport, destituées de fondement.

Le hasard m'a mis à portée de pouvoir vous expliquer le caractere & la position de M. de Saint-Lubin, & je dois les connoissances que j'en ai acqui;

fes à un paffager qui fe trouve fur le même vaiffeau que moi, & qui a précédemment occupé un pofte de confiance au fervice de l'ancienne Compagnie des Indes Orientales, & depuis au fervice du Roi : cet homme jouit d'une bonne réputation, a d'excellentes vues, & s'eft trouvé, on ne peut plus à portée de s'inftruire.

M. de Saint-Lubin eft un homme à qui on ne connoît aucune fortune, & qui ayant paffé plufieurs années aux Indes, tantôt dans un canton, tantôt dans un autre, a acquis une connoiffance plus qu'ordinaire des coutumes, des mœurs, de la politique, du commerce, de la fituation & des difpofitions des différentes Puiffances de ce pays & des établiffemens des Européens. De foldat des troupes de la Compagnie à l'Ifle Maurice (1), il s'eft élevé à fa fortune

---

(1) Il arriva à Pondichery, en qualité de foldat, & venoit de l'Ifle de France, ou Ifle Maurice. *N. de l'Edit.*

actuelle par son génie, son activité, son adresse, une grande volubilité de langue, & sur-tout par une rare assurance (1). Il étoit fort mal avec les Directeurs de la Compagnies des Indes ; mais depuis la suspension de leur privilége, il a acquis la confiance & la faveur d'un Ministre, à un tel degré, que si l'on n'avoit pas espéré tirer plus de parti de ses talens dans un emploi plus obscur, il auroit, dit-on, eu le Gouvernement de Pondichery ; ce qui eût procuré un spectacle surprenant au Gouverneur de l'Isle de France, qui avoit fort maltraité M. de Saint-Lubin, quelques années avant, parce qu'il suspectoit ses liaisons avec les Anglois (2). Il a été dernièrement décoré

―――――――――――――――――

(1) Je traduis ici exactement l'Anglois. *N. du Trad.*
(2) Voyez à cet égard le Mémoire qu'a publié M. Ladebat, contre le Chevalier de Saint-Lubin, les Mémoires de Hyder Ally, par M. Delatour, & les Nos 5 & 6 du Tableau de l'Inde, par M. Brissot de Warville *N. du Trad.*

de l'Ordre de Saint-Louis, & a actuellement la direction de deux grands vaisseaux marchands à la côte de Malabar, où son adresse, ses connoissances, & ses liaisons avec Hyder Aly Kan (1), & les Marattes, rempliront sans doute les vues de ses commettans, en y rétablissant leur commerce & leurs priviléges. Le syftême politique, relatif aux Indes, qu'avoit adopté le Duc de Choifeul, est en apparence celui de la France, aussi-bien que de l'Angleterre. On se propose de conserver à la Couronne la possession des terres, & de donner en même-tems tous les encouragemens possibles aux Compagnies, comme Négocians, dans tout ce qui convient à leur éducation, leur profession & leur capacité.

M. de Sartine est, selon moi, le

---

(1) C'est une erreur encore une fois, Hyder Aly le détestoit. N. de l'Edit.

plus fin, *le plus temporiseur*, & le plus actif politique, qui soit dans le Ministère François. En suivant l'exemple du Duc de Choiseul, il a recherché les plus habiles Négocians de Paris, & s'est servi de leur expérience. Il prend actuellement des mesures, aussi avantageuses pour sa Nation, que nuisibles aux intérêts de la nôtre. Votre Seigneurie se mettant au fait, par des conversations avec des gens bien instruits du commerce de l'Indostan, de sa politique, & du local, en aura plus de facilités à combattre les mesures de M. de Sartine, & à s'opposer aux vues d'une nation qui est extrêmement attachée au commerce de l'Inde, & jalouse de l'influence de la Grande-Bretagne dans cette partie du monde. Mais vous rencontrerez plusieurs difficultés, telles que, le ressentiment de Hyder Aly, qui sent bien que le pouvoir des Anglois est le seul obstacle redoutable à l'établissement de sa puissance, par tout le

Decan (1), & l'ambition d'un Prince qui n'étant Roi que de nom (2), traîne la royauté dans les fers, humilié par le sentiment de la condition à laquelle il est réduit, mais qui jusqu'ici a manqué de résolution pour s'affranchir des termes humilians auxquels il a obtenu sa souveraineté, & pour soutenir les vœux qu'il forme pour son affranchissement.

---

(1) Il n'est pas bien prouvé que ce Prince ait jamais eu des vues sur le Decan. Il est bien vrai qu'il en a eu sur le Carnate, & la guerre de 1769 l'a prouvé. *N. de l'Edit.*

(2) C'est le Rajah du Tanjaour dont il est ici question. Tulja-Ji, après avoir été dépouillé en 1773, de son Royaume par les artifices du Nabab de Carnate, ou plutôt de ses créanciers, car il n'étoit qu'un prête-nom des Juifs qui l'assiégeoient & le dévoroient, a été rétabli en 1776, par les ordres de la Cour des Directeurs, & par la fermeté de Lord Pigot, qui cependant y a perdu la vie. Mais, en rétablissant ce Prince, on a eu grand soin de lui donner des fers, & de le tenir en tutele, comme le Nabab d'Arcate. Cette histoire, très-connue des Anglois, ne l'est pas des François, & c'est pour ces derniers que je fais cette note. *N. de l'Edit.*

Cela mettra encore Votre Seigneurie à portée de juger jufqu'à quel point on peut accorder, dans la faine politique, la fûreté des poffeffions territoriales de l'Angleterre dans l'Indoftan, avec le defir de les étendre, & jufqu'à quel point il convient de contrebalancer l'influence d'une rivale ambitieufe, qui ne manquera pas d'induftrie pour aliéner *l'affection* que les naturels du pays ont pour les Anglois, & pour détruire la confiance qu'ils ont en notre *bonne foi* (1). Un objet encore bien digne d'examen, c'eft de décider s'il eft plus fage de réunir le Gouvernement des naturels du pays, entre les mains d'un feul Prince modéré, jufte & ferme, dans l'amitié & la reconnoiffance duquel vous puiffiez compter, ou de

---

(1) La bonne foi des Anglois de l'Inde eft une vraie chimere, n'y eût-il que les quatre à cinq révolutions du Bengale, pour dépofer contr'elle ; & l'affection des Indiens eft fur la même ligne. *N. de l'Edit.*

partager la souveraineté (1) du Carnate, entre différens petits prétendans que l'on rend par là également ambitieux, jaloux, dépendans & qui sont toujours dupes des artifices des différens Agens Européens qui les flattent les uns & les autres de l'espoir de la protection de leurs maîtres, & de l'indépendance de leur royauté. Cette question, Milord, est de nature à ce que sa solution influe sur le destin du Gange, du Guzarate & du Malabar & pour la résoudre, il faut commencer par les recherches suivantes (2).

1°. La Nation & la Compagnie ont-elles, soit conjointement, soit séparément, éprouvé *l'honneur*, *la fidélité* &

___

(1) Il n'est ici question que de cette partie du Carnate qui est dans le Royaume de Tanjaour.

(2) Il me semble aisé de répondre aux questions suivantes, & je le ferai laconiquement, à fur & mesure des questions que l'Auteur va proposer. *Note de l'Editeur.*

l'amitié de quelques-uns des Princes de l'Asie (1)?

2° La Nation Angloise & la Compagnie ont-elles rempli inviolablement leurs engagemens avec les Princes Orientaux (2)?

3° La Compagnie ou ses Agens ont-ils rompu les liens de l'amitié, détruit la confiance de ces Princes, & écarté l'affection des peuples (3)?

4° La Compagnie ne peut-elle à l'avenir regagner, par aucun moyen, ni assurer la confiance des Princes de l'Asie & l'affection de leurs sujets (4)?

5° La confiance dans le Gouvernement Anglois, séparé de la Compagnie, est-elle encore dans son entier (5)?

6° L'intervention du Gouvernement n'est-

---

(1) Non. —— Mots inconnus dans l'Inde.
(2) Non, Non, Non.
(3) Oui.
(4) Impossible, par la nature de sa constitution.
(5) Le Gouvernement Anglois est Zero pour un Indien; la Compagnie est tout.

elle pas suffisante pour rétablir par une rigide administration de la justice, l'influence du nom Anglois, & rendre à la Compagnie, la confiance & l'estime des Princes & des Peuples de l'Indostan (6) ?

7° Les Européens n'ont-ils pas les plus fortes raisons pour attendre plutôt les avantages du commerce, de la justice & de la protection d'un Prince doux & humain (7), que du pouvoir d'un Usurpateur, fin politique, sanguinaire, & ambitieux, qui en outre ignore les loix, & est étranger aux douceurs du commerce (8) ? Car il faut bien concevoir que tout le Gouvernement du Décan va

---

(6) Tout Gouvernement dont le censeur est à 6000 lieues, devient tôt ou tard détestable & tyrannique, en quelques mains qu'il soit.

(7) Portrait du Nabab d'Arcate, trop flaté.

(8) Portrait de Haïder Aly, trop chargé. La fin de cette question n'est pas claire ; ni le Decan, ni Haïder ne dépendoient du Carnate. Le Souverain du Carnate étoit autrefois le Souba du Decan ; mais depuis , un Firman fait à Madras a affranchi le Carnate.

malheureusement assoupi les esprits des Indiens. *Il n'est pas dans le monde un peuple plus vertueux, plus traitable, plus docile, ou plus capable d'arriver à une plus grande perfection dans les arts, qui donnent de l'élasticité aux ressorts du commerce, que celui que la Compagnie Angloise s'est soumis dans les Indes* (1).

Pardonnez, Mylord, cette digression; cette lettre vous paroîtra sans doute le fruit des spéculations d'un correspondant dont les talens n'égalent pas l'amour qu'il a pour son pays, mais qui néanmoins espère contribuer à son agrandissement en communiquant ses vues au Ministere.

J'ai l'honneur d'être, &c.

---

(1) Voilà un grand aveu dans la bouche d'un Anglois! Et c'est ce peuple doux & docile qu'on abrutit, qu'on met aux fers. *N. de l'Edit.*

LETTRE

LETTRE VII.

A J. T. F. Ecuyer, à Londres.

A la Mer, le 17 Mai 1778, par 27 d. de latitude, & 15 de longitude Occidentale du Méridien de Paris.

J'AI déjà eu occasion de vous écrire deux lettres par *la Reine*, vaisseau chargé pour Sainte-Hélene. Un vent favorable a tenu ce vaisseau de conserve avec nous plus long-temps que nous ne l'espérions; ce qui me permet d'y en ajouter une troisième. En relisant l'original de la lettre que j'ai adressée au Lord North, sous votre couvert, je me suis apperçu que j'avois omis bien des circonstances essentielles qui peuvent fournir des preuves des desseins hostiles de la France contre nos possessions d'Asie. Si cette puissance vient à bout de les exécuter, ils auront de fatales conséquences pour notre Compagnie des Indes, feront bien du tort à la Nation Angloise, & ruineront notre fidèle & constant Allié le Nabab du Carnate.

Le *Sartine*, vaisseau de 500 tonneaux, & de 30 pièces de canon, est le plus élégant & le plus commode des vaisseaux françois. M. de Saint-Lubin reçoit souvent à son bord Haïder-Ali (1), les principaux Chefs des Mahrates, & les autres Princes du Malabar : il arbore, dans ces occasions, les diverses bannières des Princes Indiens, qu'il a fait copier à Bordeaux. Le Chevalier a apporté avec lui des mar-

---

(1) C'étoit un conte qu'on avoit fait à M. Makintosh. Haïder, dit M. Price, connoît trop bien les Européens pour se confier à eux, & monter à bord d'un de leurs vaisseaux. Dans le fait, le Sartine débarqua sa cargaison à Choul, port des Mahrates, & leurs Chefs, continue M. Price, firent si bien leur compte, qu'ils emporterent tout sans en payer un sou. Voyez pour l'Histoire de cette malheureuse expédition, le Mémoire de M. Ladebat qui en fut la victime. *N. de l'Edit.*

chandises, tant pour lui servir de prétexte que pour fournir à ses besoins. Le plus fort de sa cargaison consiste en armes & munitions de toutes les espèces, propres pour les fortifications & la campagne; il est si avant dans les bonnes graces de Haïder-Aly, que le Pavillon François est souvent déployé sur les remparts de *Mangalore*, sa principale forteresse. Les Maîtres des vaisseaux qui sont sous la direction de M. de Saint-Lubin, ont ordre d'obéir à tous ses commandemens. Ils ne sont dans aucun de ses secrets, & ne pénètrent pas ses projets. Cependant ils sont au désespoir de son activité, qui contrarie leurs vues particulières de commerce.

On assure qu'en certaines occasions M. de Saint-Lubin porte les marques de la plus grande distinction, même le cordon rouge. Je remets à votre discrétion l'usage que vous devez faire de ces avis, & vous laisse juge de leur importance.

Je suis, comme à l'ordinaire, &c.

LETTRE VIII.

A. . . .

A la Mer, à bord du Briffon, le 3 Juin 1778.

La dernière lettre que j'ai eu l'honneur de vous écrire, étoit datée de Madère, le 15 Mars, jour auquel je me rembarquai pour continuer mon voyage aux Indes. Dans cette lettre, je vous rendois compte de la cruelle maladie que j'avois effuyée, étant dans le Golphe de Gafcogne, ce qui a duré 19 jours, fans interruption; de l'heureux & rapide effet de l'air de Madère fur ma fanté, de l'hofpitalité dont les Négocians Anglois font profeffion dans cette Ifle, & de toutes les bontés & attentions du Capitaine Chefeaux, commandant *le Briffon*, & de l'amabilité de mon compagnon de voyage, le refpectable M. Yeate.

Des vents, des courans contraires & de longs calmes, ont rendu notre traversée, depuis le départ de Madère, très-longue & très-ennuyeuse. Nous sommes par le travers du cap de Bonne-Espérance, qu'on peut regarder comme un peu plus que la moitié, mais cependant moins que les deux tiers du passage aux Indes : estimation qu'il faut prendre à rebours, lorsqu'on revient des Indes, à raison du circuit que les vents alisés forcent à faire entre les tropiques, aussi-bien dans les mers de l'Est, que dans celles de l'Ouest. Comme, suivant toute apparence, nous aurons bientôt une relâche d'une huitaine de jours chez les Hollandois (1) & les Hottentots, je profiterai de cette occasion

―――――――――――――――――――

(1) On lit dans l'original —— *Mynheers*, c'est un sobriquet que les Anglois donnent aux Hollandois, comme ils appelent les François, *les Monsieurs*. —— Les Ecrivains qui se respectent, doivent laisser ces dénominations ridicules aux Gazetiers & à la populace. *N. de l'Edit.*

pour boire un verre de *conſtance* pur à la ſanté des amis dont je ſuis ſéparé.

Il ne nous eſt juſqu'à préſent rien arrivé d'extraordinaire dans notre traverſée : j'aurois eu trop de plaiſir à vous le raconter pour y manquer, ſi l'occaſion s'en étoit préſentée. Notre vaiſſeau eſt doux, mais il eſt aſſez mauvais voilier ; ſoit que les dimenſions entre les ponts, aient été priſes relativement à la taille des habitans du pays auquel il appartient, ou que ce ſoit l'effet d'une épargne ridicule, il n'y a pas dans tout le vaiſſeau, un cabinet qui ne ſoit trop bas d'un ou de trois pouces, pour moi qui ſuis d'une taille aſſez médiocre ; en ſorte que je ne peux me tenir droit en marchant, ce qui m'empêche de prendre de l'exercice, & me met continuellement en danger de me caſſer la tête. Parmi tous ces inconvéniens, je trouve mon logement agréable par les ſoins aſſidus du Capitaine. Il a naturellement le cœur très-ſenſible, & je ſuis perſuadé que c'eſt un homme d'honneur & d'une probité parfaite ; les principaux Officiers font, à fon exemple, remplis d'égards pour moi; je dois toutes ces civilités fans doute aux recommandations des propriétaires & armateurs du vaiffeau, MM. A. D. & V., qui font de mes amis; tous les Officiers du bord me paroiffent être d'habiles marins. A la place du fpacieux appartement qu'on avoit arrangé pour moi à l'Orient, j'occupe feul la chambre du Confeil, en forte que je ne fais ufage du cabinet qui m'avoit été donné originairement, que pour m'habiller & écrire. Dans une pareille pofition, je n'ai pas lieu de me plaindre pour quelques petits fujets de mécontentement, mais je dois, au contraire, me conformer gaiement aux ufages & aux coutumes d'un peuple fi doux & fi obligeant. Il faut convenir cependant que les provifions, qui font en grande abondance, ne font pas de la meilleure qualité : la cuifine en général eft très-mauvaife, mais le pain, la pâtifferie, & la foupe au vermicel, font excellens; les volailles font fi vieilles, qu'un mâtin affamé auroit de la peine à les déchirer sous sa dent. Les jambons sont gâtés, le bœuf salé, vieux & dur, & généralement tout ce qu'on nous sert, est plein de malpropreté, au point d'être en lambeaux. Quel mélange hétérogène & dégoûtant, de porc, bœuf, oyes, canards, poules, tripes, poissons, pain, choux, oignons, graisse, &c. ils font bouillir tous ces ingrédiens ensemble, & ce composé s'appelle soupe; leurs ragoûts sont assaisonnés d'huile, de vinaigre & d'ail; quelquefois on nous présente en cérémonie un canard rôti, ou un maigre morceau de mouton qui nous fait oublier pour un moment ces dégoûtantes sauces. Des omelettes d'œufs qui ne sont pas très-frais, puisqu'ils sont à bord depuis près de deux mois, ont fait ma principale nourriture depuis que j'ai quitté Madère. Le Capitaine, M. Yeate, & moi, déjeûnons & soupons ensemble dans la dunete; nous dînons dans la grande chambre, avec six des principaux Officiers, le Chisur rien, l'Aumônier (qui est un Capucin), deux passagers, & un des volontaires à tour de rôle. Je n'ai fait aucun usage depuis que je suis à bord, des provisions de liqueurs du Capitaine, m'étant pourvu de vin de Claret, de Madère, & de vieille eau-de-vie de la meilleure qualité. La politesse Françoise m'a fait passer sur bien des choses qui me sont fort désagréables : je ne fais aucun reproche à ce peuple de toutes ces choses, que l'habitude lui a rendues familières, & même agréables ; mais, lorsque j'entreprendrai un autre voyage pour la France, mon expériece m'apprendra à me conduire de façon à pouvoir en profiter, pourvu que je trouve un second Capitaine qui, comme M. de Chéseaux, en sa qualité de Maître du Brisson, traite avec douceur & humanité tous les Individus confiés à sa charge, soit scrupuleusement juste, attentif aux intérêts de ses commettans, & aux succès du voyage. La politesse des françois, qui vous fait oublier leurs viandes dégoûtantes

& qui opère encore bien d'autres miracles, m'a rendu la plume fort familière, & fait, du grifonnage, mon amufement le plus chéri. Cette occupation folitaire écarte de moi le chagrin & l'ennui, & convient le mieux à ma fituation & à ma difpofition. Je fais fouvent de longues excurfions dans l'immenfe carrière de la politique; j'ai, à ce fujet, pris la liberté de faire paffer mes idées aux Hommes-d'Etat les plus éclairés de la Grande-Bretagne, qui repréfentent aux yeux du Public, en qualité de Miniftres, & n'en font, pour cela, pas moins obligés, dans plufieurs occafions, de facrifier leurs idées à l'obéïffance.

Je ne doute nullement que mon application continuelle à lire & à écrire ne me faffe prendre, par les gens du bâtiment, comme par ceux de l'Orient, pour un perfonnage de grande importance. Ils peuvent, en eux-mêmes, former des conjectures fur tous mes écrits. Je fuis réfervé non-feulement avec eux, mais même auffi avec mon compagnon, M. Yeate, qui ne m'a jamais embarrassé par aucune question indiscrette ; car il n'a pas, dans toute sa constitution, un grain de curiosité politique. J'avoue que c'est une heureuse disposition, & qu'un homme de cette espèce peut aisément tuer le temps, & s'accoutumer à la solitude. -- A propos, le Capitaine Chéseaux a une petite bibliothèque, mais bien choisie : je l'ai lue d'un bout à l'autre. Parmi ses livres, j'ai trouvé trois vol. in-4°. des Ordonnances de la Marine Françoise, les ouvrages de l'Abbé Raynal, Voltaire, Rousseau, Vertot, & Marmontel.

Une autre chose fort agréable dans notre petite société, c'est que malgré la distance des grades, & ce respect dû aux supérieurs, les Officiers sont polis, tranquilles & unis tous ensemble par la plus étroite amitié. L'honnête familiarité avec laquelle se conduit le Capitaine, lui attire l'affection de tout son équipage, & ne diminue en rien le respect qui lui est dû.

Pour que vous n'ayez plus d'excuse à me donner, en m'écrivant de courtes lettres, je vous prierai de me répondre aux queftions ci-jointes. Les lettres que je vous ai écrites avant mon départ de Port-Louis, de Madère, & la longueur de celle-ci, me donnent fur vous des droits indubitables, fans compter les prétentions que j'ai fur votre amitié & notre liaifon. J'allois fermer ma lettre, mais je veux augmenter votre dette, en la rendant un peu plus longue.

Reffouvenez-vous, ma chere Coufine, que les derniers confeils que je vous ai donnés, n'étoient ni d'un fuperftitieux, ni d'une None. Je connois votre bon fens : vous n'avez point l'efprit foible, mais l'air & le féjour d'une maifon religieufe font dangereux, le zèle des dévots trop grand, & quelquefois fanatique. Pour vous prouver la vérité de ce que j'avance, je vais vous compter une petite hiftoire, & après je fermerai ma lettre.

Etant à Aire en Artois, je fis connoiſſance d'un jeune homme né dans la Province d'Yorkshire. Il étoit Frere au Couvent des Franciſcains Anglois. Ayant beſoin de faire raccommoder ma montre, il me conduiſit chez M. Colin. Cet Horloger étoit un bon vieillard, né à Londres, âgé d'environ quatre-vingts ans, & qui n'avoit que ce ſeul métier pour ſoutenir lui & ſa famille, qui conſiſtoit en deux vieilles filles. La vue lui manquoit, ainſi que toutes les choſes néceſſaires à la vie, excepté l'induſtrie, la mémoire, & la religion. Je m'amuſai beaucoup en cauſant avec lui, ſur-tout de la relation qu'il me fit de ce qui lui étoit arrivé pendant l'eſpace de cinquante ans qu'il avoit demeuré en Artois. A la fin il s'étendit ſur la religion; & ce ne fut pas ſans peine qu'il quitta ce ſujet pour me faire l'hiſtoire de ſa vie. Horloger de profeſſion, & déſirant ſe perfectionner dans cet art, il partit pour

Paris, où il resta fort long-temps. A son retour il fit connoissance avec les Jésuites anglois de Saint-Omer, qui l'engagèrent à passer quelques semaines avec eux; durant ce temps il abjura le protestantisme, & embrassa le catholicisme. En conséquence, il fit un éternel adieu à son pays, fixa son séjour dans une terre étrangere, fit serment de fidélité à la France, & se maria dans ce pays. Sa femme étoit morte. Avec de l'industrie dans sa profession, & le travail de ses deux filles, il pourvoit à peine aux besoins de sa famille. Accablé sous le poids de l'âge & de la pauvreté, la religion seule lui faisoit supporter ses maux avec force & gaieté. Après avoir essayé en vain par tous ses discours de me faire adopter ses sentimens, le bon vieillard se leva, & prenant un petit livre dans une armoire qui étoit au-dessus de sa tête, il me le remit, en me priant de le lire. C'étoit un petit ouvrage de controverse, écrit en Anglois, par les ci-devant Jésuites anglois de Saint - Omer.

Adieu.

LETTRE IX.

A MM.... à... D. & Fils, de la Rochelle;

Par le COMTE D'ARTOIS.

A bord du Brisson, près de la côte de Ceylan, le 3 Août 1778.

J'AI été si souvent trompé en jugeant favorablement des actions des hommes, que je me suis pour ainsi dire rangé à l'opinion des Philosophes, qui prétendent que les hommes ne font, ne disent, ni ne sentent rien qui ne dérive de l'égoïsme; je l'éprouve encore aujourd'hui. C'est avec bien de la satisfaction que j'ai saisi toutes les occasions de vous exprimer ma reconnoissance pour les bons traitemens que je recevois à bord de votre vaisseau, le Brisson ; j'espere en conséquence que vous n'imaginerez pas que c'est sans raison que je change de ton. Je suis extrêmement affligé d'être réduit à cette extrémité : & je vois avec bien du regret, pour l'honneur de l'espèce humaine, qu'il est impossible de discerner les marques d'une amitié réelle d'avec celles qui ne sont pas sinceres.

Le 5 Juin, j'eus la mortification de découvrir que le Brisson étoit une prison, & que le Capitaine Cheseaux en étoit le vigilant concierge. Je m'apperçus aussi que les chaînes de deux sujets de Sa Majesté Britannique, avoient été forgées à l'Orient. Ce ne fut point un engourdissement, mais l'opinion favorable que j'avois conçue de ce geollier, qui m'empêcha de sentir les fers dont on chargea imperceptiblement & mes mains & mes pieds. J'approuve la politique

litique qui a fait d'abord tenir secrets ces ordres peu généreux de me retenir moi & mon compagnon dans cette prison. — Mais il me semble qu'après avoir vécu cinq mois dans la plus grande intimité, le Capitaine n'eût pas dû prolonger notre illusion, lorsque nous étions près du Cap de Bonne Espérance. N'eût-il pas été plus loyal de nous confesser qu'il avoit des ordres de nous arrêter, & de nous traiter en prisonniers (1)? Nous l'eussions remercié de

---

(1) Pour toute observation sur cette accusation contre le Capitaine Cheseaux, je me bornerai à traduire les réflexions de M. Price: Il est visible, dit-il, que l'ordre d'arrêter M. M. —— provenoit de ses indiscrétions à l'Orient, & peut-être de sa correspondance qu'on avoit interceptée. On ne l'arrêta pas en France pour ne pas faire d'éclat, & le Capitaine Cheseaux eut cette commission. Il s'en acquitta en galant homme, en chrétien humain, en honnête François. Il eut l'humanité de cacher à ses prisonniers leur sort pendant cinq mois, & de les bien traiter pendant ce tems. Il ne pouvoit leur révéler sa commission qui étoit secrete, & on doit le louer de sa conduite, loin de l'en blâmer. *N. de l'Edit.*

sa candeur & de son honnêteté, surtout s'il nous avoit laissé descendre à terre & prendre l'air au Cap, comme il nous l'avoit permis à Madere. Il faut l'avouer, les Capitaines de vaisseaux ont un pouvoir exécutif bien terrible. La santé, la vie de leur équipage, & même des passagers, dépend entierement d'eux. Quand mon malheur me fut connu, j'étois malade du scorbut, qui ne se guérit, comme vous savez, que par l'air de la terre & l'exercice. Mon infortuné compagnon de voyage, le Docteur Yeate & moi, nous eûmes le désagrément à l'Isle Bourbon, de voir tout l'équipage, & les passagers de toutes les Nations, débarquer, se rafraîchir, & jouir de l'air délicieux de cette Isle, lorsque nous deux, comme des criminels, nous étions confinés à bord ; & ce qu'il y a de plaisant, nous étions à l'ancre dans un endroit d'où nous eussions pu faire aisément des observations : mais en vérité, la place n'en valoit pas la peine. Nous ne vîmes qu'un amas de maisons éparses, irrégulieres, sans fortifications & sans troupes. On voulut probablement dérober à nos yeux la foiblesse de Saint-Paul, Capitale de l'Isle.

Pendant les sept jours que nous passames dans cette situation, nous fûmes montrés en spectacle à plusieurs personnes qui venoient de l'Isle nous voir, comme des monstres qui étoient enfermés dans une caverne, ou des criminels dans une prison ; mais je dois rendre justice à ces personnes, en disant qu'elles nous apporterent bien des rafraîchissemens, dont nous avions grand besoin.

Je ne découvris point d'abord notre état de captivité ; mais aussi-tôt qu'il me fut connu, je résolus d'amener à un éclaircissement M. de Cheseaux. Comme il vint ce même soir, avec quelques personnes, souper & coucher dans le vaisseau, je lui demandai en soupant, si le vaisseau devoit mettre à la voile, comme je l'avois entendu dire ? — Oui. — Allez-

vous à terre demain ? — Oui. — « Voulez-
» vous avoir la bonté d'ordonner à un de
» vos bateaux de me conduire à terre » ?
Après m'avoir lancé un regard farouche,
que je lui rendis, il me dit : Je ne puis pas
» vous permettre d'aller à terre, & je
» suis surpris qu'un homme de votre sens
» demande cette permission ? — Quelle
» est la raison pourquoi je suis en parti-
» culier privé du droit d'être sur le rivage,
» lorsque tous mes compagnons de voya-
» ge, tant François, qu'Italiens, Jésui-
» tes Indiens, & même vos recrues ont
» eu cette permission ? — Parce que vous
» êtes Anglois. — « L'Angleterre & la
» France sont-elles en guerre ? — Non.—
» Ai-je commis quelque crime capital à
» bord ? — » Non ! Monsieur, Non !
» Mais j'ai fait tous mes efforts pour ob-
» tenir cette permission pour vous, j'ai
» dit que vous étiez malade, mais on me
» l'a refusée. — » Je sais donc à présent
» que je suis votre prisonnier, quoique
» vous n'ayez pas eu la bonté de me le

» dire auparavant. On me refuse dans une
» Colonie Françoise, un privilége qui
» me seroit accordé dans la nouvelle Zem-
» ble, ou dans le pays des Patagons. »
Dès ce moment ma captivité me fut
très-douloureuse ; elle me faisoit paroître
un jour comme un mois, & diminuoit
de plus en plus l'attachement que je
portois à mon Capitaine ; je le regar-
dai depuis cette époque comme mon
geolier.

Mais peut-être mon ressentiment étoit-
il sans fondement. M. de Cheseaux,
contribuoit peut-être mieux à mon bonheur en me cachant ma malheureuse situation, qu'en me la faisant connoître.
Vaut-il mieux, qu'avertis des maux qui
doivent nous arriver, nous rappellions
tout notre courage, pour nous préparer
à les essuyer avec fermeté ; ou qu'oubliant
le lendemain, nous jouissions amplement
de tous les plaisirs du jour ? C'est une
grande question qui a été agitée parmi
les Philosophes Stoïciens & Epicuriens.

Le système des premiers inspire une noble égalité, mais en même tems corrompt la jouissance du plaisir social; celui des derniers nous plonge pour quelques instants dans des sources de plaisirs, mais nous laisse ensuite accablés de foiblesse, en proie au malheur. Cependant la conformation de notre nature paroît favoriser ce dernier système; car nous ne sommes pas si disposés à nous préparer aux calamités, qu'à attendre des sujets de joie. A l'appui de ce système, on peut ajouter que la providence cache le futur, avec tous ses maux, d'un voile épais & impénétrable, comme pour empêcher que la perspective des peines à venir ne trouble la jouissance du plaisir actuel.

Ainsi, Messieurs, vous voyez que je suis un adversaire généreux, puisque j'ai entrepris ainsi de défendre la cause de M. de Cheseaux, contre ma propre opinion actuelle.

Quelques sentimens que j'éprouve pour

lui, je dois lui rendre justice, en repétant, que je le regarde comme un marin soigneux, vigilant, & prudent, peut-être jusqu'à la timidité, par amitié comme par devoir, toujours empressé à consulter l'intérêt de ses commettans, & que l'attention singuliere & constante qu'il a eue pour moi, pendant mon passage à l'Isle de Bourbon, me fait regretter sincerement de ne pas pouvoir à tous égards avoir une aussi bonne idée de lui qu'autrefois.

LETTRE X.

Au Général BELLECOMBE, à Pondichery.

A bord du vaisseau le Brisson, sur la route de Pondichery, ce 7 Août 1772.

Votre Excellence a été informée par le Capitaine de Cheseaux, que nous étions (1) des passagers dans son vaisseau, qui a ordre de faire voile pour Pondichery. Ayant eu le malheur d'être retenus dans le vaisseau, nous nous somme consolés en nous reposant entierement sur l'humanité & l'équité de votre Excellence.

Notre long séjour sur un tillac, qui laissoit à peine la faculté de respirer,

---

(1) Cette Lettre fut écrite au nom de M. Yeate, & de l'Auteur. *N. de l'Auteur.*

nous a fait desirer ardemment la liberté la plus grande, & nous comptions la recevoir hier de l'autorité de votre Excellence. Daignez, Monsieur, nous permettre d'exposer les droits sacrés que nous avons à votre protection.

Lorsque nous nous embarquâmes à l'Orient, le 27 Janvier dernier, votre Souverain & le nôtre étoient en paix. Si l'influence de la politique, ou de l'ambition, en détruisant les dispositions de ces deux Princes naturellement justes, généreux & humains, les a forcés à commettre des hostilités réciproques ; la foi de l'un des Souverains étant engagée pour quelques sujets de l'autre, ne doit pas être violée. J'ai obtenu, Monsieur, la permission de la Cour de France, de faire une convention avec les Armateurs, pour mon passage à Pondichery ; & en conséquence le traité fut fait & ratifié. N'y ayant eu aucune infraction de mon côté, pourquoi ce traité seroit-il violé ? & pourquoi la sanction de Sa Majesté de France seroit-elle regardée comme nulle ?

Nous avons entendu dire avec peine, que les hostilités étoient déjà commencées dans l'Indostan, nous espérons que ce bruit est prématuré. Mais quelle que soit la vérité de ce fait, que votre Excellence nous permette de lui observer, que dans la situation actuelle des affaires, nous ne désirons pas de passer les portes de Pondichery, nous demandons seulement, que votre Excellence nous accorde un passe-port pour nous rendre aux frontieres de cet établissement, avec un petit vaisseau pour porter notre bagage, & des palanquins avec des porteurs pour nous mener à Madras.

Dans la triste situation où nous sommes, permettez-nous de nous reposer sur les vertus qui ont attiré à votre Excellence, comme Général & comme Administrateur, la confiance de votre Souverain, & l'affection de vos Compatriotes.

Nous avons l'honneur d'être, &c. &c.

P. S. Il n'est peut-être point hors de propos de faire sçavoir à votre Excellence, que M. Yeate est Chapelain de la Présidence de Calcutta, & que j'assure sur mon honneur, ne tenir aucun emploi civil ou militaire, sous les ordres de la Compagnie Angloise des Indes Orientales.

―――――――

LETTRE XI.

Au Général BELLECOMBE.

A bord de la frégate la Pintade, dans la route de Pondichery, ce 9 Août 1778.

C'EST avec peine que nous nous voyons forcés, par un emprisonnement désagréable, de détourner l'attention de votre

Excellence, des objets importans qui l'occupent à préſent, pour lui rappeler la demande que nous eûmes l'honneur de faire le 7 de ce mois. La lettre où nous faiſions cette demande, a ſans doute échappé à votre attention, autrement vous n'auriez pas négligé de nous honorer d'une réponſe : car la civilité & la politeſſe ſont autant les caracteres de la nation Françoiſe, qu'ils ſont inſéparables de l'humanité & de la bravoure.

Permettez-nous, Monſieur, de repréſenter à votre Excellence les ſouffrances d'un empriſonnement qui dure depuis cinq mois, & qui devient pour nous d'autant plus douloureux, que nous ſommes à quelques verges du lieu de notre deſtination. Mais, ſi nous ne pouvons pas obtenir la permiſſion d'aller directement aux établiſſemens Anglois, ne ſeroit-il pas juſte & humain de nous racheter de cet état de captivité, &

de nous permettre de diriger nos pas vers quelque Colonies neutres ?

Nous avons l'honneur d'être, &c. &c.

LETTRE XII.

Copie de la Réponse du Général BELLECOMBE, aux deux précédentes Lettres.

J'AI reçu, Messieurs, les deux lettres que vous m'avez fait l'honneur de m'écrire. Je connois tous les désagrémens de votre situation ; ce qui me fait le plus de peine, c'est de ne pouvoir l'adoucir dans ce moment. Je n'ai pas voulu vous laisser sur un vaisseau qui alloit combattre ceux de votre Nation : ce qui m'a déterminé à vous faire passer sur la Pintade, où j'ai donné des ordres que vous fussiez bien traités. Je ne puis point vous faire descendre dans une Ville qui va être assiégée, & j'ai des raisons très-fortes pour empêcher que vous ne vous rendiez à Madras. Si vous pesez bien toutes ces considérations, Messieurs, vous verrez qu'il ne m'est pas possible de pouvoir faire mieux que ce que j'ai fait pour vous. Sitôt que les circonstances pourront le permettre, soyez très-persuadés que je serai très-empressé de vous fournir les moyens pour vous rendre à votre destination.

J'ai l'honneur d'être, &c. &c.

BELLECOMBE.

LETTRE XIII.

A Monsieur LAUNAY, dans l'Isle de France.

A bord de la Pintade, dans le Port-Louis, ce 23 Octobre 1778.

MONSIEUR,

LE caractere que nous portons ici demande une explication, car il est très-singulier, & sans exemple, dans les tems modernes & parmi des Nations civilisées. Nous sommes traités comme prisonniers, sans être nommés ainsi, & comme criminels, sans pouvoir être, ou sans être accusés d'aucun crime. Quoique le Brisson, sur lequel nous étions comme passagers, ait achevé son Voyage de l'Orient à Pondichery, cependant il n'est pas achevé pour nous. Dans cette situation, nous croyons qu'il est nécessaire d'éclairer l'esprit du Général Brillane, contre les fausses impressions que pourroient occasionner les conjectures & les faux exposés; & à cet effet, nous saisissons la première occasion pour vous écrire, Monsieur, & vous communiquer les principaux points de notre situation, que votre bonté, sans doute vous fera aussi-tôt exposer au Gouverneur.

Nous nous embarquâmes sur le Brisson, le 27 Janvier dernier, sous la protection du Gouvernement de la France, regardés comme des sujets de la Grande-Bretagne, qui devoient aller à Pondichery, nos noms étant enregistrés, comme passagers dans les dépêches du vaisseau; acte qui fut accompagné de plusieurs autres circonstances extraordinaires qui serviroient, s'il étoit nécessaire, de preuves authentiques à la solemnité de la protection dont nous étions favorisés. La
protection

protection sacrée ainsi engagée pour notre sûreté, ne peut nous être retirée avec justice ou bonne foi, à cause des hostilités qu'a commises depuis notre Nation. Nous avons soumis ces considérations, avec plusieurs autres, à la justice & la magnanimité du Général Bellecombe, qui, nous sommes portés à croire, d'après la réponse polie qu'il nous écrivit, n'avoit point intention de violer la foi de sa Cour, en nous retenant dans un état de captivité plus long-tems, que l'état critique actuel de son Gouvernement lui faisoit regarder comme prudent & nécessaire.

Le Brisson ayant été employé au service du Roi, nous en sortîmes, pour aller, sous la dénomination de *passagers Anglois*, non *de prisonniers de guerre Anglois*, dans la frégate la *Pintade*, où depuis le 8 Août, nous sommes exposés aux fatigues les plus pénibles & les plus extraordinaires. Nous avons non-seulement été menacés des dangers d'un naufrage inévitable, mais tourmentés par les craintes d'un naufrage volontaire, car notre Commandant assura, sur son honneur, que plutôt d'être pris par un vaisseau de moindre force qu'un vaisseau de ligne, il feroit sauter la frégate, en y mettant le feu de sa propre main, quoiqu'il n'eût point de bateau pour se sauver, avec son équipage & ses prisonniers. A ces menaces si effrayantes, se sont joints des désagrémens insupportables; nous étions glacés par les pluies qui se faisoient un passage dans nos cabanes, à travers les jointures desséchées, assaillis par la vermine, rongés par la malpropreté; nous avons souffert & souffrons encore d'une maladie qui surpasse tout le pouvoir de la médecine, le scorbut de mer, accompagné de bile, suite naturelle d'un voyage de neuf mois, dont nous avons passé sept & demi sur mer sans avoir une seule fois mis pied à terre. En un mot, Monsieur, notre santé & nos jours dépendent d'une cessation immédiate de nos souffrances actuelles.

C'est dans cet état malheureux que nous avons recours à vous, Monsieur, & nous nous flattons que la terrible flamme qui a été alumée par la politique & l'ambition de quelques Princes, ne détruira pas les sentimens sacrés de l'humanité, lesquels, au milieu des querelles publiques, doivent offrir aux infortunés un asyle inviolable.

Nous avons l'honneur d'être, &c. &c.

LETTRE XIV.

Au Gouverneur Général, le Chevalier DE LA BRILLIANE.

De la prison du Port-Louis, dans l'Isle de France, ce 30 Octobre 1778.

M. LAUNAY, qui nous a fait l'honneur de nous venir voir ce matin, nous a appris que votre Excellence devoit à la fin du mois prochain nous envoyer en France, dans le vaisseau le *Favori*. Nous concevons bien, qu'avec toutes vos dispositions humaines & justes, votre Excellence n'est guidée dans l'emploi honorable que vous a confié votre Souverain, que par les principes de la politique de votre Nation. Conséquemment si nous étions assez heureux pour convaincre votre Excellence que l'intérêt de la France ne pourroit pas souffrir de notre élargissement, nous sommes persuadés que votre générosité n'hésiteroit pas un moment à mettre fin à un emprisonnement qui nuit tout à la fois à notre santé & à nos intérêts.

Nous affirmons sur notre honneur, Monsieur, que nous regardons comme sacré, que M. Yeate n'a point d'autre emploi que celui de Chapelain de la Présidence de Calcutta, & ne désire en avoir aucun autre ; & que moi Makintosh ne suis pas, comme on l'a dit, membre du Conseil suprême du Bengale; que je n'occupe aucun emploi civil ou militaire, sous la Couronne de la Grande-Bretagne, la Compagnie Angloise de l'Inde Orientale, ou quelque Prince de l'Asie; & que mon seul dessein est de continuer le commerce dans l'Inde, comme Négociant particulier (1).

Ayant ainsi pris la liberté d'exposer à votre Excellence, notre situation, nous osons vous demander la permission de choisir la première occasion, pour aller, soit au Cap de Bonne Espérance, ou à *Batavia*.

Nous avons l'honneur d'être, &c. &c.

---

(1) A l'exception du titre de Négociant, M. M. — disoit la vérité. Le bon M. Yeate fut effectivement depuis Chapelain de la garnison du fort William. Il y est mort en 1782. — Voyez la Gazette de Calcutta de cette année. *N. de l'Edit.*

LETTRE XV.

Réponse du Gouverneur DE LA BRILLIANE à la précédente Lettre.

J'AI reçu, Messieurs, la lettre que vous m'avez fait l'honneur de m'écrire. — Je suis fâché que les circonstances m'obligent de vous faire passer en Europe; *mais le Commandant de Madras m'a éclairé sur la conduite que je dois tenir avec vous.* Le Capitaine du Sartine s'embarqua avec confiance à Bombay, sur un vaisseau Anglois. Il avoit avec lui son contre-Maître : ils sont arrivés à Madras en pleine paix, on les a tenus prisonniers, contre les droits des gens ; ils sortirent déguisés pour se sauver. Le Capitaine du Sartine a gagné Pondichery ; le contre-Maître a été arrêté & amené à Madras ; ce qui a causé vos malheurs, &

forcé Monsieur de Bellecombe de vous envoyer ici. Il seroit inutile de vous dire ce que vous avez vu, que les droits les plus sacrés ont été violés, & que sans aucune déclaration de guerre, les possessions Françoises de l'Inde ont été attaquées. Je suis donc forcé de vous faire passer en Europe ; mais je vous donnerai en attendant tous les secours qui dépendront de moi, pendant votre séjour ici ; vous n'avez qu'à les faire connoître à M. de Launay, & rien ne vous sera refusé.

J'ai l'honneur, &c.

Le Chevalier de la BRILLIANE.

LETTRE XVI.

A Meſſieurs... A. — D. & Fils, à la Rochelle.

De la priſon de la ville du Port-Louis, Iſle de France, ce 7 Novembre 1778.

JE vais vous donner le tableau de l'injuſtice & des cruautés que j'ai été forcé d'éprouver ; j'en dois une partie à la mauvaiſe foi, pour ne pas me ſervir d'une expreſſion plus dure ; du Capitaine Cheſeaux, & l'autre au Commiſſaire de l'Orient (1). Comme on nous refuſa la permiſſion de continuer notre voyage pour Madras, par terre ou par mer, on nous retira, ſans nous en avoir donné avis, du Briſſon, pour nous embarquer ſur la Pintade, frégate armée

---

(1) On doit ſe ſouvenir, en liſant cette lettre, qu'elle eſt écrite par un Anglois, priſonnier des François, & conſéquemment de mauvaiſe humeur & prévenu. — *N. de l'Ed.*

en flûte. Le 13, ce vaisseau eut ordre de faire une prise, qui nous fit connoître un nouveau genre de vie militaire. La prise qui consistoit en onze Indiens, étoit en rade dans un bateau découvert, chargé de bois à brûler, qu'ils assurerent avec la plus grande ingénuité, avoir intention de vendre à Madras. Deux de ces malheureux, accablés de vieillesse, ayant le corps desséché, les cheveux gris & la barbe blanche, avec un air suppliant, offrirent un spectacle si touchant, qu'il autoit dû leur procurer non-seulement leur élargissement, mais aussi celui des autres captifs. Il paroît que leur petit bâtiment étoit le lieu ordinaire de leur habitation, puisqu'il contenoit leur argent, leurs livres de dévotion, & tous leurs ustensiles. Leur pauvre propriété, le fruit d'une industrie pénible, & peut-être des travaux de leurs ancêtres, leur fut ôtée, leur bateau fut brisé, & ils furent faits prisonniers ou plutôt esclaves; toutes ces cruautés se commirent sans rapporter le moindre avantage à ceux qui les avoient impitoyablement pillés.

Effrayés de ce traitement, sans provisions, sans liqueur, ni eau, ne possédant que de la farine de seigle de la plus grosse qualité, nous croisâmes à une assez grande distance, jusqu'à l'Isle de Ceylan même, jusqu'au soir du 24 Août, lorsqu'étant hors du chemin de Pondichéry, un *quartier marron*, ou bateau Indien, nous rapporta la nouvelle écrite par M. Bellecombe, que l'escadre Angloise étoit à l'ancre à l'Ouest du chemin, & l'escadre Françoise au Sud. Nous accélerâmes aussi-tôt notre course, & dans le dessein d'avoir des provisions, aussi-bien que d'éviter le danger d'être pris, nous naviguâmes, ayant cent sept personnes à bord, vers l'Isle peu connue de Niccabar, située à l'Ouest de Sumatra. Nous y prîmes des noix de coco, quelques poulets, & de l'eau.

En attendant, nos corps étoient dévorés par les cousins, & d'autres insectes sur la Pintade ; nous fûmes obligés de nous servir du linge dont nous nous étions déjà servis dans le Brisson ; & nous manquâmes long-tems d'eau pour faire du thé, de la soupe, & délayer nos médecines, jusqu'à ce que la Providence nous donna, par une pluie considérable, la possibilité d'en avoir sur les ponts. Nous étions bornés à un repas par vingt-quatre heures, douze personnes étant forcées de subsister avec un poulet de Niccabar, qui est à peu près de la grosseur d'un gros pigeon, & environ deux livres de lard, que, dans une circonstance moins affreuse, l'homme le moins délicat eût rejetté. Heureusement il me restoit de mes provisions deux caves qui contenoient vingt douzaines de bouteilles de claret, qui nous fournirent à tous deux verres de vin par jour ; mais il n'y avoit dans le vaisseau, ni thé, ni sucre, ni liqueur spiritueuse, & pas même un verre à vin, ni même une tasse, & nous y suppléâmes par des noix de coco de *Niccabar*. — Pendant les cinq dernières semaines de notre croisade, nous fûmes privés du privilege d'aller dans la Chambre du Conseil. On nous refusa aussi de nous laisser mettre à couvert, sous des toiles tendues sur le pont, dans la plus grande chaleur du jour. Pour nous montrer son autorité nouvellement acquise, & son antipathie pour la Nation Angloise, notre Capitaine refusa de nous faire les salutations ordinaires du matin & du soir. Mon lit ne fut point fait pendant vingt-quatre jours, & j'étois obligé de rester habillé la nuit à cause de la vermine; je fus enfin forcé de me servir, de faire mon lit, de me coëffer, de tirer l'eau dont j'avois besoin, &c. &c. Les cipaies & les prisonniers Indiens manquant de nourriture, avoient l'air de squelettes; & quoiqu'à peine en état de se traîner, ils étoient traités avec la plus grande sévérité. Nous n'avions à bord que quinze blancs, tous Officiers François, excepté un. S'il y a quelque mérite d'avoir sauvé le vaisseau, il appartient entierement à M. *Ricard*, neveu de M. de la *Vigne*, le Commandant du port de l'Orient. Nous arrivâmes en cet état dans cette Isle. Un grand nombre d'habitans vinrent à bord de la Pintade la première matinée ; mais aussi-tôt qu'on sut que nous étions prisonniers, toute communication fut interceptée, & on ne laissa dans le vaisseau que deux Officiers, jusqu'à ce que le lendemain, M. Launay, Aide-de-Camp du Gouverneur, & le Major Thomé, vinrent nous voir pour nous annoncer que nous étions prisonniers de guerre ; que nous devions être enfermés dans le Fort Blanc, à deux milles de la Ville ; que le Gouverneur avoit reçu des ordres positifs relativement à nous ; qu'on lui avoit dit de nous renvoyer en France ; mais que notre santé étant fort affoiblie, nous aurions la permission de rester en prison jusqu'à ce que nous fussions en état de nous embarquer. Ils finirent par nous dire que le Major étoit venu pour nous conduire au Fort, & que nous ne devions avoir de conversation qu'avec M. Launay. Après une petite pause, l'Aide-de-Camp ajouta qu'un Traiteur de la Ville nous enverroit à nos propres frais notre dîner & notre souper.

Nous fûmes aussi-tôt conduits par eau avec notre bagage au Fort. N'y ayant dans ce bâtiment que deux appartemens tous deux occupés, le Major Thomé nous laissa honnêtement le choix de loger dans la cuisine, ou sous un angar où étoient les voitures à canon, ou dans la chambre à canons où se tenoient les soldats. Je demandai au Major, si, parce que nous étions prisonniers de guerre, nous étions regardés comme criminels ? Non, certainement, dit-il. Alors j'ajoutai, que la cuisine étant plus affreuse que tous les cachots du monde, il valoit mieux courir le risque de mourir sur mer, que de périr misérablement dans une demeure si horrible ; qu'en conséquence, je le priois, de nous embarquer dans un des vaisseaux qui devoient, au bout d'un ou deux jours, faire voile pour l'Europe. Le respectable M. Yeate pria qu'on permît à un des soldats de lui brûler la cervelle. Le Major répondit qu'il feroit connoître au Gouverneur, notre situation, & notre desir de nous embarquer pour l'Europe. Nous nous couchâmes cette nuit, sans fermer l'œil, sur les bancs avec les soldats, dans la chambre des gardes. Le lendemain à onze heures, un Officier vint pour nous conduire au clocher de la Ville ; & le troisième étage est à présent notre appartement. Il est justement au-dessus de la garde principale, formant un quarré avec deux fenêtres de chaque côté ; & étant élevé au-dessus de tous les autres bâtimens, on y jouit d'un air pur, & on voit très-amplement le Port, les Forts, la parade, les baraques, la maison du Gouverneur, & les environs de la ville. Il y a trois différens escaliers, au moyen desquels il y a une communication entre notre chambre, & une terrasse située sur le sommet du bâtiment. J'y vais fréquemment le matin, avant que les habitans soient éveillés, & là j'examine tous les objets qui m'entourent. Je descends ensuite, & ayant permission d'aller le matin & le soir sur la terrasse qui est au-dessus du corps-de-garde, je m'y promene, jusqu'à ce que le chocolat soit prêt; j'emploie le reste de la journée à la lecture & à écrire, jusqu'à ce que je puisse respirer, sur la terrasse, un air frais; j'y vais faire un tour de promenade, j'y mange un peu de salade, bois une bouteille de vin frais, & ensuite je me retire dans une chambre qui tient deux lits, d'environ vingt-quatre pouces de large, & il y a entr'eux un espace d'environ quinze pouces. L'Officier qui est de service, & M. Launay, ont la permission permiffion de venir nous voir. Notre traiteur peut venir deux fois par femaine. Lorfque la blanchiffeufe vient, elle eft accompagnée d'un caporal. L'horloger même qui monte l'horloge de la ville, étant obligé de paffer par notre appartement, eft fuivi d'un Officier furnuméraire. Si un negre vient nous rendre quelque petit fervice, il eft accompagné d'un foldat. Le porteur même d'une lettre du Gouverneur, quoiqu'Européen, fut fuivi de même. Après quelques jours d'emprifonnement, on nous fit entendre que nous devions notre mauvais traitement aux rapports de M. G., avant que nous quittaffions l'Orient; comme je ne reffemblois point au portrait qu'il avoit fait, on me perfuada d'écrire une lettre très-flatteufe au Gouverneur de la Brilliane, le priant de nous permettre de faifir la première occafion, pour aller foit au Cap-de-Bonne-Efpérance ou à Batavia. Je vous envoie ci-joint les copies de ma lettre & la réponse de son Excellence.

C'est avec peine, Messieurs, que je me vois obligé de vous observer, que d'après toutes circonstances qui m'entourent, je ne puis m'empêcher de soupçonner que vous avez eu part aux ordres qui nous ont accompagnés de l'Orient. Si cette conjecture est vraie, vous avez agi, dans cette circonstance au moins, d'une maniere peu convenable à votre réputation; vos marques d'amitié n'étoient point sinceres : vous n'avez point rempli la convention que vous aviez faite, de nous conduire dans votre vaisseau jusqu'à Pondichéry. Mais je tâcherai d'oublier ces idées, qui se présentent à mon esprit, ainsi que toute votre conduite envers moi, pour ne penser qu'aux bons procédés que vous m'avez d'abord témoignés. Il est probable que je serai à l'Orient environ trois semaines après la réception de celle-ci. Dieu seul sait ce qui nous attend en France. Je vous conjure, en considération des désagrémens particuliers de notre captivité, de solliciter promptement notre élargissement. On nous a dit, que, quoique prisonniers de guerre, nous devions payer, chacun trois mille livres pour notre passage dans une vieille barque. Notre dîner & notre souper nous coûtent à présent six cens livres par mois, sans y comprendre le vin.

Le Gouvernement vient de nous accorder deux tabourets, deux lits d'hôpital, deux verres à l'eau, & deux chandeliers de fer rouillé; M. Launay étant fort attaché à son ancienne connoissance, M. Yeate, supplée à nos autres besoins.

LETTRE XVII.

A J... M. — Ecuyer, sous le couvert de M. H., — Ecuyer à Anvers.

De la prison de la Ville du Port-Louis, dans l'Isle de France, ce 8 Novembre 1778.

UNE correspondance directe entre M. R.---, à Londres, & moi, n'étant plus praticable, à cause de nos voyages par des hémisphères opposés, nous sommes convenus de déposer nos lettres entre les mains d'un ami commun; & nous nous sommes flattés, Monsieur, de trouver en vous cet ami. Vous aurez la bonté de faire parvenir mes lettres à notre ami, par-tout où il puisse être. Je serois très-charmé que vous en retirassiez assez d'amusement pour compenser cette peine.

Nous étant rembarqués à Madère sur le Brisson, le Dimanche 14 Mars, nous eûmes, pendant huit jours, alternativement des tempêtes & un tems calme; après quoi, nous jouîmes d'un beau temps & d'un vent favorable. Le Pic de Ténérif montroit sa cime élevée audessus d'un groupe de nuages blancs, ce qui sembloit à nos yeux former un vuide entre le bas de cette énorme montagne, & son sommet, qui paroissoit être suspendu dans l'air.

En passant entre Ténérif & la grande Isle de Canarie, dans une atsmophère sereine, nous jouîmes de la vue ravissante des beautés inimitables qu'offrent chacune de ces Isles. Lorsque nous passâmes entre les Isles du Cap verd & la côte de l'Afrique, nous sentîmes bientôt les effets de notre rapprochement des montagnes de ce continent, par des calmes fréquens, lesquels joints à un courant rapide du Nord-Est, tromperent tout notre espoir d'un passage prompt, & nous menacèrent de nous porter sur la côte de Guinée, de Benin, de Congo & d'Angola. Après une navigation de trois longues semaines, nous arrivâmes à la ligne. L'ennui que devoit procurer cette lente navigation, fut en quelque façon détruit par l'amusement que nous avions d'attrapper d'énormes goulus de mer, des bonnettes & des albicores. Entre le deuxième & troisième degré de latitude méridionale, vers le 15 Avril, nous nous amusâmes, pendant deux heures, de la vue d'une espèce de poisson qu'aucun homme à bord n'avoit encore vu. Comme il remuoit lentement autour du vaisseau, en élevant son énorme queue & ses nageoires au-dessus de l'eau, je pus me former quelqu'idée de sa longueur par la largeur du vaisseau, & je jugeai qu'elle étoit de quarante pieds anglois. Sa grosseur pouvoit être de dix pieds de diamètre. La forme de cet animal ressemble à celle d'un goulu de mer;

il est taché comme le léopard, de la manière la plus éclatante ; les taches de son corps ressemblent en plusieurs endroits à celles de la queue du paon. Ce monstre nous fut d'un heureux présage ; car, tandis que nous admirions sa taille, la beauté de sa peau, & les essains de plus petits poissons qui l'entouroient, un vent inattendu gonfla nos voiles, & couvrit le doux élément sur lequel nous flottions de petites vagues interrompues, auxquelles les matelots donnèrent avec joie le nom de têtes de moutons.

L'image de l'animal que j'avois vu, demeura long-temps dans mon imagination, & me rappella les descriptions faites par les anciens, de monstres marins, que je ne regarde plus à présent comme fabuleuses. Mon imagination me transporta agréablement dans les mers de la Norwege, demeure de ces serpens marins, dont les dimensions énormes ont longtemps passé les bornes de la probabilité ; mais leur existence étant prouvée, ils ne font plus regardés comme des chimeres par les plus grands incrédules.

C'eſt un fait remarquable qu'une partie des animaux que produit la mer, ſont infiniment plus grands que les plus énormes quadrupèdes qui naiſſent ſur la ſurface de la terre. Les animaux qui ſont privés du vol, ſont auſſi généralement plus grands que ceux qui ſe promenent dans l'air; d'après ce fait, je ſerois porté à conclure que ſi, ſelon la théorie de certains naturaliſtes, l'intérieur de la terre eſt rempli d'un abyme conſidérable d'eau, que ces eaux renferment des animaux encore plus monſtrueux que tous ceux que l'on connoît ſur la ſurface de ce globe terreſtre.

Ayant navigué avec un vent modéré à travers les latitudes méridionales, nous fûmes joints, le 7 mars, par des vaiſſeaux de la Compagnie Angloiſe, le Soupthampton, le Naſſau & la Queen, avec leſquels nous allâmes de conſerve, & nous nous fîmes mutuellement des viſites amicales juſqu'au

17, que la Queen, ayant à bord les provisions annuelles de Sainte-Hélène, dirigea son cours vers cette Isle, portant toutes les lettres des autres vaisseaux, pour l'Europe. C'est rendre justice à l'hospitalité des François, que de dire que le Nassau, ayant entre quarante & cinquante passagers, & se trouvant sans la moindre provision, le Capitaine Cheseaux eut la bonté de lui fournir des moutons & de la volaille. Nous passâmes les hautes montagnes de Bourbon, le 25 Juin, vingt-quatre jours après avoir sondé sur le côté occidental de la côte des Anguilles, près & vis-à-vis la fausse baie, au Cap de Bonne-Espérance. Le lendemain, nous ancrâmes dans trente brasses d'eau, à environ deux milles de la ville, dans la superbe & grande baie de Saint-Paul.

Pendant l'espace de ces vingt-quatre jours, nous fûmes si fort détournés par les courans, que, malgré que nous supposassions un retardement considérable, nous nous trouvâmes quatre-vingt lieues plus loin à l'Ouest que nous ne le comptions d'après nos calculs. Vous verrez le traitement que j'ai reçu dans l'Isle de Bourbon, par la copie ci-jointe, d'une lettre que j'ai écrite sur mer à M. A—D, & fils. Je vous donnerai par la suite une description de Bourbon & d'autres Isles de ce continent, & vous donnerai des détails sur leur climat, leur sol, leurs productions & les habitans.

Nous levâmes l'ancre, & fîmes voile de l'Isle de Bourbon, le 6 Juillet, & nous passâmes bientôt, aidés d'un vent frais, les bas fonds qui sont indiqués sur les cartes, entre Madagascar & les Isles Françoises de Seychelle, route beaucoup plus courte que le circuit qu'on fait ordinairement au Sud-Est. Le Capitaine Chefeaux, naturellement circonspect, fit beaucoup d'attention au cours du vaisseau; il sondoit perpétuellement, mais il ne vit rien qui pût occasionner quelques allarmes. Le feu Amiral Boscawen passa, dans la dernière guerre, sur ce bas-fond, représenté comme très-dangereux, avec une flotte confidérable. Il eſt à regretter que notre nation ne connoiſſe point aſſez ce paſſage, qui, dans certains tems de l'année, abrégeroit le voyage de l'Inde de quelques ſemaines.

Les navigateurs François, non plus que ceux des autres nations, excepté les Anglois, ne font point d'obſervations aſtronomiques ſur mer, pour fixer la longitude : c'eſt à cette ignorance ou négligence, que je dois tous mes malheurs ; car ſi nous étions arrivés ſeulement un jour plutôt à Pondichéry, j'aurois aiſément obtenu un paſſeport pour Madras, & j'aurois été plutôt à cette ville, ſi nos matelots avoient ſçu, au moyen de l'aſtronomie, rectifier les erreurs que leur avoient fait commettre les courans rapides, qui leur firent perdre, ſelon un calcul moyen, quatre jours, en ſondant, & autant de nuits, pendant leſquels ils furent obligés de jetter l'ancre, dans la crainte d'approcher de la côte de Malabar.

Malgré ces retardemens, & le cours lent de notre vaisseau, nous levâmes l'ancre à Tranquebar, trente jours après avoir quitté l'Isle de Bourbon, & le lendemain nous la jettâmes à Pondichéry.

Il est bon d'observer que, quoique les provisions des François ne soient pas aussi substancielles que celle des vaisseaux anglois; cependant, de cent cinquante personnes qu'il y avoit à bord du Brisson, il n'en mourut pas une pendant un voyage de six mois, & il n'y avoit pas plus de trois personnes sur le vaisseau qui fussent en quelque façon incommodées du scorbut de mer. J'attribue cet heureux événement aux causes suivantes : le vaisseau fut purifié avec de l'eau une fois par semaine, dans les climats tempérés, & deux fois dans les climats très-chauds; & il étoit arrosé avec du vinaigre entre les ponts. Les portes & fenêtres des cabanes étant fermées de manière à ne laisser entrer que peu d'air, & les dernières portes étant couvertes d'une toile goudronnée, on brûla de l'encens dans différentes parties du vaisseau. Les matelots & Officiers dansoient dans les belles soirées sur le pont, au son d'une musette, ou d'un violon. Ils avoient tous les jours de la soupe maigre, & on leur donnoit un peu de vin léger ou d'eau-de-vie ; ils avoient tous deux fois par semaine, une portion de pain frais, fait de farine grossière, mais bonne.

Avant de jetter l'ancre à Pondichéry, nous vîmes trois morceaux de bois mince joints avec de l'osier, sur lesquels étoient deux Indiens qui ramoient dans une posture particulière à leurs compatriotes. Cette machine, appellée *Catty-manian*, nous apportoit l'ordre du Général Bellecombe au Capitaine, de ne laisser descendre aucun passager sur la côte, avant de faire passer la liste de leurs noms, pays & destination, ni jusqu'à ce qu'il eût reçu de nouveaux ordres du Général. La lettre qui contenoit ces instructions, étoit à l'abri de l'eau de mer & de la pluie, dans une espece de chapeau de paille que portoit un des messagers. Les attitudes des rameurs devoient frapper un étranger; ils étoient soutenus sur leurs genoux, leurs jambes étant repliées sur elles-mêmes de façon que leurs gras de jambes s'étendoient le long des cuisses, & leurs talons touchoient leur derriere. Le Catty-manian, qui avoit environ dix pieds de long, & treize pouces de large, & qui se terminoit en pointe de chaque côté, étoit continuellement sous l'eau, & ne pouvoit résister à la force des grosses vagues.

A peine avions-nous été quelques minutes à l'ancre, que des Officiers des vaisseaux de guerre, ou de la côte, vinrent à bord du Brisson, & nous apporterent la triste nouvelle, que les hostilités entre les François & les Anglois, avoient eu lieu dans l'Inde, mais non en Europe; que Chandernagor, dans le Bengale, avoit été prise le 10 Juin, & que l'armée Angloife, ainfi que celle du Nabab, toutes deux fous le commandement du Général Munro, étoient en marche pour affiéger Pondichéry. Tous les paffagers, excepté M. Yeate & moi, obtinrent la permiffion de débarquer ce jour même.

Le 8 Août, l'armée du Général Munro parut & campa fur les Monts-Rouges, à une lieue de Pondichéry. Le 9, dans la matinée, le Général Munro fomma le Général Bellecombe de livrer la ville avec la forterefse *aux troupes qu'il commandoit* (1). Sur quoi M. Bellecombe fit auffitôt ordonner à M. Tronjolly de lever l'ancre & d'attaquer l'Efcadre Angloife, ordre qui fut fuivi avec la plus grande promptitude. L'Efcadre Angloife, confiftant en cinq vaiffeaux, y compris le Cormorant, floop de guerre, parut s'éloigner du Nord; celle des François, compofée

___

(1) On dit à Pondichery que la fommation fut faite au nom du Roi de la Grande-Bretagne. *Note de l'Auteur.*

du même nombre de vaisseaux, mais plus considérables, ayant de plus 136 canons & 700 hommes, resta au Sud, pour conserver l'avantage du vent, & ancra à deux lieues du rivage. Il y eut un combat le 10, qui fut soutenu avec une grande vigueur pendant 74 minutes. Je n'ai jamais été dans une plus terrible situation. A bord d'une frégate Françoise, au milieu des ennemis de ma patrie, spectateur de l'engagement naval entre les Escadres Françaises & Angloise, nous en attendions tous le résultat avec une grande inquiétude. Enfin je vis avec plaisir le Capitaine de la Pintade & trois vaisseaux de l'Escadre Françoise se retirer vers le Sud au moins quinze minutes avant que le combat entre les principaux vaisseaux fût terminé. Lorsque l'Escadre Françoise eut quitté à force de voiles, le champ de bataille, (1) l'Escadre de Sir

---

(1) Le récit n'est pas vrai, si l'on en croit les Gazettes Françoises, & des personnes même, Ecri-

Edward Vernon resta quinze minutes à l'endroit où s'étoit donné le combat ; il sembloit qu'elle délibérât si elle poursuivroit l'ennemi, ou bien si elle se retireroit, pour se radouber. Elle prit ce dernier parti, ayant d'abord racommodé ses voiles. Il arriva dans cet engagement un événement très-remarquable : une bordée du Rippon perça le corps du Brisson en treize endroits.

Je m'étois persuadé jusqu'alors que la méthode angloise de tirer sur le corps des navires, étoit la meilleure. Je suis à présent forcé d'abandonner cette opinion. J'ai vu l'Escadre Françoise aller

---

vains François, qui étoient sur les lieux. Par exemple, M. Sonnerat, dans son Voyage aux Indes Orientales, affirme positivement que le Commodore Anglois prit la fuite, & que la flotte Françoise resta maîtresse du champ de bataille. Il est à remarquer que de toutes les batailles navales, données dans le cours de cette guerre, à l'exception de celle du 12 Avril, il n'en est aucune dont chaque nation ne se soit attribué le gain. *N. de l'Edit.*

sous le vent avec toutes les voiles & les cordages qu'elle avoit au commencement de l'engagement, & j'ai vu les vaisseaux anglois, rester en mer comme victorieux ; mais leurs voiles & cordages dans un tel état de délabrement, qu'avant un tems considérable, ils ne furent en état ni de continuer leur route ni même de naviguer au-delà du vent ; je crois fermement, que si quelques canons du pont avec quelques canons supérieurs, avoient dirigé, dans l'engagement, vers la mâture & les cordages des vaisseaux ennemis, ils n'auroient pu échapper (1).

––––––––––

(1) On sait que le Sartine, ce vaisseau chargé de munitions & de marchandises par MM. Ladebat, volé par les Marhattes, ou spolié par le Chevalier de Saint-Lubin, fut ensuite armé en frégate, eut part à ce combat, & quelque tems après fut pris par les Anglois. M. Price, dans ses observations pag. 34, –– prétend que cette frégate se rendit à une frégate de vingt canons, sans faire plus de résistance qu'un charbonnier monté de six canons, & par quinze hommes, n'en eût fait. ––

Lorsque le Brisson ancra dans la rade de Pondichéry, je vis distinctement, au moyen d'une lunette d'approche, que les entrées méridionales & septentrionales de la ville étoient ouvertes du côté de la mer, & sans défense; mais le Général Bellecombe employa 5000 naturels à fortifier ces places & à défendre le rivage; ils travailloient la nuit avec des flambeaux, & le Général même, qui dormoit quelquefois sur les remparts, les surveilloit continuellement dans chaque quartier; & pour être en état de continuer les fortifications, il mit en gage les joyaux de son épouse.

Le 13 Août, la Pintade eut ordre de croiser à quatre lieues au Nord de Pondichéry, afin d'intercepter toute communication entre l'Escadre Angloise de

---

Je copie cette assertion afin que le Capitaine qui la commandoit, puisse détruire la mauvaise impression qu'elle a faite & peut faire, & qu'il ignore sans doute. *N. de l'Édit.*

Sadras, & l'armée du Général Munro.

La copie ci-jointe d'une lettre à M. A—D, vous donnera des détails sur notre voyage depuis cet engagement jusqu'à notre arrivée dans les Isles de *Niccabar*, qui s'étendent au Nord de Sumatra jusqu'au Golfe de Bengale, Isles dont je vous ferai la description par la suite.

À bord du Favori, Baie de Saint-Paul, Isle de Bourbon, ce 10 Décembre 1778.

Vous verrez des détails sur mon séjour ici, dans les copies ci-closes des lettres à différentes personnes. Le nombre de nos passagers est augmenté de M. de la C. avec sa femme & deux enfans; l'Abbé de F., Chef des Missionnaires Apostoliques, & M. K., noble de la Bretagne.

J'interromprai ce Journal pour le présent, car nous avons levé l'ancre, & quitté la baie de Saint-Paul pour diriger notre cours vers l'Europe.

LETTRE XVIII.

A Monsieur ANQUETIL,
à Saint-Denis.

A bord du Favori, Isle de Bourbon, sur la route de Saint-Denis, ce 30 Novembre 1778.

MONSIEUR, mon ami Yeate se joint à moi pour vous remercier de la peine que vous avez prise pour nous faire jouir de l'air de la terre, & nous faire goûter les plaisirs de la société sur le rivage. Je révere la réputation sans tache du Vicomte de Souillac, & me trouverois plus heureux de recevoir des marques de bonté d'une ame généreuse comme la sienne, fût-ce sous le toît d'un Boulanger (1), & la garde d'un

(1) On nous proposa pour y loger, la maison d'un Boulanger. Les Boulangers, dans ces Isles, ne sont pas estimés comme ceux d'Europe. *N. de l'Aut.*

fergent militaire, que d'être comblé des careffes de fon Supérieur dans l'Ifle de France. Cependant, comme le vaiffeau ne doit refter que quelques jours dans cette route, je juge à propos de refufer l'offre obligeante du Gouverneur.

J'ai l'honneur d'être, &c.

LETTRE

Au Vicomte de SOUILLAC, Gouverneur de l'Ifle de Bourbon.

A bord du Favori, dans le chemin de Saint-Denis, ce 30 Novembre 1778.

UN étranger captif, fujet d'un état en guerre avec votre nation, entend, Monfieur, avec la plus grande fatisfaction, le récit avantageux que fait de vos vertus un peuple reconnoiffant qui jouit des douceurs & de la juftice de votre administration. Que ne s'étend-elle sur l'Isle qui est dans votre voisinage, & que gouverne une verge de fer!

Recevez, Monsieur, le premier tribut que la justice & l'humanité d'une personne revêtue d'un haut pouvoir ont eu le droit d'attendre de ma part depuis que, par la violation de la foi publique & privée, j'eus le malheur d'éprouver les rigueurs d'un emprisonnement. Je ne puis reconnoître autrement vos bontés qu'en vous remerciant du plus profond de mon cœur, de la permission que vous avez, Monsieur, jugé à propos de nous donner, d'occuper un appartement en ville, sous la garde d'un Sergent, pour jouir d'un air pur, & guérir une maladie qui ne connoît pas d'autre remede. Le temps fixé pour le départ du vaisseau est à présent bien proche, & un ou deux jours sur le rivage ne compensent pas la peine qu'on se donneroit pour arranger un appartement qui pût nous convenir, non plus que d'autres inconvéniens qui se présenteroient si nous quittions cette retraite. Car, ayant sû que M. de la Brilliane avoit rétracté la promesse qu'il avoit faite à M. Launay, de me permettre de demeurer dans la ville jusqu'à ce que je fusse en état de m'embarquer pour l'Europe, j'ai fait partir tout ce que j'avois qui n'étoit point adapté à un navire dont la propreté ni l'élégance n'étoient point extrêmes. Si j'ai le bonheur de survivre à ce voyage, je porterai dans votre patrie, Monsieur, & dans la mienne, un cœur convaincu de la dignité & de la générosité du Vicomte de Souillac, & qui sera aussi prêt à rendre justice aux vertus des ennemis publics de ma patrie, que de se plaindre des peines que j'ai souffertes par leur injustice.

LETTRE XX.

A Madame —— ——

Sur mer, au 23 d. de lat., au Sud de Paris, & au 31 d. de long., à l'Eft de cette Ville, au bord du Favori, ce 5 Janvier 1779.

L'APPROCHE d'un vaiffeau, ma chere Dame, va peut-être me tirer de l'état le plus déplorable. Le fcorbut de mer, le retour de ma fievre, joint à bien des défagrémens, font des circonftances auxquelles ma foible conftitution fuccomberoit fûrement, fi j'étois forcé de continuer mon voyage dans le Favori. Cependant, croyez-en les mouvemens de mon cœur, ce n'eft pas fans regret que je quitte cette habitation mal faine & incommode, qui m'auroit conduit en France & en Angleterre, & m'auroit rendu aux objets qui me font les plus chers au monde, & qui font toujours préfents à mon efprit au milieu des peines & des tourmens que j'endure.

Mon amie, vous connoiffez l'état de mon ame tout auffi bien que moi, car je vous ai découvert tous les fentimens de mon cœur ; vous connoiffez les objets de mon attachement, qui attirent & méritent d'attirer conftamment mon attention. Ayez la bonté, ma chere coufine, de communiquer à *une* de ces perfonnes fi aimées, les événemens inattendus qui me font arrivés ; ils ferviront à donner la raifon de plufieurs faits qui auroient pû faire naître de l'inquiétude.

Je vous ai écrit une longue lettre de l'Ifle de France, en date du 7 Novembre : vous avez dû voir, par cette lettre, ce que j'ai éprouvé depuis l'arrivée du Briffon à Pondichéry. Il ne s'eft rien paffé de remarquable depuis ce temps. Je m'embarquai, le 15 Novembre, à bord de ce vaiffeau, dans l'Ifle de France,

& nous fîmes voile de Bourbon le 10 Décembre. Je suis à préfent au milieu d'une fociété qui ne reffemble pas peu à celle de la diligence de Tom Jones : c'eft un mélange bifarre de figures, de conftitutions, de profeffions & de perfonnes de différents fexes. Je tâcherai de vous donner une idée de quelques principaux perfonnages de cette fcene ; ce feroit manquer à la politeffe, que de ne point parler d'abord de notre Capitaine, le fieur D. Il fera difficile de dépeindre les particularités, ou plutôt les contrariétés de ce perfonnage original, déjà avancé en âge : il joint au ton hypocrite la bigoterie ; il y a long-temps qu'il a contracté l'habitude de la boiffon folitaire ; il confacre la premiere partie de la matinée à l'occupation répugnante de rendre le vin, l'arrack, l'ail, & les ragoûts fermentés de la veille ; la feconde partie à la priere ou plutôt à la profanation de la religion ; & le refte à la gloutonnerie & à l'enivrement. Auffi peu propre pour les fonctions du Maître d'un vaisseau, que pour celles d'un Officier, il affecte d'observer, avec un vieux cadran de Davis, la position du soleil à midi, & connoît, par quelques-uns de ses Officiers, la latitude; il s'asseoit quelquefois à table pour dîner, mais il disparoît tout-à-coup, comme un voleur, emportant avec lui un plat tout plein, & une bouteille, & va contenter son appétit, sans contrainte, dans son lit, auquel on pourroit donner le nom d'étable; il y conserve, pour son particulier, une quantité de vin & de liqueurs; à deux heures, il est dans l'état d'une bête, & va se coucher; à quatre heures, il a recours à sa bouteille & à un plat de viande froide, & d'ail, qu'il a réservé dans sa chambre; ensuite il vient tout chancellant avec un air d'autorité, profaner les devoirs de la religion.

Les deux principaux Officiers du vaisseau, qui sont nés à Saint-Malo, sont fensés & assez polis. Un M.L. de l'Orient, qui retourne dans sa patrie, avec la qualité de troisieme Officier, est un homme foible, vain, présomptueux & ignorant, sans éducation ni manieres, & familier au dernier excès; il se servira sûrement de mon nom pour vous aller voir: je lui ai dit que vous n'étiez visible que pour les personnes qui avoient de bonnes recommandations, ou bien qui venoient pour affaire. Notre Chirurgien est un second modèle du Capitaine, avec cette différence que, n'ayant pas tous les moyens de celui-ci, il n'est pas si souvent ivre, & il est obligé de s'amuser entre le manger & la boisson, à raccommoder de vieux bas. L'Abbé F., un des passagers, fait honneur à sa robe: la nature lui a donné une figure agréable, aussi-bien qu'un esprit qui a été perfectionné par une bonne éducation. Son maintien, sans réserve & sans affectation, est accompagné de la décence qui convient à un Ecclésiastique; sa manière de parler, ses talens, son adresse, pourroient le rendre propre à présider, même dans une société de Jésuites. Il a dans les manières cette aisance que possède ordinairement celui qui connoît son propre mérite, aisance qui caractérise sur=tout les François bien élevés. Si je rencontrois l'Abbé F. en Chine, en Prusse ou en Angleterre, sans la robe ecclésiastique, je croirois qu'il a autrefois occupé un poste important dans cette société savante & persévérante de Religieux proscrits qui ont autrefois gouverné les cabinets & les consciences de monarques puissans, mais que leur influence, trop grande pour pouvoir être limitée, a fait échouer contre les écueils dangereux de l'ambition.

Il me faudroit une plus longue connoissance du caractere de M. de la C. pour décomposer cet honnête & étrange homme : la nature a été peu favorable à sa forme extérieure, & lui a distribué ses dons intellectuels avec épargne ; mais elle a orné ce corps grossier & décrépit, de sentimens justes & généreux, qui compensent amplement tous les défauts. J'imagine que voilà quinze ans qu'il touche au déclin de la vie : sa taille est un peu au-dessus d'un nain ordinaire, & ses membres sont tout contrefaits; il est poli & cérémonieux à l'excès; cependant il est aussi bourru, grossier & emporté, brusque & piquant dans la conversation.

Il s'est adonné de bonne heure à l'étude des loix ; &, n'étant point doué de génie, ce n'est qu'à force d'application, qu'il a acquis une connoissance pratique des formes & des regles ; & un desir naturel de rendre justice le met fort au-dessus de tous les chicaneurs.

Cette connoissance de la pratique & des loix, jointe à cet amour inné pour la justice, l'a porté & mis en état de résister à la main impérieuse de l'oppression, dans le soutien de l'innocence, au risque même de perdre sa place, & conséquemment son pain; il s'afflige des malheurs de ses semblables, & les soulage autant qu'il lui est possible ; il est libéral, franc au dernier degré, & se met au-dessus des préjugés locaux & nationnaux. Avec toutes ces vertus, il a le malheur de se voir obligé de porter le *jupon* : il sent sa dégradation sans oser défendre ses droits, en reprenant hardiment les culottes ; car M. & Madame de la C. sont deux contrastes si parfaits à l'égard de la taille, que, tandis que le jupon pourroit servir de manteau pour couvrir le mari depuis le haut de la tête jusqu'à la plante des pieds, les culottes ne seroient pas assez étendues pour servir de gants à son énorme épouse (1). Ainsi, tandis que, dans la cause des autres, il est ferme & résolu, il est dans la sienne timide & passif.

Ils ont deux enfans à bord avec eux ;

---

(1) Voilà de la plaisanterie Angloise. Je la laisse subsister comme étant le cachet de l'original. *Note du Traducteur.*

l'un

l'un est gâté par le pere, parce que, d'après quelques traits de son visage, il conclut qu'il est vraiment son fils ; l'autre est gâté par la mère, pour des raisons qui lui sont mieux connues, comme la vraie mère de l'enfant.

Notre quatrieme compagnon, M. K. Négociant de l'Isle de France, & natif de la Bretagne, est un homme circonspect, prudent, froid & honnête, ayant tout le flegme & la figure d'un Hollandois. Il est glorieux de sa famille, de ses talens & de son éducation ; la racine peut être très-ancienne, mais la branche n'a rien d'extraordinaire. Il paroît consulter constamment son propre intérêt, mais il possede en même-temps des principes justes & honorables, & il est digne de la confiance comme Négociant & comme membre de la société. Il jouit d'une mauvaise santé, & je crains bien que si nous n'avons pas un prompt passage du Cap, il succombe à une mauvaise constitution & au scorbut de mer.

Tandis que nous reſtâmes en rade à Bourbon, n'ayant pas la permiſſion de débarquer, pluſieurs perſonnes vinrent nous voir dans le vaiſſeau, & entre autres il ſe trouva une dame qui eſt la niece d'une de vos Religieuſes, Madame G. Elle, auſſi bien que ſon mari, M. B. me prierent de faire paſſer les deux lettres ci-jointes. J'ai été traité avec de très-grands égards : je ſuis quelquefois pris pour un membre puiſſant du Conſeil Supérieur de l'Inde, quelquefois pour un Officier de diſtinction; d'autres me regardent comme un Seigneur revêtu d'une grande autorité par la Cour de Londres, & ce fut avec peine que j'ai pu perſuader à quelques perſonnes que je n'avois pas perdu, en effet à bord du Briſſon, 30,000 livres ſterling. J'eſpère vous écrire bientôt du Cap.

LETTRE XXI.

Sur mer, à bord du Favori, ce 14 Janvier 1779.

ENFIN, ma chere amie, j'ai obtenu mon élargissement, & avant une heure, je m'embarquerai dans un vaisseau Danois qui doit aller directement au Cap de Bonne-Espérance. Ce n'est point sans difficulté que j'ai atteint ce but si désiré : le Capitaine D. s'y étoit si fort opposé, que j'avois presque abandonné toute espérance d'être délivré de cette prison flottante, avec la perspective d'être borné à une vie de quelques semaines ou de quelques jours, car il y avoit déjà quelque tems que j'avois été tourmenté des symptômes dangereux du scorbut de mer. Il fallut une certaine fermeté & de l'adresse pour vaincre l'opiniâtreté de cet imbécile ivrogne, & l'imagination de M. de la C.

Le rêveur M. Yeate, le compagnon de mes souffrances, joignoit le silence à la patience; il étoit prêt à adopter toutes les mesures que je jugerois à propos; je ne crois pas avoir jamais employé tant de raisonnemens & d'adresse qu'à cette occasion; mais ils ne servirent à rien. Lorsque je parlai d'abord au Capitaine au sujet de mon élargissement, il me répondit qu'il perdroit plutôt la vie que d'y consentir; que je lui avois été confié comme prisonnier, & que j'étois enregistré comme tel dans les dépêches de l'Isle de France & de Bourbon, & qu'il avoit ordre de ne point toucher au Cap à cause de ses prisonniers. Je lui demandai si je n'avois pas payé mon passage? — Oui, Monsieur. — N'ai-je pas conséquemment les mêmes priviléges que les autres passagers? — Certainement, Monsieur. — Si quelqu'un des passagers François vouloit quitter votre vaisseau, & vous dispenser de rembourser le paiement du passage, voudriez-vous ou pourriez-vous l'en empêcher? — Non, Monsieur, je ne le crois pas. — Ayant donc payé mon passage, je ne dois pas être regardé comme prisonnier, & je n'ai, dans le fait, commis aucun crime; conséquemment, si vous osez me retenir à bord malgré moi, le premier vaisseau Anglois qui nous approchera, lorsque je lui aurai conté mon histoire, s'emparera de votre vaisseau & de votre personne; & si la France est en guerre avec l'Angleterre, il vous menera dans un Port Anglois pour me dédommager de toutes les pertes que vous aurez pu occasionner; mais si ces deux royaumes sont en guerre, la manière dont vous m'aurez traité réveillera le ressentiment de mes compatriotes, & les disposera à prendre une terrible revanche sur vous ou sur d'autres, quand même je chercherois à les en détourner.

Ces considérations produisirent un changement sensible dans la contenance & le langage du Capitaine; je profitai de l'avantage que j'avois gagné sur lui en lui disant que j'exposerois mon cas, & que je ferois ma demande par écrit, en forme d'une lettre que je lui adresserois pour le prier de conférer avec ses Officiers & ses passagers, sur l'élargissement; qu'en supposant que leur décision me fût favorable, en y donnant toute l'authenticité convenable, elle justifieroit sa conduite en cas qu'il ne fût pas pris avant d'arriver dans l'Océan Européen; il consentit à cette démarche. J'écrivis une lettre très-convainquante, appuyant ma requête sur le droit des gens, les principes de la justice commune & l'état de ma santé; le Conseil s'assembla : le Procureur du Roi plaida, & en moins d'une heure, on convint unanimement que je ne devois pas être retenu à bord contre ma volonté; & on décida que j'avois le droit de m'embarquer sur quelque vaisseau neutre que ce fût. Je prendrai congé de l'Abbé Fontaine avec peine. Je suis charmé & flatté de voir que cet excellent homme pense avec regret à notre séparation prochaine. Lorsqu'il me revit à mon retour du vaisseau Danois, ses larmes me montrerent quelle part j'avois obtenue dans son affection. « Je vois, me dit-il, » à votre air, que vous avez réussi avec » les Danois ». Madame de la C. versa des larmes, & ses deux enfans pleurerent. Je n'en fus pas surpris du côté des enfans, parce que je leur avois témoigné de l'attachement, & que je leur avois souvent donné à manger.

J'éprouvai une forte résistance à bord du vaisseau Danois, ce qui provenoit de la stricte neutralité qu'il avoit ordre d'observer. Ce fut avec peine que j'obtins la permission d'aller à bord, même comme quelqu'un qui venoit faire une visite. Si je n'avois pas eu le bonheur de rencontrer une personne sensée & libérale, M. B., qui étoit le subrecargue & un des propriétaires du vaisseau, mes raisonnemens, appuyés sur les traités, les loix, les coutumes, auroient eu peu d'effet sur l'esprit de mon autre compatriote, le Capitaine.

Le second Officier, vrai Danois, est revenu dîner avec moi dans le Favori. Nous prenons congé de ce vaisseau à l'instant, car le dessert est servi, & on a demandé le café & la liqueur pour hâter mon élargissement tant desiré.

Ma première lettre sera du pays des Hollandois & des Hottentots.

Adieu, ma chère cousine.

LETTRE XXII.

A l'honorable M. H. — Esqr, Gouverneur Général, &c. &c. à Calcutta.

Dans la prison de la Ville du Port-Louis, Isle de France, ce 17 Novembre 1778.

Nous arrivâmes, dans le chemin de Pondichéry, le 5 Août. Les papiers qui accompagnent cette lettre vous donneront une idée du traitement que M. Yeate & moi avons reçu depuis cette époque jusqu'à présent. Je vais prendre la liberté de vous exposer ce qu'il n'auroit pas été à propos de dire dans ces papiers.

Il paroît évident que la France méditoit depuis longtems une révolution dans l'Inde, & que ce sont vos mesures promptes & vigoureuses qui l'en ont seules détournée. Quelque-tems avant mon départ de la France, au mois de Janvier dernier, la frégate la Confolante apporta fecrettement la nouvelle qu'il s'étoit conclu un traité entre Hyder-Aly & M. de Saint-Lubin, Miniftre de France (1), traité qui étoit préjudiciable au Nabab d'Arcate & à la Compagnie Angloife des Indes Orientales, auquel le Rajah de Tanjaour avoit aussi eu part. Nous arrivâmes à Bourbon le 23 Juin. Là, plufieurs circonftances concoururent à nous convaincre de l'idée, que les François avoient déjà commis des hoftilités dans l'Inde, ou qu'il s'éleveroit des brouilleries, dans lesquelles ils feroient les agreffeurs (2). Le Capitaine du Port nous affura qu'il avoit craint que le Briffon ne fût un vaiffeau de guerre An-

---

(1) Pour ce fait, voyez la note ci-devant, qui le dément. *Note de l'Edit.*

(2) Il eft bien avéré aujourd'hui, & même reconnu par les Anglois, que ce font eux-mêmes qui ont commencé les hoftilités. *N. de l'Edit.*

glois. M. de Cheseaux, Capitaine de notre vaisseau, montra, à notre grand étonnement, au Gouverneur de Bourbon, l'ordre positif qu'il avoit reçu du Commissaire de l'Orient, de ne point laisser débarquer les deux passagers Anglois; il paroît qu'il s'étoit de plus engagé par écrit à obéir à cette injonction. Un particulier de Saint-Paul eut la bonté de me dire, que s'il se chargeoit d'envoyer mes lettres pour la France, par le vaisseau le *Fitz-James*, qu'on attendoit alors à chaque heure, il pourroit être sommé de les montrer. Le Docteur C., qui apporta à M. Yeate quelques lettres pour ses amis dans le Bengale, les lui remit ouvertes, parce qu'il dit qu'il étoit probable que tous les papiers seroient examinés à Pondichéry. Un de nos passagers François, qui ne connoissoit point du tout l'Inde, me dit qu'avant de quitter la France, on l'avoit assuré d'un emploi militaire dans le service d'un Prince Indien en alliance avec la France.

Je ne sais si je dois dire à Votre Excellence, que M. B., ainsi que ses Officiers, connoissoient, ou du moins disoient connoître les résolutions les plus secrettes du Conseil Supérieur du Bengale; celles du Conseil de Madras; & toutes les nouvelles & ordres qu'apportoient les paquebots de *Suez*. Ils disent que le Gouverneur-Général s'étoit par deux fois fortement opposé dans le Conseil à toute hostilité, mais que M. Barvell, qui détestoit la Nation Françoise, s'emporta, & obtint une majorité contre le sentiment du Gouverneur; que le Gouverneur Rumbold, le Général Munro & le Commodore Sir Edouard Vernon, avoient aussi acquiescé, malgré les ordres du Conseil Suprême, à assiéger Pondichéry, que la maison de M. Guinett, Chirurgien François de la ville noire, est une retraite pour les espions; ils ajoutent que si Pondichéry est réduit, M. Moracin doit demeurer à Sadras, & M. de Larche à Madras, & que toutes les nouvelles se communiquent par leur voie. M. de Larche est natif de l'Inde, & il ne sera pas, disent-ils, regardé comme un sujet François. Il est certain qu'il y a, ou qu'il y a eu dans les établissemens Anglois, des Espions actifs & bien informés.

Je crois qu'il est de mon devoir de vous dire qu'on agite à présent un plan, lequel, aussitôt que le Flamand sera remis en état, sera probablement mis en exécution. On a le dessein de prendre possession de la petite Isle de Monbaze, située au quatrième degré de latitude méridionale, sur la côte orientale de l'Afrique. Les Portugais ont été chassés de cette Isle par les Arabes. Elle sera très-commode pour les commerçans François, comme lieu de rafraîchissement, & sera d'un grand avantage dans le commerce des Nègres, de l'ivoire, de l'ambre & de l'or, & pour établir un commerce par la mer Rouge. Il est inutile d'observer combien un pareil établissement nuiroit au commerce des Anglois dans le golfe Arabique, auſſi bien qu'à leur navigation dans le canal de Moſambique. Vous verrez, dans les papiers ci-clos, une deſcription de l'état actuel de ces Iſles. J'eſpère trouver une occaſion pour envoyer cette lettre de Bourbon au Cap de Bonne-Eſpérance.

LETTRE XXIII.

A — —, Eſqrs à Londres.

Cap-de-Bonne-Eſpérance, ce premier Février 1779.

MES CHERS AMIS,

JE m'embarquai, le 15 Janvier, ſur un ſenau Danois qui a jetté l'ancre ici le 22. Je n'aurois pas pû, ſans beaucoup de peine & un temps infini, donner dans une ſeule lettre les détails de mon empriſonnement & des différentes perſonnes que j'ai fréquentées. Je vous envoie donc les copies des lettres que j'ai écrites il y a quelque temps à différentes personnes, où vous verrez plusieurs particularités qui ne vous paroîtront peut-être pas indifférentes.

Le Gouvernement François aspire sûrement à recouvrer sa première influence, & à étendre son commerce dans l'Indostan; résolution dont il ne pourra être dissuadé que par la conquête de ses Isles Africaines. La Compagnie & le Gouvernement Britannique ne peuvent donc concerter trop promptement les moyens de l'effectuer. Si la réduction des établissemens François dans cette mer, attiroit l'attention du Gouvernement de la Grande-Bretagne, je fournirois diverses observations qui pourroient être de quelque utilité pour faire, dans ces Isles, des Réglemens qui contribueroient tout-à-la-fois à la satisfaction des habitans, à l'avantage de la Compagnie & à l'intérêt de la Nation Britannique.

Enfin Pondichéry est réduit, après

une forte résistance faite par une poignée d'hommes. Cette ville n'étoit défendue en plusieurs endroits que par des murailles de terre nouvellement élevées. Je ne suis point militaire, & je n'ai aucune prétention à la science militaire; cependant j'espère que vous me pardonnerez l'observation suivante. Dans les pays chauds, & même dans tous les pays éloignés, quel que soit leur climat, la lenteur que mettent les Européens à attaquer les fortifications régulières, est très-mal imaginée : le nombre des hommes qui périssent dans un assaut général étant toujours beaucoup moins considérable que la quantité qui meurent par la mauvaise nourriture, l'inclémence du tems, & les escarmouches continuelles d'un long siége, outre que les retards découragent toujours les assiégeans, & enhardissent les assiégés. On peut ajouter à ces considérations le risque qu'on court dans les démarches lentes, d'être obligé de lever le siége, circonstance à laquelle l'armée angloise qui étoit devant Pondichéry,

dichéry, auroit pu être réduite, si on avoit envoyé du secours à la garnison de la ville, soit qu'il fût venu de Haïder-Aly, ou de l'Europe. Je désirois ardemment être à terre, parce que, connoissant l'état de la place assiégée, j'aurois pu donner des informations utiles à ceux qui l'assiégeoient, & leur aurois sur-tout indiqué deux endroits où un assaut, couvert par deux assauts simulés en deux autres endroits, auroit tellement divisé la petite troupe qui défendoit Pondichéry, qu'elle auroit bientôt été obligée de se rendre.

Je ne crois pas faire tort à la Compagnie des Indes Orientales, en vous disant, Messieurs, que selon moi, on doit craindre les suites les plus dangereuses pour le commerce de l'Angleterre en Asie, des insultes publiques & privées qu'on commet avec impunité envers le Nabab du Carnate. Les François, Hollandois, & les Danois savent les indignités que reçoit ce Prince, dans ses propres états, de la part des Procureurs, Négocians privés, & même de ses propres Officiers. Un Prince peut-il être, dans son propre territoire, légalement poursuivi pour dettes comme le moindre de ses sujets ? Où est-il conforme à la bonne politique, & à la dignité d'un corps aussi respectable que la Compagnie Angloise des Indes Orientales, de souffrir qu'un simple Procureur de la Cour du Maire, écrive des lettres insolentes & des menaces, au souverain du Carnate, de qui la Compagnie tient plusieurs de ses possessions (1) ? Si on établissoit un Gouvernement juste & sage dans Madras, les propres Officiers du Nabab arrêteroient-ils, dans cette ville, la voiture du jeune Nabab ? L'insulteroient-ils avec les termes les plus bas & les plus injurieux, en le menaçant même de le frapper ? Songeons que le jeune Prince, qui a été ainsi in-

―――――――――――――――――

(1) Elle les tient toutes de lui, ou plutôt, c'est sous son nom qu'elle donne des loix, presque sur toute la côte de Coromandel. *N. de l'Edit.*

fulté, est Général de toutes les troupes de son père; & est-ce à présent le temps de détruire la confiance & l'estime mutuelle qui doivent toujours subsister entre un Général & ses troupes, & sans lesquelles une victoire sur l'ennemi étranger est sacrifiée à la méfiance & à la dissention intestine? Un esprit dans la vigueur de la jeunesse, ne supporte pas toujours des insultes réitérées, même dans les contrées où les Princes ne sont point regardés par leurs sujets, comme demi-Dieux, mais comme hommes, & où la magnificence & la pompe ne constituent pas, comme en Asie, la sûreté & la force du Gouvernement. Qu'il doit donc être douloureux, pour un Prince accablé sous le poids de l'âge, ayant épuisé ses trésors, son corps & son esprit pour la défense de son pays, & au service de ses alliés, au lieu de recevoir les marques de la vénération Asiatique, d'être traité avec mépris! Cette dégradation doit paroître, à une ame élevée & sensible, infiniment plus terrible que la mort. En supportant si long-temps ce fardeau d'affliction, le Nabab a montré un courage presqu'au-dessus de l'esprit humain. Le temps découvrira à la Compagnie des Indes Orientales les qualités de ce Prince, & lui fera voir aussi, peut-être trop tard, combien elle a été trompée par des faux exposés de faits & de circonstances. Après une alliance si ancienne & si constante, le *systême de convenance* qu'on a adopté, est peu délicat, & de nouvelles expériences pourront devenir dangereuses. En attendant, la Compagnie agiroit avec une saine politique, en concertant, avec le vieux Prince, le choix de son successeur, mesure qui est peut-être nécessaire pour prévenir les querelles civiles ou domestiques dans un temps où la désunion & la méfiance, ou même les retards ou l'incapacité pourroient faire naître des idées dangereuses, & exciter des révolutions sur la côte de Coromandel. Le droit héréditaire n'est pas limité en Asie comme en

Europe; ce n'eſt pas toujours l'aîné qui ſuccède ; & on regarde comme ſuffiſant que la domination paſſe à un deſcendant de la famille à laquelle elle appartenoit originairement.

J'expoſe ces réflexions avec aſſurance, étant perſuadé qu'elles ſont juſtes ; je les ai acquiſes par de longues converſations avec des perſonnes bien inſtruites, & je ſuis convaincu de leur juſteſſe, par la connoiſſance des vues politiques & commerciales des rivaux & ennemis de la nation Britannique. Je voudrois bien que la Compagnie ſût combien *les François ſentent & déplorent* la faute qu'a commiſe autrefois M. Dupleix, de ne pas s'être lié avec Mahomet-Aly-Khan, plutôt qu'avec des prétendans & des uſurpateurs (1). Si elle ſavoit ce fait, le mérite

---

(1) Il eſt prouvé dans le Tableau de l'Inde, Tome premier pag. 141, que Chandaſaeb, qui étoit ſoutenu par les François, étoit alors le légitime Nabab d'Arcate. *N. de l'Edit.*

du Nabab lui paroîtroit plus grand, & son attachement à sa personne & sa famille deviendroit plus fort.

LETTRE XXIV.

A J. — M. — Esqr. à Londres.

Cap-de-Bonne-Espérance, ce 10 Février, 1779.

MONSIEUR,

M'ÉTANT lié, sans m'y attendre, avec quelques personnes de distinction, ici, je me suis confirmé dans les idées que j'avois depuis long-tems sur nos voisins, les Hollandois; je vous les communique par l'occasion qui se présente.

Depuis quelques années, je m'appercevois aisément qu'Amsterdam se tournoit du côté de la France contre l'Angleterre. Rotterdam, la Haie, & les autres villes de la Hollande, sont d'un autre parti; mais l'influence d'Amsterdam est grande, & la Compagnie Hollandoise des Indes Orientales a fort imprudemment jetté son poids dans la même balance. Nos querelles avec l'Amérique, adroitement fomentées par la Hollande & par la France, ont excité depuis quelque tems des mouvemens dans cette République; & je puis vous assurer, que le Stathouder a dit, en particulier, » que les » Etats s'efforceroient de garder la neu- » tralité entre les parties belligérantes; » mais que s'ils sont obligés de s'écarter » de ce système, ils se déclareront pour » la France. » Je répondis aux personnes qui m'apprirent cette circonstance, que les Nations Françoise & Angloise se réuniroient pour ne point permettre aux Hollandois, « *de traire la vache,* » comme dans la dernière guerre. Je pris la liberté d'ajouter que les membres de cette fameuse République, avoient singulierement renoncé aux maximes de la politique saine qui dirigeoit autrefois leur conduite publique. Je vous exposerai le précis des leçons politiques que je donnai en différentes occasions, depuis mon arrivée ici, aux Hollandois de cet établissement.

J'observai, qu'il n'étoit point probable que la rivalité de l'Angleterre produisît quelques désavantages pour les Hollandois, à moins qu'ils n'y donnassent eux-mêmes imprudemment lieu; tandis que la France, douée de plus grands avantages que l'Angleterre, qui provenoient de circonstances locales, & d'une autre nature, s'efforçoit, non-seulement de s'assurer des moyens de manufacturer, & d'importer elle-même toutes les marchandises de nécessité, de luxe, dont elle se sert, mais aussi de participer autant que possible, au commerce & à la navigation des autres nations ; que la Nation Françoife, fans en excepter un feul homme, déteftoit les Hollandois (1) ; parce que leur perfonnes, leurs idées, leurs manières, leur religion, & leur conftitution civile, étoient diamétralement oppofées aux fiennes : qu'elle n'accorderoit aux Hollandois que le degré de confiance qu'exigeroient la politique & l'intrigue, tant qu'ils feroient de concert avec elle ; déloyauté politique qu'elle devoit, malgré les talens & toute la philofophie du Docteur Franklin, éprouver un jour elle-même du côté des Américains. J'affurai ce que je favois être vrai, que les François cultivoient avec fuccès dans

___

(1) M.—M.— ou ne connoiffoit pas la Nation Françoife, ou la calomnioit ; elle eft bien éloignée de détefter fes alliés les Hollandois ; & d'ailleurs la haine eft-elle un fentiment qui prenne racine aifément dans le cœur des François ? Nous ne haïffons pas même les Anglois ; eux qui font un article de foi patriotique de leur haine contre nous. Hume le leur a dit, l'a imprimé. *N. de l'Ed.t.*

l'Isle de Bourbon, la vraie canelle, le gérofle, le macis & la muscade (1); & qu'ils avoient envoyé à Cayenne des plantes qui avoient été volées (2) dans Ceylan, Amboyne & Banda, que telles étoient les heureuses suites de l'attachement Hollandois à la France, & de la trahison Françoise. Je rappellai les sommes considérables que les Hollandois avoient mises dans les fonds de l'Angleterre; j'ajoutai que je ne pouvois concevoir qu'ils rompissent cette obligation d'attachement, à moins que leur nature ne

---

(1) On assure qu'on embarquera cette année pour la France, seulement du Jardin du Roi, 10,000 livres de canelle, 2,000 de gérofle, outre une quantité considérable d'autres épices. *N. de l'Auteur.*

(2) On sait que les épices ne croissent pas dans les seuls terreins possédés par les Hollandois; que la nature les reproduit, malgré leurs efforts, dans les Isles où ils ont voulu les extirper. Peut-on faire un crime à une Nation de seconder cette action de la nature, de transplanter ses productions sur un sol favorable, & de multiplier une denrée que l'habitude a rendue nécessaire, & la cupidité rare? *N. de l'Edit.*

changeât entierement, & qu'ils ne devinssent tout-à-fait fous. J'ajoutai enfin que tant qu'il y auroit uue guerre ouverte & des jalousies secretes entre les maisons d'Autriche & de Brandebourg, les François ne pourroient jamais pénétrer dans la Hollande; tandis que tous les Ports, conséquemment tout le commerce & forces maritimes de la Hollande, seroient exposées à la puissance navale de l'Angleterre, &c. &c.

Je ne sais quel effet ces leçons politiques ont fait sur l'esprit de mes amis Hollandois. Je soupçonne qu'il ressemblera à celui que produisent ordinairement les cours de morale & de théologie. Mais en prévoyant le parti que prendront, probablement, les Hollandois dans la contestation actuelle, j'ai la satisfaction d'être convaincu, qu'ils ne sont point des ennemis aussi formidables qu'on se l'imagine communément ; & qu'en supposant qu'ils prissent les armes contre l'Angleterre, ils se repentiront bientôt de leur imprudence, & defireront vivement la paix.

Vous pouvez être fûr, mon ami, qu'il n'y a point fur la terre de Gouvernement qui, avec autant de fuccès & d'art que celui de la Hollande, cache à l'œil du public & à lui-même, le précipice dangereux fur lequel il eft fufpendu. Lorfque ce Gouvernement tombera, comme cela doit arriver un jour, la poftérité ne ceffera de demander quelles font les circonftances qui ont fi long-tems fervi d'appui à cette profpérité fans fondement.

On fait généralement, que de toutes les branches du commerce des Hollandois, celle avec l'Inde eft regardée par eux, auffi-bien que par les Nations étrangeres, comme la principale. Ce fut elle qui les mit en état de combattre avec fuccès Philippe II & Philippe III, les plus puiffans Monarques de leur fiecle; l'or de l'Occident, & la célébrité du nom Efpagnol, lutterent en vain contre les productions de l'Orient, l'induſtrie & la perſévérance de cette république encore au berceau.

La Nation Hollandoiſe regarde encore comme la principale ſource de ſes richeſſes, le commerce, qui a été la première cauſe de ſon élévation. C'eſt ſur lui qu'elle fonde ſes eſpérances & ſon orgueil. Elle ſait bien que dans un ſiecle éclairé, elle ne peut pas jouir des avantages, que dans les ſiecles d'ignorance elle tiroit de la prudence, de la perſévérance & de la réſolution, ſur-tout de la néceſſité, mère de l'induſtrie, & du malheur, ſource de la vertu. Pluſieurs Nations Européennes manufacturent ou importent elles-mêmes, les articles qu'elles tiroient autrefois de la Hollande. Les roches de Saint-Euſtache & de Saba, & les bancs de ſable de Curaçao, ſont ſeulement propres au commerce clandeſtin, auquel on les fait ſervir, contre la foi des Nations & des

Hommes. Leurs établissemens entre l'Orénoque & l'Amazone, sur le continent de l'Amérique méridionale, sont, par une conduite indigne des descendans de ceux qui ont combattu pour la religion, la liberté & la justice, sous les bannières du premier Guillaume, Prince d'Orange, sont, dis-je, prodigieusement dégénérés. Joignez à ces causes les travaux dispendieux, nécessaires pour sécher & défricher les terres, les frais qu'exige le maintien de la subordination parmi les esclaves d'un continent, & l'insalubrité du climat qui nuit beaucoup à la génération; & vous verrez que cette Colonie, qui promettoit tant autrefois, n'est pas loin de sa chûte. C'est par l'Asie seule que les Hollandois espérent tirer les moyens de se procurer leur prospérité privée & publique. Mais lorsque les établissemens renommés des Hollandois dans l'Inde, sont dépouillés de leur faux éclat, on ne voit plus qu'un corps épuisé, menacé d'une destruction prochaine.

Le grand nombre d'établissemens qu'a la Hollande dans l'hémisphere Oriental, ont été enlevés aux Portugais par la trahison ou par la force des armes, ou usurpés sur les propriétaires du pays, par l'assassinat, la perfidie, & l'oppression; en exceptant seulement l'établissement au Cap-de-Bonne-Espérance, qui fut acheté par un Chirurgien aux Hollandois, pour 4,000 liv. de Marchandises. La Compagnie Angloise des Indes Orientales fut entre autre, obligée de se soumettre à des actes de barbarie de la part de ces usurpateurs, ce qui la met à présent en droit de faire une réclamation sur quelques-uns des plus considérables établissemens d'épiceries. Je démontrerai peut-être par la suite, la possibilité d'ouvrir aux autres Nations, aussi-bien qu'à la Hollande, le commerce d'épiceries, & je démontrerai les grands avantages particuliers qu'en retireroient la Nation Britannique & la Compagnie des Indes Orientales. Je me contente à présent d'observer que le gain produit par le seul commerce des épices, est toujours immense, nonobstant l'état affoibli & la chûte prochaine de la Nation Hollandoise & de la Compagnie de l'Inde.

La république de Hollande, qui jadis a excité l'admiration & la jalousie de l'Europe, se détruit insensiblement par les mains de ses propres descendans dégénérés. Le pouvoir qui a mis des bornes à la mer, & qui a même surpassé ses limites, s'évanouira bientôt comme une vision. On dit qu'un symptôme certain de la consomption, est un aveuglement sur son état languissant : voici précisément la situation de la Hollande ; un peuple qui connoît les regles du calcul, les principes de la politique, la nature du commerce, & les différentes sources qui donnent de la vigueur & de la permanence

nence à toutes les autres Puissances de l'Europe, ne peut, ou ne veut pas s'appercevoir de son déclin rapide.

Tel est le mauvais système de cette République, qu'elle s'efforce secrétement de détruire un ancien & fidele allié, ne songeant pas que par cette étrange conduite, elle accélere sa propre destruction. Qui peut dire si l'Angleterre sortira glorieusement ou malheureusement de ses troubles actuels? Mais nous pouvons prédire, avec grande probabilité, que si la Hollande se déclare contre la l'Angleterre, elle ne feroit par-là que hâter sa propre décadence. Avant que la Grande-Bretagne fasse banqueroute, la Hollande sera ruinée. L'Angleterre a des ressources qui pourront la sauver d'une foule de malheurs, tandis que la Hollande, ne pourra plus se relever, & pour comble de son infortune, ce sera elle qui l'aura occasionnée; on la verra déchoir sans la plaindre, ou la regretter.

La pompe ridicule qu'affecte dans Batavia la Compagnie Hollandoise des Indes Orientales, jointe aux différens Gouvernemens par lesquels elle soutient sa tyrannie, a non-seulement dépouillé les Directeurs de l'Europe de leur autorité constitutionnelle, pour la transmettre à leurs serviteurs de l'Asie, & les tranformer en puissans Seigneurs ; mais elle épuise ou divertit dans des canaux privés, le produit de l'usurpation qu'on auroit pu obtenir par des moyens moins violens, & plus conformes à la justice.

C'est à ces idées de pouvoir, de richesses & de commerce avec l'Inde, répandues dans toutes les têtes Hollandoises, qu'il faut attribuer la décadence, & enfin l'entiere abolition des manufactures, lesquelles, dans un pays artificiel comme la Hollande, sont la seule source de la population. Les mêmes fausses idées ont introduit le luxe, & une espece d'affectation mixte qui tient de la frivolité du léger François, & de l'air auftere & hautain de l'Anglois. Depuis l'introduction du luxe, & l'anéantiffement des manufactures, les Provinces-Unies fe font dépeuplées de jour en jour, & les principes de leurs habitans fe font corrompus. L'indolence & le plaifir, fource de l'oifiveté & de la corruption, ont renverfé les fondemens d'une République qui étoit fondée fur l'induftrie, la tempérance & la frugalité.

La population & les richeffes de cette célebre République, font à préfent prefque renfermées dans l'enceinte de deux villes, Amfterdam & Rotterdam. L'armée fur pied des Etats Généraux, qui confifte en tems de paix en 38,000 foldats, ne renferme dans ce nombre que 2,000 naturels. La navigation de la République eft dirigée par un grand nombre de matelots, dont les trois quarts font étrangers. Ses forces maritimes confiftent en 87 vaiffeaux de guerre en bon état, qui, gardés dans différens Ports, font tous les jours de nouvelles dépenses, & affoiblissent l'intérêt de son capital, ainsi que le capital même.

Mais avec cette marine formidable, on a vu l'impossibilité d'armer un vaisseau de cinquante canons, même en tems de paix, en moins de quatre mois, malgré tous les efforts des Officiers les plus actifs & les plus éclairés au service des Etats (1) ; & lorsqu'on mit en mer, sur 450 mariniers, le Capitaine & ses Officiers ne purent trouver vingt-cinq hommes en état d'être employés. Les mercenaires font un secours momentané & incertain, n'ayant dans le pays qu'ils servent, ni établissement, ni famille, ni liaisons ; leurs acquisitions pécuniaires, tendent, comme la balance du commerce, en dernier ressort à appauvrir l'Etat

---

(1) Le Capitaine May, Anglois dont le service en Hollande est une perte réelle pour sa patrie, qu'il aime sincerement *N. de l'Aut.*

où elles ont été faites, pour enrichir celui où elles font transportées. On peut demander où est le grand avantage que les Provinces-Unies tirent de leur marine considérable, n'ayant ni matelots sur lesquels elles peuvent compter, ni la possibilité d'armer un vaisseau de ligne dans aucun port de la Hollande. Amsterdam, leur principal port, est obligé de faire sortir du port un vaisseau de guerre sans mâts, voiles, cordages, canons, munitions, & même sans lest, le vaisseau étant soutenu par une machine appellée *chameau* dans le pays. Ce Port où l'on équipe presque la moitié des vaisseaux de la Hollande, qui est l'étape des quatre cinquiemes du commerce de la Hollande, ne pourroit-il pas être fermé par deux petites frégates? Dans cet état, combien la Nation Hollandoise est à la merci de la Grande-Bretagne!

Les richesses tant vantées de la Hollande sont généralement appréciées au-dessus de ce qu'elles sont, & elles sont en grande partie imaginaires. La base de son commerce étendu est le crédit, & ce crédit est fondé sur un titre plus incertain que ses spéculations Orientales ; car il est étayé sur la prospérité & la bonne foi d'autres Nations, & la République manque de pouvoir pour appuyer ses réclamations en cas de faillite, occasionnée soit par l'injustice, le caprice ou la nécessité.

La décadence des manufactures a fait passer toutes les richesses de ce pays entre les mains judaïques des courtiers rusés d'Amsterdam. Ils s'efforcent de concert avec des agioteurs, de se procurer mutuellement un gain utile aux dépens de leurs Commettans ignorans, & souvent trompés, en estimant trop la valeur & en haussant le prix des nantissemens pour augmenter le paiement fixé pour leurs commissions.

Les Etats *généraux* & *particuliers* ainsi que les Communautés des Provinces-

Unies, ont contracté des dettes pour huit millions de livres sterlings à un très-petit intérêt. Des Nations étrangeres ont contracté dans la Hollande des dettes qui montent presqu'aussi haut, en y comprenant la part qu'ont les Hollandois dans les fonds de la Grande-Bretagne, pour lesquelles elles payent un intérêt plus considérable. Ces deux sommes sont la propriété imaginaire des individus de la République, excepté celles qu'ils ont négociées à Anvers, & dans d'autres Villes & Etats voisins de l'Allemagne, qu'on ne doit point comprendre dans le calcul. La différence qu'il y a entre l'intérêt que payent les Etats généraux & particuliers des Provinces-Unies, & celui que leur payent les Etrangers, est le fonds sur lequel subsiste le peuple; car quelques individus seulement s'approprient tous les profits & commissions de Négocians & Courtiers, & l'agriculture ne suffit pas pour fournir du pain, & la nourriture animale à la sixième partie des habitans. C'est sur ces emprunts, sur les actions, ou obligations qui circulent de main en main comme des articles de commerce, que les grands génies commerçans & calculateurs de la Hollande forment leurs spéculations. L'or, l'argent, & le cuivre en especes qu'il y a dans le pays, ne peuvent monter à dix millions de livres sterlings. D'après un calcul modéré, la circulation annuelle est de trois cens millions de livres sterlings, outre le jeu des actions ou les paris, c'est-à-dire que tout l'argent circule idéalement trente fois par an. Les monnoies d'une valeur intrinseque, n'ont pas cours légalement, & celles qui ont cours, n'ont aucun rapport avec leur valeur courante : tel est par exemple le vice de leurs monnoies d'argent & de cuivre. De-là il arrive que celles d'une valeur réelle deviennent des parties de commerce, dont la valeur étant indéterminée, les rend non-seulement sujettes à être mutilées, mais même à être transportées dans d'autres pays. Elles font donc souvent frappées, ce qui fait un tort réel au pays sur lequel doit tomber en dernier ressort, la perte qui se fait en les rognant, les moulant, & en faisant communément usage. Mais, c'est une espece de politique favorable à la circulation, & encore plus à la banque d'Amsterdam. Ces Directeurs, qui sont les Magistrats de la Ville, ont imaginé une loi municipale, par laquelle toutes les lettres de change étrangeres se payent *dans* la banque; tandis que les billets sur la banque ne peuvent se négocier que par transports; système qui multiplie l'argent, augmente l'influence de la banque, & cache adroitement l'emploi des fonds, que les gens crédules croyent renfermés dans l'énorme bâtiment de la maison de ville, sans qu'on les fasse valoir. Il faut avouer que c'est une influence bien mystérieuse que celle qui peut en un instant augmenter de quatre à cinq pour cent, la valeur de l'argent renfermé dans ce bâtiment; influence que la même somme d'argent ne pourroit jamais procurer dans aucun autre endroit, pas même dans les coffres les plus forts, & sous les gardes les plus surveillans que l'homme puisse imaginer ; percer à travers l'art par lequel on peut acquérir une telle influence, seroit sans doute une découverte qui égaleroit celle de la pierre philosophale (1).

Les richesses & la sûreté de la Hollande dépendant ainsi de la prospérité des autres Etats de l'Europe, qui ont emprunté ses trésors, il est évidemment de son intérêt d'entretenir constamment la paix entre toutes les Puissances. Elle doit s'intéresser, sur-tout pour la Grande-Bretagne, parce qu'au moins les deux tiers de ses fonds sont dans ceux de ce royaume ; & quoiqu'elle reçoive un plus petit intérêt des fonds de l'Angleterre que de

―――――――――――――

(1) Ils appelent cette augmentation extraordinaire de la valeur, l'*agio* de la banque.

ceux qu'elle a prêtés aux autres Nations, elle devroit se rappeller que c'est la circulation actuelle que le crédit supérieur des fonds de la Grande - Bretagne peut seul produire, qui donne de la vigueur à tous ses établissemens de commerce. En supposant que la Nation Angloise fît banqueroute, les dix millions d'especes qui circulent en Hollande, mais dont la valeur intrinseque ne monte pas à huit millions, pourroient - ils aussi soutenir cette circulation qui provient de près de cinquante millions des fonds de l'Angleterre, ou qui sont assurés par quelques-uns de ses sujets ? C'est seulement en manquant de crédit, que la Grande-Bretagne peut manquer pendant un *certain tems* de ressources ; & la chûte de son crédit ne peut être occasionnée que par l'irrésolution, l'inattention, ou l'ingratitude Hollandoise, ou bien par la réunion des trois causes. Mais si le crédit public de l'Angleterre tombe, le crédit de la Hollande dans son commerce,

& conséquemment son crédit public, doivent aussi tomber, puisque le crédit de la Hollande dépend de celui de la Grande-Bretagne : & outre cela, cette dernière avec ces différentes ressources, peut sans crédit se tirer d'affaire plus aisément, & exister pendant un plus long intervalle que la Hollande, où le crédit est la seule source du commerce. Cette République sera donc la victime de sa perfidie & de sa folie, avant qu'elle puisse accomplir ses projets contre une grande Nation, qui même actuellement est sa plus fidele alliée. Mais que deviendroit la Hollande, si l'Angleterre irritée de sa conduite ingrate, séquestroit par la suite la propriété que les sujets de cet Etat ont dans ses fonds? L'existence de la République comme Etat commerçant, finiroit aussi-tôt. Malheur donc à Amsterdam ! Portant jusqu'à l'entousiasme son attachement pour la France, cette ville est parvenue malgré sa banqueroute, malgré sa jalousie, son ambition & ses richesses supérieures, à maitriser ses Collegues dans les Etats Généraux, plus modérés, plus justes & moins envieux qu'elle ; & malheureusement pour elle & pour eux, elle dirige les rênes qui entraînent l'Etat à l'injustice, puis à sa destruction.

J'ai choisi quelques exemples dans la foule de ceux qui existent, pour prouver combien la Hollande a abusé de la crédulité des autres Nations. Sa police intérieure a été jusqu'ici formée, d'après des principes de sagesse & de justice ; mais elle ne connoît point la liberté civile, tandis que d'un autre côté elle est accablée de taxes. Il n'y a point dans l'Europe de Gouvernement qui exerce une tyrannie intérieure plus despotique, que la magistrature des Provinces-Unies ; & il n'en est point qui exige une si grande propriété privée pour assurer & soutenir la propriété publique. Mais le revenu public, ainsi que la police intérieure de la Hollande, sont très-bien dirigés. Le revenu est levé d'une manière digne des anciens Législateurs des Provinces - Unies, & conformément à l'estime qu'on faisoit *autrefois* du commerce & du crédit, la base du pouvoir & de la réputation de cette Nation. Si on s'écartoit des principes suivis dans la police intérieure & dans la levée des revenus publics de la République, les mers de Harlem & de Zuyder se réuniroient bientôt malgré les digues étroites & foibles construites pour entretenir leur séparation. La terre grasse que les torrens du Rhin apportent dans le lit des canaux de la Hollande, & qui doit nécessairement élever de plus en plus leurs eaux, oblige d'élever dans la même proportion les digues qui les entourent; & il faut pour cette opération une matiere plus solide qu'une couche composée de sable & de restes de tourbe dont on épuise injudicieusement les mines. (1). La force des vents septentrionaux qui frappent contre les digues de sable qui défendent les côtes de la Hollande, la crainte d'une preffion entre la Meufe & le Texel, & les mers d'Harlem & de Zuyder fourniront un emploi continuel aux richeffes & à la vigilance des Hollandois, emploi qui contribuera à mettre des bornes à leur ambition & à leur pouvoir, & les rendra des exemples utiles d'inftruction & de perféverance à leurs voifins.

Avant de finir cette lettre dont la longueur aura peut-être épuifé votre patience, il faut que j'expofe un fait qui montre le déclin du commerce & du pouvoir de la Hollande, d'une ma-

---

(1) Les Hollandois, qui trouvent la fumée du charbon de terre mal faine & deftructive, ont enlevé, pour faire du feu, la tourbe qui fourniffoit des matériaux pour leurs anciennes digues, & il ne refte en beaucoup d'endroits que du gravier. *N. de l'Aut.*

nière plus frappante que tous les raisonnemens précédens.

Les établiſſemens de la Compagnie Hollandoiſe en Aſie étoient autrefois ſi conſidérables, & la mortalité y étoit ſi grande, qu'il falloit fournir chaque année un renfort de 5,000 ſoldats, pour entretenir 7,000 Européens effectifs dans les garniſons du Cap-de-Bonne-Eſpérance, de Java, Ceylan, de la côte de Malabar, de celle de Coromandel, du Bengale, à Sumatra, aux Moluques, à Siam, & Iſles. Depuis peu, la néceſſité, plutôt qu'une vue d'économie, ou une crainte du danger, l'a forcée à réduire toutes ſes troupes Européennes, en Aſie, à 3000 hommes qui ſont ainſi diſtribués dans différentes garniſons; au Cap moins de 500; à Java moins d'un 1,000; à Ceylan environ 500; la côte Orientale de l'Indoſtan & du Bengale, 250; ſur la côte de Malabar, près de 200; ſur les côtes de Sumattra,

tra, Malacca, & Siam, environ 150;
& dans les Isles de Borner, les Celebès;
les Times, &c. en y comprenant les
Isles aux épices de Banda & d'Amboyne, environ 400.

P. S. Un des vaisseaux de l'Empereur
sous le commandement de M. Bolts,
est arrivé ici il y a quelques jours, venant
de la Chine. Il a apporté les nouvelles
suivantes; qu'un autre vaisseau devoit
le suivre au bout d'un mois ; que M.
Bolts avoit eu dans son entreprise plus
de succès qu'on ne s'y étoit attendu;
& que Haïder-Aly-Khan avoit cédé à
l'Empereur une partie de Mangalore:
les Portugais, selon les dépêches de
ce vaisseau, ont offert à Sa Majesté
Impériale, un terrein pour bâtir une
ville; & M. Bolts a établi une Colonie à Rio de la Goa, sur la côte Orientale de l'Afrique, non loin de l'établissement le plus Oriental des Hollandois dans cette partie du monde.

Ce Navigateur doit encore rester quelque tems dans l'Inde, & puis retourner en Europe par Suez. Quatre vaisseaux de la Compagnie Angloise devoient mettre en mer le premier de Janvier. On ajoute, que la plus grande partie des Mandarins de Canton, qui s'occupoient du commerce, ont fait banqueroute; ce qui feroit un tort prodigieux à beaucoup d'Européens. J'imagine que cette dernière nouvelle, est une manœuvre politique de la part des Chinois, avant de suspendre tout commerce avec les Européens.

LETTRE XXV.

A J. — M. Esqr, à Londres.

Du Cap-de-Bonne-Espérance, ce 16 Avril 1779.

IL est probable que c'est la dernière lettre que vous recevrez de moi avant mon arrivée dans l'Inde. Un *Mercure Hollandois* a promis de m'y transporter pour la somme d'environ cinquante livres sterlings. Si le desir pouvoit donner de la rapidité au vol de ce *Messager*, mon passage seroit bien court. Je dois m'embarquer dans le vaisseau *le Mercure*, commandé par le Capitaine *Dahne*, le 25 de ce mois, pour Négapatnam, sur la côte de Coromandel. J'ai promis à une parente en France, un récit détaillé de mes observations sur ce pays; elle a un temps un sujet de spéculation dans mes momens solitaires. Ainsi, je dois au hasard la lecture rapide du dernier & du plus grand ouvrage qui ait paru dans le public, le traité profond *sur la nature & la source des richesses des nations.* C'est une espèce de vanité peut-être, de dire que j'admire ses recherches, & qu'elles offrent des idées nouvelles & justes, qui éclairent l'esprit de ses lecteurs jusqu'à leur fournir des raisonnemens opposés aux siens. Probablement, ils n'auroient jamais été conçus, si son génie supérieur n'avoit point allumé de nouveaux flambeaux pour dissiper les ténèbres qui obscurcissoient les matières qu'il a traitées. C'est un ouvrage que les politiques & les législateurs devroient étudier & méditer.

Quoique je ne voulusse pas hasarder ma personne dans un passage aussi incertain que celui de l'Inde par Batavia, j'ai fait passer par un pavillon hollandois trois différentes lettre à G. dans le Bengale,

& à M. S., homme à talens, & qui s'eft attiré la confiance du public à Madras ; J'y ai donné les informations que les fréquentations de François, Hollandois & Danois m'ont fournies. Dans ma lettre à M. Haftings, j'ai inféré une defcription détaillée du dernier engagement qui a eu lieu entre les efcadres de Sir Edouard Vernon & du Chevalier Tronjolly, que j'ai vu de bien près, & non fans inquiétude. J'ai expofé le danger de la correfpondance établie entre les Préfidences Angloifes & les Gouverneurs François de l'Indoftan ; l'état & la force actuelle des Ifles Françoifes ; la néceffité politique d'en faire la conquête & le moyen le plus fimple de l'effectuer, en en tirant de grands avantages pour les habitans, la Compagnie & la Nation Angloife ; j'y ai expofé les vues de la France fur l'Inde & fur l'Ifle de Monbaze, fituée fur la côte Orientale de l'Afrique ; la joie que reffentirent les François de Ponchéry & des Isles, lorsque le Gouverneur Chevalier se sauva de Chandernagor, comme étant l'Individu sur qui le Gouvernement de la France comptoit principalement pour être instruit de l'état politique de l'Inde, pour former & exécuter ses desseins; enfin j'ai pris la liberté d'observer les suites dangereuses qui en résulteroient, si on laissoit aller en France M. Chevalier ou M. Bellecombe, celui-ci s'étant aussi distingué par les armes que le premier dans la politique.

Je suis, &c.

LETTRE XXVI.

A Madame ——, en France.

Asie, Peninsule de l'Indostan, Negapatnam, ce premier Juillet 1779.

Ma chere Dame,

Vous avez eu, dans six lettres, si la Providence les a fait heureusement parvenir jusqu'à vous, un récit désagréable de mon voyage, depuis notre séparation jusqu'à la fin de Janvier, que j'arrivai au Cap de Bonne-Espérance. Pendant mon séjour avec les graves & tristes habitans de cet endroit, il ne s'est rien passé qui puisse fournir quelque scène agréable à votre goût délicat & à votre imagination vive. Parmi cette multitude d'hommes insociables, inhospitaliers, bourrus & mercenaires, qui ne semblent que des machines mues par ressorts, il règne une monotonie peu intéressante, une uniformité fatigante, sans incidens, sans anecdotes, & conséquemment peu propre à fournir des matériaux pour amuser vos loisirs : on ne trouve aucun de ces détails qui pourroient aisément remplir une lettre de Londres ou de Paris, ou de quelque autre grande Ville de l'Europe.

Mais, quoique le genre de vie peu varié & les manières inanimées des Hollandois ne m'aient rien fourni pour ma correspondance, cependant, en réfléchissant aux scènes passées, & en les considérant en masse, cet établissement m'a fait naître plusieurs observations qui pourront vous paroître intéressantes. Les Hollandois & les Hottentots, avec la charmante contrée qu'ils possèdent, contribueront donc, si je le peux, d'une lettre qui vous procurera du moins quelque amusement ; ce qui n'est pas, Madame, le seul objet que j'ai en vue en vous écrivant. Je sais que vous pouvez améliorer mes observations, &, d'ailleurs, je ressentirois la plus grande satisfaction si je pouvois, en quelque façon, augmenter vos connoissances sur les contrées éloignées & sur les différens genres de vie de l'homme, objets auxquels vous consacrez une grande partie de votre attention; enfin, en vous écrivant, je renouvelle dans mon ame les sentimens délicieux que votre présence m'a toujours inspirés, & que l'absence n'a aucunement diminués.

Je m'embarquai au Cap dans un vaisseau Hollandois, allant aux Indes, le 26 Avril, sans aucun regret, sans pousser un seul soupir. Je trouvai dans le vaisseau une très-grande propreté, & une abondance sans profusion. Le Capitaine & les Officiers avoient le commandement par *réglement*, sans faire de fracas, ni affecter d'importance; & par la même *Loi*, les Officiers avoient, l'un pour l'autre, des égards proportionnés au rang. Leurs complimens réciproques, quoique ni grands ni fréquens, fe faifoient fans minauderie ou affectation, avec la plus grande fimplicité & fincérité. Enfermé dans un Couvent de Chartreux, je n'aurois pas pu obferver un plus grand filence que celui auquel je me vouai volontairement dans cette habitation flottante. Mes inteftins furent affez bien marinés, car je ne mangeai rien qui ne fût auparavant préparé avec du vinaigre. La dureté du bifcuit étoit fi grande, que j'aurois fait bien mauvaife chère fi je n'avois pas eu le bonheur d'avoir de bonnes dents. Mais, comparez, mon amie, cette defcription avec celle du *Briffon*, de la *Pintade* & du *Favori*, & jugez enfuite fi je n'aurois pas eu raifon de préférer un emprifonnement de douze mois dans un vaiffeau Hollandois, à une retraite auffi longue dans un vaiffeau François.

Je ne décrirai point la forme athlétique des naturels peu civilifés, mais non fauvages, des Isles de Niccabar, que j'ai vus de mes propres yeux, ni les graces & la beauté des dames de l'Isle de France & de Bourbon, desquelles j'ai été forcé par la rigueur de M. de Brilliane, de juger principalement par oui dire. Je me hâte de vous amuser par la description d'un endroit où le sol est capable de produire toutes les nécessités, & même une grande partie des superfluités de la vie; où le climat & l'air favorisent non seulement les fonctions vitales, mais tranquillisent l'ame & inspirent une espèce de douce sérénité.

Est-il dans le pouvoir des causes physiques de procurer le bonheur? Il me semble entendre ma chère amie me répondre: le paradis qui a été *perdu* par nos premiers pères, peut-il être réellement recouvré dans quelque partie de ce globe? Je ne serai certainement pas heureux dans une parfaite solitude, pas même au Cap de Bonne-Espérance; mais je puis affirmer, après le degré de la réflexion nécessaire, qu'avec mes amis chéris, j'y demeurerois volontiers toute la vie.

L'établissement qu'a formé la Compagnie Hollandoise des Indes Orientales, de chaque côté du Cap de Bonne-Espérance, à la pointe méridionale du continent qui comprend l'Europe, l'Asie & l'Afrique, s'étend de l'Est à l'Ouest pendant l'espace de 450 milles, & 250 vers le Nord. On peut dire, à l'honneur de la Nation Belgique, que depuis qu'elle a assuré son indépendance par les actions les plus héroïques & la persévérance la plus surprenante, elle a, UNE FOIS au moins, dirigé sa conduite publique par les loix de la justice ; car elle a acquis le territoire où est fondée la Colonie dont je parle, par un *achat honorable*, sans le secours de la fraude, sans perfidie, sans assassinat ou oppression. On doit en même temps se rappeller qu'à la vérité, s'il existe *une* circonstance où l'équité des Provinces-Unies l'a emporté sur la passion de l'avarice, on ne le doit pas tant à la vertu du corps qu'à celle d'un individu, M. *Van-Riebeck*, Chirurgien, qui exerçoit un pouvoir que le hasard avoit fait tomber entre ses mains, selon sa conscience, en achetant pour des bagatelles une possession illimitée, dans un climat tempéré, moyennant un prix au-dessous de 4000 livres sterlings.

Dans ce vaste domaine, le pouvoir de la nature bienfaisante, agissant en dépit du génie oppressif d'une compagnie exclusive, a fait monter la population à près de dix-sept mille descendans d'Européens blancs, & environ trente mille esclaves Africains & Asiatiques. Les premiers habitans du pays, appellés *Hottentots*, sont d'un caractère doux & traitable, & ont été aisément réduits à un état d'obéissance. C'est un peuple paisible & innocent, utile à plusieurs égards aux Hollandois, sur-tout pour la direction des troupeaux & bestiaux; ils ont été peints avec de bien fausses couleurs en Europe, & il est étonnant que les faussetés qui ont été propagées à leur égard, aient si longtemps surpris la foi publique. Il n'est pas vrai qu'ils soient accoutumés à manger de la chair crue, qu'ils s'entourent le corps avec des entrailles des bestiaux. Ils préparent leurs alimens avec le feu, & leurs vêtemens consistent en une peau apprêtée qui se noue au col comme un collet, & pend presque jusqu'à terre, en couvrant leurs épaules; elle est assez large pour couvrir le devant du corps; outre cela, ils ont une autre peau autour des reins qui tombe jusqu'à la moitié de la cuisse; ils portent quelquefois un bonnet & des souliers de peau; leurs souliers sont faits d'un morceau de peau qui leur serre bien le pied, avec des cordons semblables. Au lieu de fine huile dont se servent les Asiatiques & quelques Nations Africaines pour se frotter le corps, les Hottentots emploient

la

la graisse des bestiaux. (1). Toutes les Nations du monde, excepté les Européens, emploient quelque espèce d'huile pour se mettre à l'abri des rigueurs de l'hiver & modérer la chaleur de l'été. Les Européens même avoient cette coutume autrefois. Les Moscovites la conservent.

Les Hottentots ayant peu de commodités pour se baigner, & habitant un climat où les nuages de poussière sont très-fréquens, vivent dans la malpropreté; mais lorsque leur peau est lavée, elle est assez claire, quoique pâle; ils sont en général d'une petite taille; leurs traits, qui ont une grande uniformité, sont très-durs; leurs fronts sont saillants, leurs machoires grosses, leurs yeux enfoncés & tristes, leurs nez plats, leurs

---

(1) Le fameux Lord Bacon, qui n'étoit point Hottentot, recommande de se frotter avec de l'huile ou du beurre, pour prolonger la vie. *De prolongatione vitæ.* N. de l'Aut.

Tome I.   P

lèvres grosses, leurs cheveux noirs & laineux.

Il y a parmi les Hottentots une Nation errante répandue dans quelques parties intérieures du pays, composée de purs sauvages qui n'ont ni troupeaux ni bestiaux, ni maisons, ni cabanes, ni aucune demeure fixe. Ces Sauvages vivent de proie, habitent les souterreins, les rochers & les arbres; ils se couvrent très-peu. On a assuré qu'ils étoient cannibales, mais je ne puis point affirmer cette dernière circonstance. Ils sont indomptables & intraitables, ou du moins tous les moyens qu'on a employés à cet effet ont été inefficaces; ils refusent de communiquer leurs idées comme le font volontiers les autres peuples féroces par signes; & méritent peu d'être mis au rang de l'espèce humaine. Leur nombre est heureusement peu considérable, & on les voit très-rarement dans le jour; ils commettent, comme les loups & les tigres, leurs déprédations dans la nuit.

Il est évident que les établissemens des Hollandois au Cap, quoiqu'ils paroissent à plusieurs Nations dans un état de prospérité, ne sont certainement pas dans un état aussi florissant qu'ils l'eussent été, s'ils n'avoient pas été opprimés sous l'administration de la Compagnie des Indes Orientales; elle a fait tous ses efforts pour décourager la population, accabler les Colons, & s'opposer à l'influence naturelle d'un sol délicieux. D'après ce qu'ils ont fait, même sous l'oppression d'un gouvernement jaloux & injuste, nous pouvons concevoir ce qu'ils auroient effectué dans une situation plus heureuse. Combien glorieux eussent été les effets de la persévérance hollandoise, animée de l'esprit d'une liberté Républicaine? Les desseins des monopoleurs sont toujours opposés à la prospérité générale des Nations auxquelles ils appartiennent. Leurs plans ne sont pas fondés sur des vues étendues d'une politique saine, où le principal mobile est la justice, mais sur des principes bornés, dictés par la partialité & l'égoïsme, entièrement incompatibles avec le bien-être du public. La Compagnie Hollandoise des Indes Orientales n'a adopté le plan d'un établissement vers la pointe méridionale de l'Afrique, que dans le seul dessein d'en faire un lieu de rafraîchissement pour ses vaisseaux employés au commerce de l'Asie. Elle a toujours eu ce but en vue; elle n'a jamais eu le dessein d'améliorer les territoires dans cette partie du monde; sa politique décourage donc l'industrie dans cette Colonie. Si le domaine que possèdent les Hollandois au Cap de Bonne-Espérance, avoit reçu le degré de culture & de population dont il est susceptible, la Compagnie sait qu'elle auroit raison de craindre que sa souveraineté sur le territoire ne fût pas de longue durée.

Depuis quelques années, le Cap est devenu un objet important pour la Compagnie d'une autre manière; depuis la perte de ses profits, par des impôts énormes qui ont soutenu ses usurpations & son ambition, les directeurs s'en sont servi comme d'un voile pour amuser les propriétaires trompés & le public crédule, avec de faulses espérances d'un capital & d'un gain réels.

Ce pays peut, par la méthode la plus simple, devenir une Colonie peuplée & commerçante. Son climat, pur & tempéré, est favorable à la santé, à la longue vie, & la population. Quoique peu riche en apparence, son sol devient, par la température agréable de l'air, par les rosées momentanées & la chaleur du soleil si favorable à la végétation qu'il nourrit, au moyen de peu de culture, tout ce que le laboureur, le botaniste, ou le fleuriste y renferme dans son sein ; ainsi il est propre à produire tout ce qu'il faut pour l'augmentation des troupeaux, des chevaux & des bestiaux, & il offre en même-temps tout ce qui est nécessaire à la subsistance aisée de l'homme.

Le premier coup-d'œil que préſente la ſurface du pays & du ſol, n'offre rien de floriſſant. Les terreins les plus fertiles & les vallons ſont entrecoupés, & quelquefois entourés de montagnes & de déſerts ſablonneux. Mais les vallées unies, le ſol graveleux & la quantité de bêtes à cornes & de chevaux, facilitent la communication d'un endroit à un autre, & la rendent peu coûteuſe. Le pays offrant ainſi des ſcènes variées, & étant formé par la nature en diſtricts ſéparés, eſt cent fois plus agréable que ſi ce n'eût été qu'une plaine immenſe bornée ſeulement par l'Océan. Les hommes ſont naturelleplus attachés au lieu de leur naiſſance ou de leur habitation, lorſqu'il eſt ſitué au milieu des déſerts, des montagnes & dans des vallées iſolées, que lorſqu'il eſt dans de grandes villes ou des campagnes peuplées. Après s'être répandus, pendant un long eſpace de temps dans le monde, ils ſe rappellent avec le plus grand plaiſir, le champ ou le boſquet où paissoit *seul* le troupeau de leur père, & où se rassembloit *seule* sa famille. Le souvenir des différentes scènes de leur jeunesse leur fait naître mille idées mêlées de tendresse & de peine. Cet attachement pour le lieu de la naissance, n'est pas senti si vivement par ceux qui ont passé toute leur vie dans de grandes villes ou dans des terreins plats, fertiles en habitans, où chaque scène est sur un théâtre commun à mille autres individus, & où aucune limite naturelle ne distingue *l'habitation particulière*, la montagne, la vallée, la rivière, le bois ou le marais, choses sacrées pour le propriétaire champêtre, pour ses parens & sa famille.

C'est pour cela, je crois, que ceux qui mourant loin du village où ils ont pris naissance, lorsqu'ils sentent leur fin approcher, conjurent les amis qui leur survivent, de transporter leurs os au cimetière de leur pays, auprès des cendres de leurs premiers peres, qu'ils préfèrent au plus riche *mausolée* que la vanité de leurs amis pourroit ériger dans la ville. J'abandonne ces réflexions tristes, mais agréables, pour parler du promontoire méridional de l'Asie.

L'article principal qui manque dans ce pays, est le bois pour bâtir, & même pour brûler. Les rivières navigables sont très-éloignées l'une de l'autre, mais les canaux sont ici plus praticables que dans les pays bas de l'Europe. Le côté oriental & la partie intérieure du Cap sont les terrains les plus fertiles & susceptibles d'un plus grand degré de culture. Les deux endroits principaux pour le commerce actuel, sont la baie de la Table & la Fausse-Baie, qui sont toujours sûres : elles offrent un abri & sont formées de manière à mettre les vaisseaux en sûreté, lorsque regnent les deux vents particuliers à ce climat. Il y a d'autres baies très-propres pour la navigation ; mais la politique des Souverains privilégiés de la Compagnie des Indes Orientales, s'est opposée à ce qu'on en prît une idée exacte. La même jalousie qui empêche de connoître les ports dont je parle, défend aux habitans de transporter, sous quelque prétexte que ce soit, leurs productions & leurs marchandises aux principales villes par eau, en prolongeant la côte.

Si les excellens vins du Cap recevoient le degré d'amélioration dont ils sont susceptibles, aucun vin ne les surpasseroit pour le goût délicat ou le parfum ; & sans être aussi forts ni aussi sujets à la fermentation que le vieux Rhin ou le Madère, ils auroient toutes les qualités salutaires de ces vins. Les grains ne sont pas inférieurs à ceux de Sicile. Au moyen de peu de culture, il produiroit en grande quantité des aloës, du sucotra, de la cire de myrte, du sel & des peintures, ainsi que de l'indigo, du coton & du tabac; on pourroit le faire servir d'entrepôt au commerce considérable d'esclaves, d'huile de baleine, d'ivoire

& de plume d'Autruche. Il renferme du cuivre vierge, & de la mine de cuivre, & le sol indique à plusieurs endroits des métaux plus précieux. Ces articles, joints à plusieurs autres, pourroient former un commerce très-étendu aux Indes, avec l'Amérique & l'Europe, qui contribueroit à augmenter les exportations de la métropole, des marchandises qu'elle fabrique, avec des matières étrangères, & à faire pencher en sa faveur la balance du commerce, sur-tout avec la France & le Portugal.

La Compagnie Hollandoise des Indes Orientales s'oppose à la découverte des mines, d'après des principes d'une politique affreuse, & par les mêmes raisons qui l'ont engagée à arrêter l'amélioration du pays. Elle sait que si on permettoit aux habitans de profiter, autant qu'il leur seroit possible, des avantages que leur offre la nature bienfaisante, ce pays seroit bientôt trop peuplé & trop puissant pour rester sous la domination oppressive d'une société de Négocians privilégiés. Elle sait que puisqu'elle ne peut point mettre à l'abri de l'invasion une côte & un pays si étendus, le plus sûr est d'empêcher qu'il ne devienne un sujet d'envie. Cependant, sous un pareil Gouvernement qui s'oppose à l'industrie, à l'établissement des manufactures, du commerce, & même de plusieurs branches d'agriculture, les habitans se sont multipliés à un nombre infini ; sans doute la population auroit encore été plus considérable, si leurs établissemens asiatiques n'avoient pas engagé beaucoup de jeunes gens à quitter le climat le plus salubre pour vivre sous le plus funeste.

Les familles sont ici composées depuis sept jusqu'à dix-sept enfans, & quelquefois depuis 18 jusqu'à 27. Les habitans n'ayant aucun commerce avec les étrangers, ils sont tous liés les uns aux autres, par les mariages ; ils n'ont cependant, l'un pour l'autre, aucune affection domestique, & sont même dépourvus de cet amour de ses semblables, qui existe dans les autres pays entre voisins.

Ils sont au-dessus de la taille ordinaire, les hommes ayant ordinairement six pieds de haut, & les femmes sont grandes à proportion. Avant de se marier, les femmes sont très-belles, & ont une superbe carnation; mais peu de temps après leur mariage, elles acquièrent de l'embonpoint, & lorsqu'elles ont une fois embrassé cet état sacré, leur beauté disparoît bientôt. Le beau sexe paroît être plus nombreux que l'autre. Je calcule qu'au moins les cinq sixièmes de tous les descendans d'Européens, au nombre de dix-sept mille, sont des femmes & des enfans mâles au-dessous de l'âge de puberté. Il y a environ la quatrième partie de ceux qui sont descendus d'Européens, & deux cinquièmes de tous les esclaves qui demeurent à la ville du Cap.

Les habitans de cet endroit sont moins les descendans des Hollandois que des émigrans de la France, lors de la révocation de l'Edit de Nantes, des Etats Protestans de l'Allemagne & des Pays-Bas Autrichiens.

Malgré tout ce qui a été dit de la sagesse politique des Hollandois, je ne puis m'empêcher de penser que leur Compagnie des Indes Orientales suit, depuis quelque temps, un plan plutôt dicté par l'artifice & la perfidie, que par une politique saine. C'est la prospérité, & conséquemment l'ambition, qui le lui ont fait adopter, principalement depuis la paix ininterrompue dont les Provinces-Unies ont joui en Europe depuis 32 ans. Pendant cette période, elles ont, par cupidité & spéculation, continuellement excité des hostilités entre leurs voisins & leurs alliés. Si, abjurant cette méthode affreuse, la Compagnie, ou plutôt les Etats-Généraux, avoient encouragé leurs Colonies du Cap, en laissant aux Colons la liberté de profiter, autant que possible, de sa fertilité & de son étendue, il seroit en état de fournir les recrues d'hommes nécessaires pour la sûreté de leurs établissemens asiatiques, recrues dont ils seront probablement privés, lorsqu'aura éclaté une guerre générale en Europe. Il est certain que les renforts que reçoivent les établissemens Hollandois en Asie, sont depuis long-temps formés des malheureux émigrans qui, ayant fui loin de la misère & du despotisme de l'Allemagne, sont enlevés & achetés tous les ans en Hollande. Mais la guerre fermera le passage à l'émigration, lorsque la Compagnie Hollandoise des Indes Orientales aura plus besoin que jamais de grands renforts, renforts que les états dépeuplés ne pourront leur fournir. On a compté, d'après les faits les plus probables, que depuis 27 jusqu'à 30 vaisseaux amenent chaque année, selon une supputation moyenne, 200 hommes de recrue chacun, & que de *tout* le nombre exporté chaque année dans ces vaisseaux, il n'en est pas cinquante qui survivent à l'expiration du terme où ils doivent retourner en Europe. On fait de plus que les vaisseaux envoyés à Batavia & aux établissemens orientaux, avec un double équipage, un seul étant d'un quatrième plus considérable que les nôtres, retournent avec à peine assez d'hommes pour les manœuvrer. La mortalité monte donc chaque année au moins à 10,000 Européens, bien constitués, & dans la vigueur de la vie. Quelle triste destruction du genre humain ! D'où sera tiré désormais ce renfort nécessaire d'hommes qu'on dévoue de sang-froid à une mort certaine ? Devons-nous être plus long-temps surpris de ce que les profits qu'a retirés la Compagnie de son monopole d'Epiceries & d'autres articles de commerce, aient été insuffisans pour payer les frais nécessaires pour maintenir & protéger ses établissemens & soutenir l'étalage pompeux du Gouvernement de Batavia ? Comment pourra-t-elle défendre ses possessions usurpées seulement contre les naturels opprimés, en supposant même qu'il n'y ait point d'ennemi en Europe, qui l'oblige de rappeller ses vaisseaux, de mettre des garnisons dans les villes frontières de la métropole?

Telle est la situation de la ville & la nature des fortifications de ce pays, qu'on pourroit attaquer avec succès l'établissement du Cap, seulement avec un nombre d'hommes égal à sa garnison, composée de 400 ou 500 hommes en état de combattre. La milice du pays, est trop dispersée pour être d'un grand secours ; & j'ose dire que les habitans de la ville ne déployeront pas une grande bravoure contre quelque ennemi que ce fût, ni à plus forte raison contre une Puissance, qui, sous son Gouvernement, les laisseroit jouir de grands priviléges dans le commerce & l'agriculture, & qui, professant la religion protestante, s'accorderoit encore avec eux à cet égard.

La Compagnie s'est réservée quelques taxes

taxes sur le terrein des plantations de la campagne & des établissemens de la ville; d'autres sont tenus sous un cens perpétuel. Comme toute l'exportation se fait de la Baie de la *Table* & de la *Fausse-Baie*, les vins, le grain, & plusieurs autres articles, payent des droits pour entrer dans les villes. La Compagnie embarque chaque année une grande quantité de froment pour Batavia, Ceylan & la Hollande. Les bestiaux & troupeaux, pour la consommation des vaisseaux, sont achetés à des fermiers privilégiés qui payent un droit pour ce privilége exclusif. Il y a plusieurs autres droits sur l'exportation & l'importation. Toutes ces taxes servent à soutenir le Gouvernement, qui, à la vérité, ne fait pas de grandes dépenses; mais l'avidité & les exactions des Gouverneurs, ont presque déterminé la Nation à se révolter contre la Compagnie, & à demander justice aux Etats-Généraux.

Le principal Juge, ou Juge Fiscal,

réunit dans sa personne les trois différentes branches du Gouvernement ; c'est-à-dire, la législative, la judiciaire, & l'exécutive. Le Législateur, Juge & exécuteur, possede, avec une puissance très-étendue, de grands priviléges & émolumens ; il peut lever des taxes pour son propre usage, dispenser des loix, créer de nouveaux délits, composer pour toute espèce de crimes, & en général il peut disposer à sa volonté de la vie & de la fortune de son peuple. Il est vrai qu'il y a au-dessus de cet être privilégié une espèce de puissance censoriale, mais malheur à celui qui ose appeller à ce Tribunal.

Presque chaque famille manufacture son cuir, fait les habits, le linge & souliers d'hommes & de femmes, ainsi que la plus grande partie de leurs meubles ; en sorte que les habitans ne sont obligés de tirer de l'Europe & de l'Asie que les matieres premieres, telles que les laines, les cotons, les draps & les soieries,

& peu d'articles d'aifance & de luxe. Ils n'ont befoin que de peu de Marchands, parce que tous les ouvrages méchaniques fe font pour la plupart dans l'intérieur, comme anciennement chez les Grecs & les Romains, par des Efclaves. Le Nègre qui fert à table, manie avec une égale dextérité, l'aiguille à tricoter, à coudre, les cifeaux, le couteau, l'alene, la hache, la fcie, le rabot, la truelle & le pinceau.

Leurs rues font larges, bien aérées & allignées régulierement à angles droits : il paroît qu'on y a conservé la propreté d'Harlem & de Delft. Mais il eft un inconvénient auquel toute leur induftrie ne peut remédier ; les énormes tourbillons de vent qui fe font fouvent jour à travers les paffages étroits qu'offrent les montagnes d'alentour, élevent dans les rues de la poufliere en quantité, malgré le fecours de l'eau, qui provient des canaux & des goutieres conftruites en quelques endroits.

Je ne sais pas comment les Hollandois pourroient conserver leur monopole, sans les rafraîchissemens favorables du Cap. Les végetaux, les racines & les fruits y sont abondans, à bon compte & bons ; le bœuf & le mouton possedent toutes ces qualités au plus haut degré. A la vérité, je crois que toutes les Nations qui ont quelque commerce en cet endroit, ont depuis quelque tems de grandes obligations à l'établissement Hollandois de ce coin du monde, comme on peut l'appeller à la lettre, quoique les Etrangers soient plus trompés que dans quelque pays que je connoisse ; car ni *Madagascar ni Johanna* ne peuvent fournir du mouton, ni des légumes, & les vins mêmes du Cap y sont à un prix si raisonnable, que c'est un rafraîchissement peu cher pour les matelots. Je suis persuadé que les vins y sont plus mûrs la seconde année, que ne le seroient les vins de l'Europe, ou de Madere au bout de cinq ans.

Chaque famille, excepté le Gouverneur & les Membres du Conseil, prend des pensionnaires, & c'est rendre justice à leurs tables, à leurs lits & à leur linge, que de dire qu'ils sont tous bons, & à un prix raisonnable. Je suis porté à croire que cette coutume de prendre des pensionnaires, est venue des Colons originaires, & que dans ce cas l'habitude étouffe le principe de l'orgueil. Mais je me trompe, j'oublie que la Nation dont je parle, n'adore qu'une idole, qui est l'intérêt.

Je n'ai besoin que de citer un fait pour faire voir les obstacles qu'éprouvent les étrangers pour s'établir au Cap. Chaque famille est obligée de rendre compte tous les soirs au Juge Fiscal, de toutes les personnes qu'elle a reçues chez elle, sous peine de correction ou d'amende. Comme ce peuple affiche dans son air, son habillement & son maintien & dans la conversation, de la dévotion, & une morale rigide, j'attribuois ce reglement à l'une ou l'autre de ces deux causes. J'imaginois que c'étoit dans le but, ou de prévenir une espece de la débauche criminelle dans le particulier, ou pour assurer, comme à Amsterdam, le paiement exact d'une taxe proportionnée scrupuleusement au nombre des pratiques, qui est levée sur les femmes vouées à la débauche publique, & dont les Hollandois trafiquent avec les étrangers, en vertu d'une permission du Magistrat; mais j'ai trouvé, d'après mes recherches, que le seul objet de cette loi étoit de décourager toute espece de correspondance avec les étrangers.

Comme le Cap-de-Bonne-Espérance a servi depuis quelques années de lieu de rafraîchissement, à moitié chemin, tant pour ceux qui vont aux Indes, que pour ceux qui retournent dans leur patrie, les pensionnaires, aussi bien que les convives, d'une conception vive & doués de quelque esprit, ont eu bien des occasions de se former une idée des caracteres les plus étranges, & de remarquer les différens effets des richesses & du climat sur les passions & les mœurs des hommes. Quant à moi, j'avoue que mon séjour court & pénible, au Cap, m'a fait faire bien des réflexions, qui ne m'ont, ni attaché au lieu de ma destination, ni fait prendre une idée avantageuse des mœurs, de l'esprit, & de la morale des hommes qui séjournent, plus qu'ils n'habitent l'Inde.

J'ai souvent pensé, & je suis à présent convaincu, que pour diminuer l'arrogance des Hollandois, & pour réduire leur génie dans le commerce, sous des limites raisonnables, & assurer par-là la tranquillité de l'Europe, il faudroit qu'ils eussent un Roi & une forme de Gouvernement mixte, comme celui de l'Angleterre. Quand même leur Gouvernement s'étendroit vers le Sud-Ouest, par des usurpations sur la Maison d'Autriche, je crois que l'Empereur seroit dédommagé de ces usurpations, en recouvrant pour sa famille l'*Alsace* & la *Lorraine*.

La Grande-Bretagne, la Prusse, la Russie, & les autres Puissances protestantes du Nord, seroient, par une ferme union entr'elles & une transposition de la balance du pouvoir, en état de former une autre Monarchie en Europe. Mais arrêtons ! C'est un sujet vaste en politique & qui ne doit être traité que dans les Cabinets des Souverains (1).

___

(1) Disons plutôt que c'est un rêve. Je le laisse subsister dans la Traduction, parce qu'il a fermenté dans plus d'une tête en Angleterre, & qu'il donnera aux François une idée des souhaits de leurs rivaux. N. de l'Edit.

LETTRE XXVII.

A ——, Esqr, à Londres.

Calcutta, ce 15 Septembre 1779.

J'AI différé de vous écrire depuis mon arrivée dans l'Inde jusqu'à ce jour, parce que je desirois acquérir une connoissance exacte de plusieurs particularités, dans lesquelles vous êtes intéressé, connoissance qui ne pouvoit s'acquérir que par un séjour de quelques mois dans ce pays. Quoique je ne puisse pas encore écrire tout ce que je souhaiterois pour votre satisfaction, cependant je me reprocherois de tarder plus long-tems à vous faire le détail de ce qui m'a frappé depuis mon arrivée dans cette célebre péninsule.

L'état incertain, & à la vérité critique, de ce Gouvernement, me paroît avoir depuis quelque tems écarté entièrement la raison des mesures de ses principaux membres & de leurs plus intimes amis. L'espérance, la crainte, les inquiétudes, les doutes, ont fait adopter des plans aussi singuliers dans leur nature, qu'ils seront, je crois, pernicieux, dans leurs suites. Quand bien même les Directeurs connoîtroient les remedes convenables aux maux dont est actuellement atteinte la constitution politique & commerciale de la Compagnie des Indes, & qu'ils seroient disposés à écouter les meilleurs avis, les formes les plus sages ne serviroient à rien. Tant que le Gouverneur en chef actuel, qui a deux voix sur cinq, présidera sous l'influence des esclaves noirs & d'une étrangere, les ordres des Directeurs seront traités avec un mépris général, & les trésors de la Compagnie seront appropriés à l'usage de quelques particuliers. Les rênes du Gouvernement sont tenus à Calcutta, tandis que les représentans des propriétaires assemblés dans

Leaden-Hall-Street (1), font regardés comme des imbécilles présomptueux, qui s'arrogent un pouvoir que la possession actuelle de l'autorité a placé de droit en d'autres mains. Il est probable que M. Hastings a dû, par sa grande correspondance, & son étroite liaison avec M. R. Off, Gouverneur de *Chinfura*, connoître le Gouvernement impérieux, que les principaux Agens de la Compagnie Hollandoise exercent *dans Batavia*, sur *leurs* Constituants & les autres serviteurs, aussi-bien que sur leurs malheureux sujets, les naturels de leurs établissemens de l'Asie. Je ne suis d'aucun parti; au contraire, je suis venu dans ce pays fortement prévenu en faveur des hommes, dont les démarches sont trop publiques pour ne pas être connues,

---

(1) C'est une rue à Londres, où est l'Hôtel de la Compagnie des Indes. *N. du Trad.*

& trop blâmables pour qu'on puisse entreprendre de les justifier (1).

La critique que je viens de faire avec la liberté, avec laquelle je desire développer toute ma vie mon opinion, & guider mes actions, ne peut justement s'appliquer à tous les serviteurs de la Compagnie sans exception. Il en est parmi eux qui ont droit à l'éloge qu'on doit aux talens & à l'honnêteté. M. Francis & M. Wheeler ont certainement de la sagacité pour discerner les vrais intérêts de leurs Constituans & de la Nation Angloise, aussi-bien que des vertus, pour regler leurs démarches sur cet intérêt, & procurer le bonheur des naturels de l'Indostan; objets qui sont

―――――――――

(1) On verra dans le cours de ce Voyage, que la conduite de M. Hastings y est vivement censurée, & dans cette censure, il y a trop d'aigreur, pour qu'il n'y ait pas de la partialité. Aussi M. Price & d'autres Ecrivains ont-ils accusé l'Auteur d'être dévoué au parti opposé à celui du Gouvernement général. N. de l'Edit.

étroitement liés entr'eux, & qui ne pouvoient être séparés que par une politique aussi défectueuse qu'inhumaine. Je ne puis m'empêcher de nommer à cette occasion, M. Barwell, homme d'un grand talent, & de la probité la plus stricte; quoiqu'un engagement que lui firent contracter ses amis en Angleterre, lorsqu'il fut nommé pour occuper la quatrième place du Conseil Supérieur, l'empêche en quelque façon de s'opposer aux opérations de M. Hastings. On crut cette précaution nécessaire, parce que la fermeté & le talent de M. Barwell étoient, avant la formation du Conseil Supérieur, les seuls obstacles formidables à la malversation de M. Hastings. En effet, les différends publics de ces membres du Conseil, ont, comme le font ordinairement les querelles de ce genre, excité une grande animosité mutuelle entre eux.

Plusieurs causes concourent à me faire souhaiter de retourner le plutôt possible en Angleterre; un de mes motifs paroîtra probablement être l'effet de la vanité. J'ai la présomption de croire que les connoissances que j'ai acquises sur plusieurs pays de l'Amérique & de l'Europe, jointes à une expérience variée, m'ont mis en état de montrer par quels moyens on pourroit enrichir le sol de ce pays, & comment les habitans pourroient encore étendre leur commerce, leur population & les manufactures, ce qui offriroit au Gouvernement Britannique un secours immédiat, aussi-bien qu'un revenu permanent, & ouvriroit une source de richesses à quelques individus, en procurant en même-tems à la Compagnie privilégiée, des avantages qui satisferoient toute son ambition. Je suis persuadé, que mes idées sur ces objets, sont d'une nature bien différente de toutes celles qu'on a adoptées dans ce pays, jusqu'à présent, & je crois, que si elles étoient clairement exposées, elles attireroient l'attention des Ministres du Roi, ainsi que des Directeurs de la Compagnie des Indes Orientales. Si on ne regarde pas ces objets comme chimériques, on avouera sans doute qu'ils sont étendus & importans. Je souhaite ouvrir un vaste champ d'amélioration dans l'Inde, propre a enrichir les sujets Anglois individuellement, & à soulager le public d'une dette qui autrement deviendra insupportable.

LETTRE XXVIII.

A. S. — M. — Esqr, à Londres.

Calcutta, ce 20 Septembre 1779.

J'AI mis pied à terre dans la Péninsule de l'Indostan, à Négapatnam, le premier Juillet. Vous trouverez dans les papiers qui accompagnent celle-ci, le détail de tous les événemens qui me

sont arrivés depuis le 8 Novembre 1778; lorsque je vous écrivis ma dernière lettre, jusqu'à mon arrivée à Calcutta, le 20 d'Août. Notre correspondance, mon ami, a éprouvé une longue interruption, mais quant à moi, je tâcherai de vous en dédommager, en vous écrivant deux fois par semaine. Ce pays offre un vaste champ à l'observation, & fournit un grand nombre de sujets de toute espece pour la spéculation. Si quelques-unes de mes réflexions paroissoient dignes de l'attention de ceux qui peuvent seuls en tirer des conséquences avantageuses, je me trouverois bien complettement dédommagé, en ayant contribué en quelque façon à la prospérité de ma patrie, de toutes les souffrances que j'ai endurées depuis le moment où je m'embarquai à l'Orient, à bord du Brisson, jusqu'à celui où je débarquai sur la côte de l'Inde à *Negapatnam*. J'avoue que je desire ardemment de communiquer à des hommes puissans & animés de l'amour
du

du bien public, quelques-unes de mes idées sur des objets politiques, & sur le commerce; parce que je suis convaincu que, mûries par leur jugement, & transformées en un plan praticable, elles contribueroient grandement à la gloire de ma patrie, & au bonheur du genre humain. Mais sur ce point, je réglerai ma conduite, d'après les conseils de mes amis. En attendant, j'employerai mes loisirs à m'étendre sur un sujet qui m'a attiré tant de railleries de votre part, espérant qu'au moins vous & notre excellent ami parcourrez avec plaisir mes longues & fréquentes lettres.

Je suis prêt à démontrer que si la Compagnie Angloise des Indes Orientales avoit connu tous les avantages qu'elle auroit pu se procurer dans l'Orient, & en avoit tiré partie autant qu'il lui étoit possible, son capital excéderoit à présent vingt millions de livres sterlings; & les richesses de la Nation seroient augmentées de trente millions.

Tome I. R

Mais ce qui est plus important, c'est que si on avoit conçu clairement, & toujours consulté l'intérêt de la Compagnie, on auroit assuré l'attachement & le bonheur de plus de vingt millions (1) de nouveaux sujets utiles & industrieux, qui seroient devenus, ainsi que leur postérité, une source de richesses, de puissance & de sûreté pour l'état agrandi. La Grande-Bretagne & l'Indostan n'ont point goûté ces grands avantages, à cause de la distance qui sépare ces deux pays ; elle excite & favorise tout à la fois, l'infidélité & les intrigues des serviteurs de la Compagnie des Indes Orientales. Je ne prétends point ici les dénier.

Lorsque je réfléchis aux gradations naturelles par lesquelles ils sont entraînés à adopter un plan de conduite, aussi déshonorant pour eux que pernicieux

---

(1) Dans cette population, l'Auteur comprend les sujets des trois présidences, car le Bengale ne renferme que 10 à 12,000,000 d'hommes. *N. de l'Édit.*

pour la Compagnie & le public ; lorsque je vois que leurs actions prennent leur source dans les exemples que leur ont laissés leurs prédécesseurs, exemples qui bientôt gagnent des cœurs jeunes & souples, l'indignation qu'inspire l'effet, se change en regret sur la cause. Car il n'est point surprenant, que de jeunes gens tirés de la tutele de leurs parens, ou tuteurs, qui, s'associant avec les naturels froids, insinuans, & protées, de l'Inde, & qui embrassent le même état, il n'est point surprenant, dis-je, que de jeunes gens qui n'ont aucune idée du monde, adoptent dans ce cas la conduite & les principes non-seulement de leurs prédécesseurs & collegues, mais aussi de tous ceux qui les entourent, soit Gentoux ou Mahométans. Ceux qui deviennent Gouverneurs de l'Indostan, vivent en général dans ce pays, dans le dessein d'acquérir des richesses ; cette idée dans laquelle ils sont confirmés, non-seulement par l'exemple, mais même les conseils & les exhortations de leurs amis, devient bientôt la passion dominante de leur cœur, & le principe, d'après lequel ils dirigent leurs actions. Delà résulte que leur cœur n'est que trop souvent sourd à tous sentimens d'humanité, & fermé aux cris de la justice. Ainsi, mon ami, je n'accuse pas tant les serviteurs de la Compagnie (car leur conduite est celle de tout homme placé dans les mêmes circonstances), que je blâme les législateurs Britanniques de ne pas avoir établi dans les affaires de l'Inde, un ordre tout à la fois plus politique & plus vertueux.

Car, quelque indulgens que nous soyons pour les foiblesses de l'homme, des êtres élevés de la manière que j'ai indiquée, peuvent-ils améliorer les mœurs des habitans, ou donner de la stabilité au Gouvernement? Est-il probable que par leurs préceptes, leur exemple, ou une administration impartiale de la justice, ils rendront les habitans heureux en les laissant jouir tranquillement du fruit de leur industrie, soit dans l'agriculture, les manufactures ou le commerce.

Je crois que c'est avec raison que j'ai accusé de négligence, non les Hindous, mais les Européens, qui ont fait quelque séjour parmi eux, de ne pas avoir tiré le plus grand parti des avantages qu'offre l'Inde. Car les naturels de l'Indostan cultivoient, & jouissoient en abondance de toutes les nécessités & superfluités de la vie, adaptées à leurs coutumes, & permises par leurs rites religieux; leur sol, leur climat, leur industrie, mais sur-tout leur persévérance, étoient capables d'effectuer toutes les entreprises qui n'exigeoient point de force corporelle. Mais pourquoi introduire de nouveaux genres de plaisirs ? pourquoi créer de nouveaux besoins ? Ils n'avoient jamais éprouvé un desir qui franchît la borne des coutumes de leurs ancêtres. Ils les conservoient depuis plusieurs siècles, avant que l'avarice & l'ambition

Européennes leur fiſſent voir la néceſſité de ſe procurer un autre ſorte de bonheur, en aſſouviſſant la rapacité des étrangers, avec quelques marchandiſes que leur indiquoit leur induſtrie naturelle.

La domination à laquelle prétend la Compagnie, & ſon privilége excluſif pour le commerce intérieur de l'Inde, s'étendent depuis le Cap Comorin, vers le dixieme degré juſqu'au vingt-neuvieme degré de latitude Septentrionale, & de l'Eſt à l'Oueſt, ſur un terrein d'environ huit cent milles, outre leurs poſſeſſions ſur la côte de Guzarat & de Malabar. La température du climat, dont la chaleur exceſſive eſt rare & de peu de durée, & le froid toujours moderé; le ſol gras & favorable à la végétation, qui peut être rendu encore plus fertile par des inondations qu'on peut produire à volonté, ainſi que par un grand nombre de bêtes à cornes & de troupeaux; le prix modique qui doit en résulter pour la main-d'œuvre ; les établissemens sages & politiques des Castes, ou Tributs ; l'industrie persévérante des naturels, certaines institutions pour augmenter la population (1), telles sont les circonstances qui rendent l'*Indostan*, le pays du monde le plus propre, à l'espece de commerce qui permet au Souverain d'exporter le superflu des productions de son territoire, sans violer la justice, sans nuire à l'industrie, ou appauvrir la Nation, pourvu que le Gouvernement veille à ce qu'il y ait toujours en circulation une certaine portion d'argent, ou d'autre monnoies authentiques pour prévenir toute stagnation

---

(1) Comme la religion des Gentous n'admet point de prosélytes, & qu'elle bannit facilement de son sein, ceux de ses partisans qu'elle en regarde comme indignes, la secte des Gentous auroit été entièrement anéantie, si leur esprit politique n'avoit point créé un remede efficace contre la dépopulation, en obligeant de marier les enfans dès leur plus tendre enfance ; mariage qui est ordinairement consommé aussi-tôt qu'ils ont atteint l'âge de puberté. *N. de l'Auteur.*

dans le commerce intérieur. Le fol, fécondé par le climat, par les rofées de la nuit, par les pluies alternatives & la chaleur du foleil, produit prefque fpontanément deux fois, & fouvent trois fois par an, de riches récoltes de riz & autres grains. Il est en état de produire en abondance, la canne du fucre, l'indigo, le cacaotier, le caffier, le cotonnier, tous les fruits, toutes les racines & végétaux particuliers aux tropiques de l'hémifphere occidental, ainfi que tous les grains communs de l'Europe. On a compté que les territoires de la Compagnie, fous la préfidence du Bengale, pouvoient fe divifer en trois parties égales : un tiers eft cultivé ; un autre ayant été abandonné par les habitans qui fuyoient loin de l'oppreffion, s'eft couvert de bois & fert à préfent d'afyle aux tigres, aux léopards, loups, bufles & aux éléphans ; & l'autre partie eft couverte de rivieres, de canaux, lacs, & de marais. On a auffi calculé que les habitans qui y ont pris naissance, sont encore au nombre de douze à quinze millions, & le produit de leurs travaux, & de leur industrie, qui est exporté chaque année, égale 2,500,000 livres sterlings. Par-là il est aisé de s'imaginer quelle seroit l'étendue de la population & des productions, si le terrein abandonné étoit habité & cultivé de nouveau. Il ne seroit point non plus difficile de former une estimation exacte de la population, des productions, & du superflu de tous les territoires de la Compagnie, sous un système de Gouvernement sage & juste, qui encourageroit les améliorations, qu'y opéreroient avec le consentement des naturels, des Européens éclairés par l'expérience.

Si les parties abandonnées du Bengale étoient habitées, il est évident, d'après les données ci-dessus, que la population seroit de 24 à 30 millions d'hommes, & les exportations monteroient à 5,000,000 livres sterling; & en supposant la révolution politique dont je viens de parler, l'augmentation de la population & du produit, au moyen des nouvelles manufactures, & de l'agriculture, peut être estimée, d'après un calcul moderé, d'un tiers plus considérable, ce qui feroit monter la population à 35 millions, & les exportations annuelles, formées du superflu à 6,666,666 livres sterlings.

Les possessions territoriales de la Compagnie & sa domination perpétuelle sur la côte de Coromandel, de Golconde & d'Orixa, sous la présidence de Madras, sont susceptibles de plus grandes améliorations, & sont conséquemment en état de procurer, à proportion, une plus grande quantité de produits pour l'avancement du commerce. Car quoique les naturels de ces côtes soient infiniment plus polis dans leurs manières, de meilleure foi dans leurs affaires, & plus dociles dans leur caractère, que les naturels du

Bengale, parce qu'ils font moins fuperftieux, ils ont jufqu'à préfent été victimes d'une tyrannie plus révoltante, & plus deftructive (1). D'après cet apperçu, je crois qu'il eft affez évident que la Grande-Bretagne n'a pas tiré du fol le plus riche, du climat le plus temperé, &

---

(1) Les *Circars feptentrionaux* deviendroient auffi une fource abondante de population, de richeffes, fous un fyftême judicieux du Gouvernement, & fi les propriétés y étoient permanentes, parce qu'elles encourageroient le fermier. Cette partie du Décan ne s'eft jamais montrée dans un état floriffant, depuis que les Tartares ou Mogols ont acquis la fouveraineté de l'Indoftan ; parce qu'ayant été du nombre des Provinces de cette péninfule, qui ont été les dernières entièrement foumifes, elle a toujours été un fujet de querelles entre les favoris de la Cour & les ufurpateurs.

Lorfque les Circars feptentrionaux furent cédés par *Salabetzing*, aux François, en 1753, ils produifoient un revenu au-deffus de 500,000 livres fterlings, & on auroit pu en tirer un une fois plus confidérable, outre de grands avantages pour le commerce. Mais depuis cette époque, les revenus, les manufactures & la population, tendent par degrés vers leur déclin. *Note de l'Auteur.*

du peuple le plus ingénieux & le plus docile du monde, tous les avantages qu'on auroit pu justement attendre. Je vais plus loin, & je dis qu'une amélioration convenable des acquisitions de la Grande - Bretagne dans l'Inde, est un objet plus important pour cette Nation, que l'assujettissement des Américains, pour lequel on a sacrifié tant de millions, & versé tant de sang.

Les richesses, le pouvoir & la domination, s'acquièrent souvent par un heureux hasard; mais il appartient à la sagacité politique de les conserver. Il est plus glorieux & plus avantageux, de conserver & d'améliorer ses conquêtes, que de les étendre. Que la Grande-Bretagne réfléchisse sérieusement sur la vérité de ces maximes : sa prospérité est le fruit de son commerce ; de toutes les branches de commerce, celle qu'offre l'Inde a été & sera la plus avantageuse pour elle : la Nation à qui appartient ce commerce, devient le centre du commerce universel : car il comprend non-seulement tous les articles qui forment la balance du commerce, mais plusieurs autres marchandises que l'Inde peut fournir à un prix si modique, que la main-d'œuvre baissera nécessairement chez cette Nation, ce qui diminueroit le prix des nécessités de la vie. Le prix modique des provisions & des habillemens, & conséquemment le prix modique de la main-d'œuvre, la superstition avec laquelle les Indiens suivent leurs rites religieux, les préjugés singuliers des *Castes* pour leur nourriture & les associations, contribuent, avec d'autres circonstances qu'il est inutile de détailler, au bon marché, des objets non manufacturés & manufacturés de l'Inde. Si, par des reglemens sages & politiques, la Grande-Bretagne savoit profiter de ces circonstances, elle seroit en état d'écraser toutes les autres Nations dans tous les marchés de l'Europe, Londres deviendroit le grand comptoir de l'Univers.

LETTRE (1) XXX.

A J. — M. — Esqr.

Calcutta, ce 28 Septembre 1779.

JE ne fais pas fi on n'auroit pas agi plus politiquement en établiffant des Colonies dans l'Indoftan, plutôt que dans l'Amérique Septentrionale. Couverte de bois & de déferts, l'Amérique s'eft par nos foins élevée à fon état actuel de

---

(1) J'omets la XXIXe Lettre qui concerne entièrement l'Amérique; elle offre des difcuffions fur un procès qui eft fini, des injures contre la France, que fa conduite a démenties, & enfin des prophéties fatales à l'Amérique, que l'avenir démentira fûrement. *Note du Traducteur.*

grandeur & de puissance ; l'industrie des Colons fut libéralement encouragée par l'Angleterre ; elle fut protégée contre les ravages d'ennemis étrangers & intérieurs ; & pour assurer aux Colons la possession paisible des territoires qu'ils occupoient, le Ministère Anglois se fit une loi d'exterminer cette race de sauvages qui tiroient de la nature leur propriété. Mais l'Indostan étoit un pays cultivé, couvert de superbes Villes, de grands Villages, abondant en richesses, habité par un peuple nombreux & instruit, qui avoit fait de grands progrès dans la morale, les sciences, les arts, & la jurisprudence. Un pareil pays est une acquisition infiniment plus précieuse qu'un terrein inhabité, quelque immense que soit son étendue. Pour conserver la présente acquisition, il suffiroit de rendre les peuples heureux par un système de Gouvernement moderé, adapté à ses mœurs, ses coutumes, & son éducation. Quelle que soit l'idée qu'on ait conçue avant la guerre civile actuelle, de l'importance de *coloniser* l'Amérique Septentrionale & l'Indostan, je crois, qu'après avoir considéré l'état actuel des affaires de l'Amérique & la perspective qu'elles offrent pour l'avenir, on ne doit pas douter à présent que l'Inde ne soit un pays plus atrayant pour la valeur, l'industrie, & l'adresse des Anglois. Dirigez donc vos regards, ô mes Compatriotes, vers l'Orient, vous y trouverez un vaste champ pour déployer votre génie & votre courage; là vous trouverez de grands sujets de spéculation, peut-être d'une nature moins rafinée, mais plus avantageuse; & là vous pourrez combattre, avec avantage, les ennemis naturels de la Grande-Bretagne!

Une augmentation de population augmenteroit le grain, les provisions & les habillemens. Il en résulteroit une augmentation des objets manufacturés & non manufacturés pour l'exportation;

objets

objets qui deviendroient une source abondante de richesses pour la Compagnie Angloise des Indes Orientales & la Nation Britannique. Ainsi les richesses de l'Europe viendroient, par une attraction naturelle, se rendre dans nos mers étroites, puisqu'il n'existe aucun pays où la main-d'œuvre soit à aussi bon compte que chez les Indous, le peuple le plus tempéré, le plus persévérant & le plus judicieux.

Un pays aussi étendu & aussi fertile que l'Indostan, qui fournit deux ou trois récoltes par an, est en état de produire plus de provisions de toute espece, qu'une population une fois aussi considérable ne pourroit en consommer ; & peut-être tout à la fois il continuera de fournir plus de soie, de coton, d'opium, & de salpêtre, que ne pourroit en exporter une Compagnie exclusive pour la consommation de l'Europe, ou que ne seroient en état d'en exporter des Commerçans particuliers, rassemblés dans les

Tome I. S

autres parties de l'Asie & des Golfes Arabique & Persique. On pourroit accorder aux individus de vastes territoires, sans nuire au commerce ni à l'intérêt général ; de ce systême de *colonisation*, résulteroient les plus grands avantages pour l'Indostan, qui rejailliroient ensuite sur la Grande-Bretagne.

Etablir des Colonies (1), est le meilleur moyen de repeupler les terres abandonnées, couvertes autrefois de Villes opulentes, de Villages nombreux, d'une culture perfectionnée, qui faisoit vivre des millions d'hommes. L'industrie des Colons parviendroit bientôt à desfécher ces nombreux marais, dont les

---

(1) Ce projet de colonisation est merveilleux ; mais où trouver des hommes pour l'exécuter ? Les Européens vont dans l'Inde, mais c'est pour y chercher fortune, & non pour s'y établir à jamais. Quand ils sont riches, ils regagnent leur patrie. Je ne sais s'il est beaucoup d'Anglois, tels pauvres qu'on les suppose, qui acceptassent la proposition d'aller se fixer dans l'Inde, même avec les plus riches perspectives. *N. de l'Edit.*

fertiles productions compenseroient bien au-delà les frais de desséchement. La multiplication des hommes & des animaux utiles, feroit insensiblement disparoître ces bêtes féroces & carnacières qui infestent à présent l'Indostan.

L'excessive multiplication des fourmis (1) qui dévorent, dans les Indes Occidentales, les cannes de sucre, & dont il a été impossible jusqu'à présent de détruire le germe & d'arrêter les ravages funestes, la destruction générale de nos plantations, les dépenses qu'on est obligé de faire pour détruire ces insectes, renchériront insensiblement cette denrée, & peut-être forceront à l'abandonner. Il faut donc, pour la régénerer, chercher un nouveau sol, que ces fourmis ne ravagent point. Tel est celui des Indes

---

(1) Il y a dans l'Ouvrage de M. Makintosh, une très-bonne note sur l'Histoire & la description de ces fourmis. Comme elle est longue, je la renvoie à la fin de cet Ouvrage. *N. du Trad.*

Orientales : il eſt en notre pouvoir. La canne de ſucre y eſt une plante indigène ; les frais pour la convertir en ſucre feront ſi fort au-deſſous de ceux occaſionnés par ſa culture dans les Indes Occidentales, qu'en payant même généreuſement le fret ſelon le tems, l'éloignement, & les autres circonſtances, le produit dédommagera amplement le planteur, & produira un bénéfice avantageux.

Toutes les améliorations, qui offriront un encouragement à l'induſtrie, tendront à retenir les naturels dans leur patrie, & ſerviront de barrière volontaire contre l'émigration. En introduiſant une nouvelle branche de commerce, on gagnera chaque année plus de 250,000 livres ſterlings, qu'on envoie actuellement en eſpèces aux Hollandois à Batavia, pour du ſucre & de l'arrac pour la conſommation du Bengale, des côtes de Coromandel, de Malabar & du Guzarate, ce qui contribuera à diminuer la dépendance où est ce pays, des étrangers pour les nécessités de la vie.

L'arbrisseau qui donne l'indigo, croît aussi dans ce pays; & sa qualité, quoiqu'on ignore entièrement la bonne méthode pour le fabriquer, fait voir ce qu'il peut être, lorsqu'elle changera. L'exploitation de cette denrée en Angleterre, sera plus avantageuse à tous égards pour le négociant & le planteur, que le sucre, outre qu'il rendra le manufacturier Anglois moins dépendant pour cet article nécessaire, de l'Amérique Septentrionale, de la France & de l'Espagne. Quant au cacao, on peut en cultiver en si grande quantité, & à si peu de frais, dans les plaines de l'Indostan, qu'on se dispenseroit aisément de payer pour cette denrée, un tribut considérable à l'Espagne.

Le sol & le climat de l'Inde, joints à la persévérance & l'assiduité des naturels, qui s'adonnent, selon l'état de leur famille, à quelque branche particulière de travail, paroissent naturellement propres pour toutes ces cultures. Elle pourra y joindre celle de la cochenille, si un événement ne met pas la nation Angloise en possession de Ceylan (1), possession également desirable pour les richesses immenses que cette Isle produit, & pour sa situation & son port, si convenable pour protéger une flotte en tous tems, & conséquemment pour la défense de l'Inde. La partie Méridionale du Carnate, où il croît déjà une certaine quantité de canelle, est en état d'en produire en abondance, & de la meilleure qualité. En un mot, il seroit inutile de détailler les différens articles de subsistance & de commerce, que la célebre péninsule de l'Indostan peut produire, sous un Gouvernement libéral & sage, tant en bes-

―――――――――――

(1) Lorsque l'Auteur écrivoit cette lettre, la Grande-Bretagne étoit en paix avec la Hollande. La rupture entre ces deux Nations a fait naître de grands projets à l'Angleterre, sur la conquête de Ceylan & du Cap-de-Bonne-Espérance. *N. de l'Auteur.*

tiaux, troupeaux, grains, toiles, qu'en sels, mines, drogues, gommes, &c. &c. L'industrie & la liberté, à l'aide de la protection qu'on accorderoit aux personnes & à leur propriété, la rendroient sans doute ce que les Orientaux l'appelloient autrefois, *le Paradis des Nations*.

Lorsque l'Inde sera rétablie dans son premier état de grandeur, elle ouvrira des sources inépuisables de richesses. En échange de ses marchandises, elle tirera une grande quantité de métaux précieux des Nations Européennes, Africaines & Asiatiques; le crédit de la Puissance protectrice contribuera, avec les sentimens de reconnoissance d'un peuple heureux, à donner un cours immense aux billets de banque, ce qui procurera au trésor de la Compagnie un avantage réel & enrichira ensuite la Nation. Pour accorder les plus grands encouragemens à l'industrie générale, pour améliorer l'agriculture, étendre les manufactures & le commerce, il faudroit établir cette banque, avec une tréforerie & un hôtel des monnoies, fur un plan nouveau, & fur des principes généreux, également utiles à la Nation & aux propriétaires. Pour montrer les heureufes fuites d'un emploi libre de l'argent, dans le pays dont je parle, je citerai une anecdote que j'ai entendu raconter par M. Wood, négociant libre de Dacca, avec lequel je me rencontrai par hafard. — M. Wood, revenant de Dacca à Calcutta, en paffant par de vaftes bois incultes & marécageux, qui rendent ce voyage auffi fatigant que dangereux, rencontra un pauvre fendeur de bois du pays. Dans le courant de la converfation, le pauvre homme lui dit, que quand il n'auroit que cinquante roupies, ou cinq livres fterlings, il pourroit former un affez bon établiffement. M. Wood lui prêta les cinquante roupies. Lorfqu'après avoir refté quelque tems à Calcutta, ce

Négociant retourna à Dacca, il vit les heureux effets de sa générosité. L'Indien possédoit un établissement, situé sur une petite éminence, qui étoit depuis peu dépouillée de ses arbres. Il prêta encore au fendeur de bois cinquante roupies, sans qu'il les lui eût demandées. Au voyage suivant, M. Wood vit avec plaisir les progrès rapides de cet établissement, & fut surpris d'entendre cet Indien lui offrir de le rembourser la moitié du prêt : M. Wood refusa ; il fit plus, il lui prêta encore cent roupies. Environ dix-huit mois après cette époque, M. Wood eut la satisfaction de voir son pauvre fendeur de bois à la tête de cinq Villages peuplés & d'une grande étendue de belle terre bien cultivée, où tous les marais étoient sechés & les bois coupés. Le pauvre homme paya la plus grande partie de la somme qu'il avoit empruntée, & en offroit l'intérêt, tandis que des larmes de reconnoiſſance couvroient ſon viſage vénérable & ſerein (1).

---

(1) Comment, quand il lit un pareil trait, l'Européen qui eſt dans l'Inde, ne ſe ſent-il pas preſſé du deſir de faire des heureux, comme Wood ? Le plaiſir qu'il goûteroit ne vaudroit-il pas bien celui de rouler dans un phaéton, ou de s'empoiſonner avec une fille ? Les Européens de l'Inde, n'ont donc plus d'âme, plus de ſenſibilité ! Et pour excuſer leur égoïſme, ils ont encore la baſſeſſe de calomnier les Indiens, de ſoutenir qu'ils ne ſont capables d'aucun effort, d'aucune vertu ! Les cruels qu'ils ſont, ils reprochent à ces Indiens, de ne pas pouvoir marcher lorſqu'ils leur ont coupé les jambes ! *N. de l'Edit.*

LETTRE XXXI.

A J. — M. Esqr, à Londres.

Calcutta, ce premier Octobre 1779.

Dans ce pays célèbre, si fécond en objets de curiosité, un étranger est sur-tout frappé des coutumes, des mœurs, des opinions dont l'origine est cachée dans les abymes d'une antiquité impénétrable. Mais les traits les plus saillans qu'offre le caractère des Indiens, sont leur superstition & leur vénération pour les institutions & les dogmes de leurs premiers pères. Dans l'Inde, la domination de la religion s'étend sur une foule de cas particuliers, qui, dans d'autres pays, sont fixés par les loix civiles, par le goût, la coutume ou la mode. L'habillement, la nourriture, les évenemens ordinaires de la vie, les mariages, les états, sont tous du ressort de la religion. Il n'est presque rien qui ne soit réglé par la superstition : elle prescrit des règles de conduite dans toutes les circonstances & situations ; & à peine existe-t-il un objet assez minutieux pour être regardé comme indifférent. Le premier gouvernement des Indous étoit réellement une hiérarchie. Chez ce peuple religieux, la *caste* des Bramines étoit revêtue de la plus grande autorité : c'étoit une classe de Prêtres semblable à celle des *Lévites* chez les Juifs. Ce n'est point dans cette seule circonstance que nous trouvons un rapport entre les naturels de l'Inde & le peuple singulier que je viens de nommer : non seulement le Gouvernement de ces deux Nations étoit hiérarchique, mais chez toutes deux il y avoit un grand nombre de cérémonies & de dogmes religieux qui s'étendoient sur plusieurs objets fixés dans d'autres pays par la mode, ou regardés comme indifférens ; & elles avoient toutes deux le plus profond respect & la plus grande vénération pour leurs ancêtres.

Les Nations Européennes ont un amour de la nouveauté & une ardeur pour la perfection, qui les portent à méprifer le passé, & à estimer pardessus tout le présent. En Asie, sur-tout dans l'Inde, tant en deçà qu'au-delà du Gange, on observe scrupuleusement les coutumes & les manières anciennes. Le sujet d'émulation n'est point d'inventer de nouvelles choses, mais de conserver dans leur première pureté les usages & les doctrines de l'antiquité la plus reculée. Je ne sais s'il n'y a pas une certaine liaison entre cette disposition & le goût qui regne dans l'Inde, non pour l'invention ou les projets, mais pour l'imitation. Les Indous sont si adroits dans les arts de ce dernier genre, que l'original ne se peut distinguer de la copie, dans aucune espèce de toile, de terre, métal, bois ou de pierre. Ils paroissent sur-tout propres à ces ouvrages d'imitation, par la persévérance qu'ils possedent à un si haut dégré, & par une autre qualité, si c'en est une, qui fait que toute leur attention est absorbée par l'objet dont ils s'occupent ; leurs idées ni leur imagination ne sont distraites par aucune circonstance. La force de leur ame est, au moyen d'une attention fixe, pour ainsi dire, réunie sur un seul objet ; elle se porte vers un seul centre ; & avec cette persévérance & cette attention extrêmes, ils conservent une humeur égale qui n'est jamais exaltée que par l'opium ou quelque herbe enivrante, mais qui n'est jamais abattue par aucune espèce de travail adapté à la forme de leurs corps & à leurs constitutions. La tranquillité de leur ame, même dans les occasions les plus affligeantes, se peint dans un sourire agréable qui n'abandonne jamais leur visage.

J'ai souvent eu occasion de remarquer l'idée fausse des Européens sur les Nations qu'ils traitent de barbares. Presque toutes les Nations de l'Asie pourroient bien plus justement accuser de barbarie les naturels arrogans de l'Europe. J'ai eu occasion de voir & de converser avec des Individus de ces hordes du continent & des Isles de l'Amérique, qui sont appellés *Sauvages*. J'ai eu des détails exacts sur plusieurs Nations de l'Afrique, & des renseignemens nombreux sur les principes & les mœurs de différentes Nations de l'Asie & des Isles Asiatiques & Africaines; & je ne doute aucunement que les Nations de l'Europe ne soient plus sauvages qu'elles toutes, si par le terme *sauvage* on entend l'oppression, la cruauté, l'injustice, & tout ce qui caractérise la violation & le mépris des loix de la nature. Selon moi, le peuple qui est le plus humain, le plus affable, & le plus juste dans ses procédés, mérite le plus d'être loué pour sa civilisation. Une Nation peut avoir fait de grands progrès dans les arts & les sciences; &, à l'égard du grand art de la vie, qui consiste en la pratique de la vertu, peut être entièrement barbare. En Europe, les progrès du vice ont été en rapport avec ceux des connoissances. Si les peuples de l'Orient & de l'Occident se sont policés, & que leur pureté & leurs mœurs originaires aient conséquemment dégénéré, ils l'ont fait par nécessité : ils ont vu que la perfidie, la ruse, la dissimulation, ainsi que d'autres vices, étoient nécessaires pour mettre leurs personnes & leurs propriétés à l'abri de l'oppression & de toutes les manœuvres des émigrans de l'Europe.

L'histoire parle de l'Inde comme de la mère des sciences & des arts. Ce pays étoit autrefois si renommé pour les connoissances & la sagesse, que les Philosophes de la Grèce ne dédaignèrent pas d'y voyager, pour se perfectionner, & ils acquirent bien des idées qu'ils incorporèrent ensuite dans leurs systêmes de philosophie. Pythagore, Démocrite, Anaxarchus, Pirrhon, Apollonius, ainsi que d'autres Grands-hommes, allèrent dans l'Inde

Pour

pour s'entretenir avec les Bramines de ce pays, lesquels, à cause de leurs vêtemens, qui laissoient une grande partie de leur corps à découvert, furent appellés Gymno-Sophistes, ou Philosophes nuds.

Il paroît, d'après les témoignages réunis de plusieurs Ecrivains anciens, qu'il y a environ deux mille ans, les Bramines de l'Inde menoient une vie innocente, pure & austère. Ils s'abstenoient du vin & de toute espèce de nourriture animale, & autant que possible, de toutes les jouissances sensuelles. Ils fuyoient l'exemple contagieux d'un monde corrompu, & s'efforçoient de conserver leur vertu, en se retirant dans des caves ou des bois, où ils vivoient avec les productions spontanées de la terre (1).

_____

(1) On doit être frappé de la ressemblance de cette vie avec celle des Druides. Et les Druides usurperent sur les Gaulois le même empire que les Brahmes sur les Indiens ; tant ce qui paroit extraordinaire, a d'empire sur tous les esprits vulgaires. *N. de l'Edit.*

Tome I.   T

Leurs principes sur la morale étoient les plus sublimes qu'on pût imaginer. Le grand but de leur vie étoit l'acquisition de la *sagesse*, par laquelle ils entendoient la *sagesse morale* ou la vertu. En la pratiquant ils étoient insensibles à la peine ou au plaisir, à la vie ou à la mort. Car selon les premiers *Bramines*, la vie actuelle n'étoit que le commencement de notre existence. Après la mort, l'ame retournoit à Dieu, d'où elle étoit venue, & qui devoit donner aux bons une vie & un bonheur éternels, & infliger aux méchans différents degrés de punition. Ils croyoient qu'après la mort de l'homme, son ame transmigroit dans le corps de différens animaux, jusqu'à ce qu'après avoir expié ainsi ses fautes, & s'être purifié de toute habitude & desirs vicieux, il devînt plus digne d'une communication immédiate avec le père des esprits & la source du bonheur. Ils soutenoient que l'homme avoit dans lui des ennemis qu'il devoit continuellement combattre, des desirs & des inclinations vicieuses, & que c'étoit en s'efforçant de les vaincre, qu'il se préparoit une réception favorable dans le ciel.

Tels sont les détails que nous ont donnés les écrivains de l'antiquité de cette singulière classe d'hommes; & il est aisé de voir combien leurs principes ressembloient, au moins, s'ils n'avoient pas donné lieu, à la métempsycose de Pythagore, & à l'opinion sur l'origine divine & l'immortalité de l'ame, doctrine que Platon a soutenue dans ses écrits par les raisonnemens les plus sublimes. — Et combien ils ont de rapport à l'idée qu'offre cet écrivain des combats de la raison & des passions! Le principe de la raison, dit-i, est enchaîné à un monstre furieux, & il devroit employer tous ses efforts pour rompre la chaîne qui les unit, & pour se procurer sa liberté. Les deux *moi* ou ames de Xénophon, présentent une doctrine du même genre; & tout le monde doit être frappé du rapport singulier qui existe entre ces comparaisons de *Platon* & de *Xénophon*, & l'allégorie hardie du *vieil* & du *nouvel* homme que nous voyons dans les écrits imprimés de Saint Paul. C'est selon moi un reproche à faire au siecle présent, & en général aux temps modernes, que, malgré l'avancement du commerce & la facilité que les Européens ont de s'entretenir avec les différentes castes de l'Inde, les opinions des *Bramines* ne soient pas si bien connues qu'elles l'étoient anciennement. Les Européens vont à présent dans l'Orient, non pas pour acquérir des connoissances, mais de l'or; & ils sont d'une opinion bien différente de celle de *Salomon*, qui soutient que la sagesse vaut mieux que les rubis. Je ne puis m'empêcher de croire que l'esprit des temps modernes, quoique plus exact & moins sublime que celui de l'antiquité, est outre cela plus dogmatique & moins facile à être convaincu. La nature des élémens, l'origine & le but de toute chose, l'essence de l'ame humaine, la grande utilité & la gloire de l'homme; tels étoient les sujets importans sur lesquels s'exerçoit l'esprit des anciens sages: ils ne bornoient pas leurs recherches à un seul objet, ou aux occupations d'un *Botaniste*, ni même aux vues élevées d'un *Géomètre*; mais ils embrassoient tout, ils étudioient les objets animés & inanimés (1), combinoient diverses idées par quelques analogies; ils s'attachoient à en tirer des vérités de plus en plus abstraites & sublimes, d'où ils pouvoient former des règles de conduite dans l'étude de ces objets; ils n'épargnoient ni tems ni travail, ni frais. Nous pouvons nous former une idée du desir ardent qu'avoient

―――――――――――――――――――

(1) C'étoit un grand tort, quoi qu'en dise l'Auteur. Embrasser tout, est le moyen de ne rien perfectionner: & voilà pourquoi les Anciens ne nous ont laissé que des découvertes imparfaites. Ce qu'on doit nous reprocher, c'est d'avoir abandonné cette grande méthode de la *méditation*. On *observe* aujourd'hui beaucoup, on *médite* peu. N. de l'Edit.

ces anciens Sages d'acquérir des connoissances, d'après le voyage de Pytagore en Egypte & dans l'Inde, d'après son long séjour dans le premier pays. Observez la patience avec laquelle, après avoir essuyé plusieurs refus, il supplia les Prêtres de lui faire connoître leurs mystères; le courage avec lequel il se soumit au rite douloureux de la circonsion. En comparant l'ardeur de la curiosité de ce philosophe & la variété & l'étendue de ses vues avec les occupations sédentaires & bornées d'un savant moderne, il est difficile de décider, lequel mérite le plus le titre de philosophe. Un homme qui a quelques momens de loisir & qui n'est tourmenté ni par l'avarice, ni l'ambition, achète un télescope avec lequel il considère la lune, ou fait quelques observations qui ont été faites mille fois avant lui, dans le dessein de confirmer une théorie qu'il croit en même-temps n'avoir besoin d'aucune confirmation. Un autre achète un *microscope*, avec lequel il découvre quelque petit vaisseau ou quelque glande, ou peut-être, comme il peut le croire, un insecte invisible à l'œil humain, lequel devient un sujet de dispute, savoir si c'est un être animé, ou seulement un globule. Un troisième observe sur une côte éloignée ou une montagne déserte, une plante dont l'ingénieux *Buffon* n'a jamais parlé, non plus que le *Nomenclateur Linnæus*. Les observateurs communiquent leurs découvertes à des Philosophes patentés par autorité publique, & aussitôt leurs noms remplissent la liste des *Membres d'une Académie ou de la Société Royale*. Tel est le goût du siècle actuel : nous avons, comme le dernier siècle, nos Grœvius & nos Burman, dont l'œil, semblable au microscope, n'examine que des petits objets, & n'est jamais assez ouvert pour recevoir l'image de ceux qui sont grands. On laisse de côté plusieurs sujets importans, tandis qu'on s'occupe avec le plus grand intérêt de bagatelles, & qu'on les discute avec une attention particulière.— Mais je termine ici mes réfléxions, pour retourner aux Bramines.

Quoique nous ne connoiffions pas l'hiftoire des Bramines actuels de l'Inde auffi bien qu'on auroit pu l'attendre du grand fonds de connoiffances, du commerce, & de la curiofité de ce fiècle, cependant nous avons eu affez de détails fur cette cafte, pour affurer qu'elle a bien dégénéré de la pureté de fes ancêtres. Je ne fais fi des calculateurs, comme le Docteur Price (1), ne pourroient pas, d'après l'état actuel de dépravation des Bramines, fixer l'époque de l'inftitution de cet ordre. Tous les fectaires religieux s'écartent, avec le tems, des vertus auftères de leurs premiers Chefs. Les Chrétiens, ainfi que les *fectes* particulières du Chriftianif-

---

(1) Pour connoître cet Ecrivain Anglois, dont l'âme eft auffi pure que fes Ecrits font profonds, voyez le n° 5, pag. 268, du tom. 2 du Journal du Licée de Londres, où fe trouve la lifte de fes meilleurs Ouvrages. N. de l'Edit.

me, prouvent la vérité de ce principe. Je ne doute point qu'avec cette donnée, un ingénieux calculateur ne pût découvrir l'origine de l'ordre des Bramines, & conféquemment celle de l'empire de l'Indoftan, qui fut fûrement fondé dans le même temps.

J'ai déjà donné quelques détails fur l'état des Prêtres Indiens, il y a près de deux mille ans; à préfent on affure que les ufurpateurs Européens fe fervent des Bramines pour exercer l'oppreffion & le pillage. Mais quelle que foit leur vie, leur doctrine eft encore pure & excellente; car parmi plufieurs erreurs, ils foutiennent ces vérités qui forment l'harmonie de l'univers, qu'*il y a un Dieu Suprême, & que la charité & les bonnes œuvres lui font plus agréables que tout autre facrifice.* Leurs dogmes religieux reffemblent en général à l'idée qu'on a en Europe de la Divinité. A la vérité, plufieurs coutumes fuperftitieufes fe font gliffées parmi le peuple, Il y a des Idoles de bois dans tous leurs temples, & à certaines fêtes on les expose sur les grands chemins & dans les rues des villes. C'est ce qui a donné lieu aux étrangers de croire que les *Gentous* étoient idolâtres, tandis que l'hommage qu'ils rendent à leurs Idoles ressemble tout-à-fait à celui que les Catholiques Romains rendent aux images de notre Sauveur & des Saints, dont le but n'est que de réveiller l'attention, & de donner des idées plus fortes des objets de leur dévotion. Voilà ce que m'ont dit plusieurs *Gentous*, dans le jugement & l'exactitude desquels j'ai beaucoup de confiance. Les images dont je parle, sont de différentes formes, & offrent souvent des formes monstrueuses. Ce sont des figures destinées à peindre les attributs de la Divinité par des représentations visibles de leurs effets que nous voyons dans les ouvrages de la création & de la Providence. Telle est toute l'idolâtrie des Indous, en adorant le grand Dieu de l'Univers. Ils mettent devant leurs yeux des figures propres à graver dans leur imagination les attributs qu'ils croient n'appartenir qu'au Tout-puissant.

Les Indous, ainsi que les Perses, les Tartares & autres peuples voisins qui ont habité l'Indostan, depuis que Tamerlan ou Timur-Beg en fit la conquête, quoique d'une Nation & d'une religion différente, & que leurs loix & leurs manières ne se ressemblent pas, possèdent néanmoins au même point l'hospitalité, la politesse & l'adresse; ils sont, pour le rafinement & l'aisance, supérieurs à tous les peuples situés à leur Occident. Pour la politesse, l'air insinuant & l'affabilité, un Indien est aussi supérieur à un François du bon ton, qu'un homme de Cour François l'est à un Bourg-Mestre Hollandois de Dort (1). Le François a, à la vérité, un air très-aisé; mais cette aisance est accompagnée de familiarité, d'un air avanta-

_____

(1) La Ville la moins civilisée de toutes celles de la Hollande. *N. de l'Aut.*

geux & présomptueux. Les Indous, sur-tout ceux des plus hautes *castes*, ont un maintien encore plus aisé & plus libre qu'un homme de cour François; mais leur aisance & leur liberté sont pleines de réserve, de modestie & de respect. Le François est poli, parce qu'il croit qu'il est de son honneur de l'être; l'Indien, parce qu'il croit que c'est son devoir. Le premier est poli, parce qu'il se considère, l'autre parce qu'il vous respecte.

Leur taille est droite & élégante, leurs membres sont bien proportionnés, leurs doigts longs & bien faits, leur figure est ouverte & agréable, & leurs traits montrent dans les femmes les plus grandes marques de délicatesse & de beauté, & dans les hommes une espèce de douceur mâle; leur marche & leur port sont remplis de grace. L'habillement des hommes consiste en une robe qui leur serre le corps, semblable à celles de nos femmes, & en de larges caleçons, qui ressemblent aux jupons, & tombent jusques sur leurs pantoufles; les femmes qui paroissent en public ont des Shawls (1) qui leur couvrent la tête & les épaules, un collet court & qui leur ferre la taille, & des caleçons ferrés qui tombent jufqu'à la cheville du pied. Ainfi l'habillement des hommes leur donne aux yeux des Européens un air efféminé, tandis que les femmes ont en quelque façon un air mafculin ; telle eft l'influence de l'habitude & de la coutume fur l'opinion de l'homme, influence qui s'étend non-feulement fur les objets de goût, mais, comme l'obferve l'ingénieux Docteur Smith dans fa *Théorie des opinions morales*, fur des chofes plus importantes.

Plufieurs Tribus ou Caftes originaires des Indous, qui font la plupart les defcendans des Maures (2), ainfi que les

---

(1) Les Shawls, ou Châles, en prononçant à la Françoife, font des voiles de moufseline ou d'autre étoffe.

(2) M. M. — fe trompe ici. Les Indons ne defcendent point des Maures. Nous avons affecté ce nom de

émigrans de la Perse & des Provinces adjacentes qui se rendent en foule dans l'Inde, sont braves, intrépides, & de sang-froid dans le combat. Se servant des mêmes armes, & étant sous la même discipline, pourquoi ne se présenteroient-ils pas pour combattre avec des hommes de leur pays & de leur teint, quoique ces hommes combattent sous les auspices de nations étrangères ? — Ce dernier avantage peut sans doute être contrebalancé par la supériorité du nombre, & d'autres circonstances favorables qu'il est inutile de citer. C'est un sujet important qui mérite l'attention du public ; le peu d'importance qu'on y a attaché a occasionné les pertes les plus considérables dans le revenu, & les plus grands désavantages dans le commerce, & paroît

---

Maures aux Mahométans, & les Indous font une classe à part, quoique les individus se mêlent. Voyez une dissertation sur ce mot Maures, dans le Tableau de l'Inde Tome premier, pag. 375. *N. de l'Edit.*

même annoncer la ruine de la Compagnie *actuelle* des Indes Orientales.

De la différence qui exifte entre les caftes ou claffes du peuple de l'Inde, je parle des habitans originaires, il s'enfuit une différence dans l'éducation & leurs habillemens : cependant les claffes inférieures apprennent à lire, à écrire, & à compter ; on n'enfeigne point ces arts aux enfans dans une maifon, mais en plein air. C'eft un fpectacle fingulier & en même temps agréable, de voir dans chaque village un vénérable vieillard, courbé fous le poids des ans, s'occuper dans une plaine de l'éducation d'un grand nombre de jeunes gens, qui l'environnent & l'écoutent avec la plus grande révérence & la plus grande attention. Dans ces fimples Séminaires, où la magnificence des appartemens eft remplacée par le fuperbe fpectacle qu'offre la voûte du ciel, non-feulement on donne aux fils dociles des Indous quelque idée du commerce, mais on leur fait connoître les devoirs de l'homme, on leur inspire une profonde vénération pour l'objet ou les objets du culte religieux, du respect pour leurs père & mère, & pour leurs supérieurs, de la justice & de l'humanité envers tous les hommes, & une affection particulière pour ceux de leur propre *caste*.

La langue des Indous est belle, expressive, énergique. Ce peuple lit & parle d'une manière très-harmonieuse ; il observe, comme les Italiens, en parlant, une espèce de mesure. Il existe une langue morte, qui n'est comprise que par les savans du pays, c'est-à-dire les Prêtres. C'est dans cette langue, appellée *Sanscrit*, que sont écrits tous les ouvrages sacrés, comme nos livres sacrés sont écrits en grec & en hébreu. Mais je crois qu'on ignore si cette langue différoit dans l'origine de celle du pays, ou si elle est devenue inintelligible aux habitans par le changement qui est commun à toutes les langues vivantes.

Ayant

Ayant déjà remarqué que l'esprit des Indous est plutôt imitatif qu'inventif, j'ajouterai qu'ils sont naturellement moins curieux que les Nations Européennes; qu'ils ne varient pas leurs modes, & que c'est dans leurs harems seuls qu'ils aiment la nouveauté. D'après les caractères & les dogmes de ces peuples, & d'après plusieurs détails que nous en ont donnés des historiens anciens, il paroît plus que probable que les Indous ont conservé jusqu'à ce jour, la même espece d'habillement, de nourriture, d'ameublement, d'habitation, & les mêmes mêmes mœurs qui ont regné chez leurs ancêtres, il y a quelques mille ans ; c'est dans ce même esprit que les enfans conservent un attachement superstitieux pour l'état de leurs pères. Ces états sont en grand nombre: cette division & subdivision d'emploi, la grande quantité de castes depuis les *Bramines* jusqu'aux Pêcheurs, est, entre plusieurs autres, une preuve de l'antiquité du peuple Indou, & de ses progrès dans les arts. Il paroît bien singulier qu'il soit défendu aux classes différentes, non-seulement de s'allier par des mariages, mais aussi de manger l'une avec l'autre, ou des mêmes alimens.

Quoique les loix des Gentous, touchant les castes, leur éducation, leurs alimens, habillemens, mariages & emplois, soient regardées comme des dogmes religieux, cependant en les examinant, on verra que ce sont des institutions politiques très-sages & très-utiles (1), dont le but étoit de donner de l'autorité au gouvernement, d'assurer le pouvoir suprême aux Prêtres, & de conserver à la république diverses classes d'ouvriers, d'artistes, de laboureurs, guerriers & Prêtres. Les femmes sont fiancées dans leur tendre enfance, & les mariages sont

---

(1) Il ne seroit pas difficile de prouver que l'Auteur se trompe ici, & que l'Inde doit tous ses malheurs à cette division de Castes, & à cette hérédité des états. Mais cette dissertation seroit trop longue ici. *N de l'Édit.*

consommés aussitôt que les époux ont atteint l'âge de puberté, institution qui est nécessaire à la population; sans cette loi, elle seroit très-diminuée, parce que la religion de Gentous n'admet point de prosélytes, & écarte aisément du nombre de ses membres tous les êtres mal notés qu'on appelle le *rebut des castes*.

Les Gentous sont persuadés que les eaux des trois grands fleuves, le Gange, le Kistna & l'Indus, ont la vertu divine de purifier ceux qui s'y baignent, de toute souillure. Cette idée religieuse paroît être fondée sur un principe de politique; elle a pour objet d'empêcher les naturels d'émigrer dans des pays éloignés; car c'est un fait à remarquer, que les rivières sacrées dont je viens de parler, sont situées de manière qu'il n'est pas une partie de l'Inde où les habitans ne puisse se purifier de toutes leurs fautes. Le Gange, qui prend sa source dans les montagnes du Thibet, passe avec ses diverses branches, par les Royaumes du

Bengale, de Bahar & d'Orixa, & par les Provinces septentrionales d'Aoude, de Rohilcund, d'Agra, de Delhi & de Lahore. Le Kistna sépare le Carnate du Golconde, & passe par le Visapour dans les Provinces intérieures du Décan, & l'Indus, qui borne les Provinces du Guzurate, sépare l'Indostan des Etats de la Perse.

La nourriture des Indous est simple; elle est composée principalement de riz, de gui (ghee), qui est une espèce de beurre à moitié battu, de lait, de végétaux, & de différentes espèces d'épices de l'Orient, mais sur-tout celle qui est appellée *Chilly* dans l'Orient, & poivre vert ou de Cayenne dans l'Occident. La caste des Guerriers peut manger de la chair de chèvre, du mouton & de la volaille, avec lesquels on fait des *carryes* & des *pilaus* (1). Les autres classes supérieures

---

(1) Les carryes sont une espèce de fricassée de mouton, de volaille ou de poisson; la sauce est faite avec des végétaux séchés, qui sont particuliers à l'Orient, & d'excellent riz, bouilli dans très-peu d'eau,

peuvent manger de la volaille & du poisson, mais il est défendu aux castes inférieures de manger d'aucune espèce de viande ou poisson. Leur plus grand luxe consiste en l'usage des épices & parfums les plus recherchés, que les gens de condition emploient avec abondance. La richesse de leurs habillemens est proportionnée à leur état; leur pompe & leur suite consistent en un grand nombre de domestiques de différentes dénominations, qui les accompagnent dans toutes leurs visites & promenades, dans l'habillement de ces serviteurs, l'élégance de leurs palanquins, & les harnois de leurs chevaux, chameaux & éléphans. Il est inutile d'observer qu'en

---

& qu'on présente séparément dans une assiette ; on verse la sauce de la fricassée sur le riz, & on met ensuite la viande par-dessus. Le pilau est fait avec du fin riz de Patna, bouilli à sec, qu'on fait avec du gui, joint à diverses sortes d'épices, & sur-tout du cardamon, qu'on apporte dans un grand plat, & sous le riz, est une volaille bouillie, ou un morceau de chevreau ou d'agneau. *N. de l'Aut.*

raison de ce grand nombre de rangs différens, les Indous ont la plus grande idée de la subordination, & qu'ils ont pour leurs supérieurs le même égard & respect qu'ils attendent de leurs inférieurs.

Leurs maisons occupent un terrein considérable, & elles renferment de grandes galeries & des commodités de tout genre. Les appartemens sont petits & les meubles ne sont pas élégans; il faut en excepter les riches tapis de Perse. La magnificence de leurs palais consiste en bains, parfums, temples, idoles & harems. Les *harems* ou *zenanas*, c'est-à-dire la demeure des femmes, sont situés dans l'intérieur de la maison, & ne sont éclairés que par un quarré qui se trouve au centre du bâtiment. Les ajustemens des femmes sont d'une très-grande richesse : elles portent des joyaux aux doigts & autour du cou, ainsi qu'à leurs oreilles & aux narines; elles ont des brasselets non-seulement aux poignets, mais au-dessus du coude, & jusques sur la cheville des pieds.

Il est une classe particulière de femmes qui ont la permission de se prostituer publiquement; ce sont les fameuses danseuses. Leurs gestes sont aisés, leurs attitudes remplies de grace; elles sont d'une forme délicate, ornées d'une maniere bisarre, & couvertes de parfums. Leur danse respire la volupté, & elles savent l'inspirer aux spectateurs par leurs pas & leurs gestes lascifs.

Leurs institutions civiles touchant la division & la sûreté des biens, & la police intérieure du pays, étoient autrefois fondées sur des principes de la politique la plus saine & la plus sage, & étoient propres à procurer le bonheur de toute la nation, ainsi que des castes particulières; mais les innovations qu'ont apportées les conquérans & usurpateurs dans plusieurs cas, sur-tout dans la possession des biens-immeubles qui étoit originairement d'une nature féodale, ont détruit l'harmonie de l'ancienne constitution, & rendu la propriété & la liberté personnelle plus précaires, moins déterminées, & plus exposées aux chicanes & aux vexations.

Quoique de tous les mortels les Indous, soient les plus paisibles, cependant leur humanité consiste plus à s'abstenir des outrages qu'à faire de bonnes actions. Il y a dans leurs loix, comme dans leurs mœurs, une douceur prodigieuse qui est le produit de leur caractère. Le meurtre d'un homme ou d'une vache sont les seuls crimes qu'ils punissent de mort. Cependant, avec ce caractère de douceur, ils sont, pour les vertus de compassion & de générosité, bien inférieurs aux Européens, avec tous leurs vices. Ils manquent de cette tendresse qui est la partie la plus aimable de notre nature. Il n'est pas de Nation qui porte à un si haut degré l'insensibilité pour le malheur, les dangers & les morts accidentelles des uns & des autres. Cependant ils aiment à l'excès; ce qui est une preuve ou de l'inconséquence de leur caractère, ou que la passion de l'amour n'appartient pas à la plus noble partie de notre être.

Cette insensibilité des Indous me parut un phénomène bien surprenant. Peutêtre le despotisme que les Mogols exercent depuis si long-temps chez eux, en familiarisant les esprits avec l'aspect fréquent de la mort, l'a-t-elle dépouillée à leurs yeux de toutes ses terreurs ; peutêtre ces idées de prédestination & de destin irrésistible qui sont répandues dans toute l'Asie & sous tous les Gouvernemens despotiques, préparent-elles les esprits à se résigner à tous les événemens. Un Anglois causoit avec un Indou, lorsqu'un tigre, s'élançant d'un bois touffu, emporta un petit garçon, le fils d'un de ses voisins. L'Anglois frissonnoit d'horreur lorsque l'Indou étoit tranquille : quoi ! dit le premier, êtes-vous insensible à une scène aussi horrible ? — Le grand Dieu l'a voulu ainsi, répondit froidement l'Indou. Quelle que soit la cause de cette indifférence pour la mort, il est certain qu'il n'est point de contrée sur la terre où elle soit portée à un si haut degré. L'origine & le but de toutes choses, disent les Philosophes de l'Inde, est *le vuide*. — L'état de *repos* est l'état de la plus grande perfection, & celui que doit souhaiter le sage. Il vaut mieux, dit l'Indou, s'asseoir que marcher, dormir que veiller; mais la mort est la meilleure de toutes les situations.

Selon les loix des Gentous, les criminels condamnés à mort ne doivent pas être étranglés, ni étouffés, ni empoisonnés; mais ils doivent périr par l'épée; parce qu'ils croient que sans une effusion de sang, les criminels conservent tous leurs souillures après la mort; mais qu'en répandant leur sang, on expie leurs crimes. La punition injuste de *Nundcomar* (1), qui fut pendu sur un gibet, contre les

---

(1) Il en sera question ci-après.

loix de son pays, & même par une loi Angloise postérieure au crime, fut aggravée aux yeux des Indous par cette circonstance affreuse, qu'il mourut sans effusion de sang.

Les Indous connoissent bien la nature des simples, & savent les employer avec succès dans les maladies qui n'exigent point d'amputation, ou pour effectuer la mort par des poisons subtils ou lents. Depuis plusieurs siècles, ils innoculent la petite vérole : à cette occasion, comme dans plusieurs autres, ils ont recours à des enchantemens ou des sortiléges.

La coutume qu'avoient les femmes Indousés de se brûler sur le bûcher de leurs époux, & de périr en serrant leurs cadavres entre les bras, n'est pas si générale qu'autrefois ; cependant elle existe encore parmi quelques femmes de la plus haute condition dans la première caste. Quoique cet effort d'amour, de courage & d'ambition frénétiques, soit regardé comme un honneur par la famille & les parens des deux époux, mais sur-tout de la femme, cependant leurs parens & amis s'efforcent de dissuader les femmes de cette résolution de *se brûler*. Les Bramines même n'encouragent pas cette coutume.

Voici, je crois, les motifs qui engagent les femmes des Indous à prendre cette affreuse résolution :

D'abord, comme l'épouse est fiancée à son mari dès sa plus tendre enfance, & que dès-lors on ne lui a jamais permis de voir aucun autre homme; comme on lui fait croire qu'il est très-accompli, & qu'on lui apprend à le respecter & à l'honorer; comme après la consommation, elle est éloignée de la compagnie, de la conversation & de la vue des autres hommes, avec plus de soin, s'il est possible, qu'auparavant, car elle ne peut alors voir ni le père, ni même le frère aîné de son mari, les liens de son affection doivent être d'une force inconcevable, & ne peuvent-être rompus. Une

Européenne regarde naturellement le *Zenana* comme une horrible prison ; mais les Asiatiques ne regardent point ce séjour comme une peine : concentrées dans le *Zenana*, elles le regardent comme une condition de leur existence, & elles y goûtent tout le bonheur dont elles peuvent se faire une idée ; tous leurs desirs se bornent à leurs maris, leur nourriture, leurs joyaux & leurs esclaves.

2°. Si la femme survit à son mari, elle ne peut se remarier, & est traitée comme une personne d'une classe inférieure, comme le rebut de sa famille. Outre cela, elle est obligée, dans son malheureux veuvage, de faire toutes les fonctions d'une domestique.

3°. Elle est flattée de l'idée qu'elle va immortaliser son nom, élever ses enfans, sa famille & celle de son mari.

Enfin, on la rend insensible aux douleurs qu'elle doit endurer, par des parfums & des boissons enivrantes qu'on lui fait prendre lorsqu'elle a fait connoître sa dernière résolution. — Je dis sa dernière résolution, parce qu'il ne suffit pas de faire voir une ou deux fois son intention de mourir avec son époux ; on met à l'épreuve la force de sa résolution. La loi des Gentous fixe un certain temps pendant lequel sa famille, ses amis emploient tout leur crédit pour l'empêcher de se brûler ; si elle persiste dans sa résolution au-delà de cette période, ce seroit violer la loi, que d'essayer davantage de les lui faire abandonner. Si après ce temps, elle changeoit son dessein, elle seroit rejettée de toute les *castes*, & vivroit dans l'état le plus misérable. Si un Européen ou un Chrétien touche seulement sa robe avec son doigt, lorsqu'elle dirige ses pas vers le bûcher, on fait aussitôt cesser la cérémonie, & elle est forcée de vivre comme le rebut de sa famille & de la religion des Gentous.

Vous serez sans doute curieux, mon ami, de savoir comment un sexe si délicat, chez un peuple doux & efféminé, soutient l'approche d'un spectacle si terrible. Entourée de ses parens & amis défolés, la victime volontaire de l'amour & de l'honneur paroît seule tranquille & intrépide. Un sourire agréable couvre son visage ; elle marche d'un pas lent, mais ferme ; parle à ceux qui l'entourent des vertus du mort, & de la joie qu'elle ressentira lorsque son ombre rencontrera la sienne; & engage les spectateurs attendris à supporter courageusement la vue des souffrances qu'elle va bientôt éprouver. Lorsqu'elle est montée sur le bûcher fatal, elle se couche à côté du corps de son mari, qu'elle serre fortement entre ses bras ; on lui donne ensuite, pour la dernière fois, une dose de boisson assoupissante, & aussitôt on met le feu au bûcher.

Ainsi la plus forte résolution dont nous puissions nous former une idée, se trouve dans le sexe le plus foible, & dans les climats chauds de l'Asie. Il est honorable pour ce sexe & ces régions, que le plus grand courage qu'ils montrent ne soit pas l'effet de la colère ou de la vengeance, mais de l'honneur & de l'amour.

Un Européen est naturellement porté à croire, que les femmes d'un homme (car la poligamie est permise dans toute l'Asie) se voient avec une jalousie & une aversion mutuelle; & ce fait a été attesté par des écrivains très-célèbres. Cependant il en est tout autrement: elles se voient avec la plus grande amitié, ou, du moins, beaucoup de cordialité; & si elles sont de la même *caste*, elles mangent de temps en tems ensemble. Le mari ne mange pas avec ses femmes par égard aux coutumes, ou, comme me l'ont dit plusieurs Gentous, par un précepte de leur religion.

Malgré l'antiquité extrême de presque toutes les Nations Indiennes, j'ai entendu dire que dans l'Inde, au-delà du Gange, sur les confins de l'*Aracan* ou du *Pégu*, il existe un peuple (si des Sauvages solitaires, errans dans des bois pour chercher

cher une proie, méritent le nom de peuple) qui paroît être dans l'état primitif de la société. C'est le seul peuple du monde connu qui soit tout-à-fait nud, & qui n'ait pas le moindre vêtement sur aucune partie du corps. Il vit des fruits qui croissent spontanément & en abondance dans les déserts incultes qu'il habite, & de la chair d'animaux qu'il déchire tout vivans, & dévore cruds. Ces Sauvages s'asseoient sur leurs jarrets, & ploient leurs bras & leurs jambes comme les Singes. Lorsqu'ils voient un homme, il s'enfuient dans leurs bois ; ils ont soin de leurs enfans, & vivent en famille ; mais ils paroissent n'avoir aucune idée de la subordination des rangs ni du Gouvernement civil. Je n'ai jamais été à portée de voir cette race d'hommes ; mais je me suis entretenu avec plusieurs personnes qui les ont vus ; elles sont toutes d'accord dans les détails qu'elles en donnent.

LETTRE XXXII.

A. J. — M. — Esqr, à Londres.

Calcutta, ce 5 Septembre 1779.

MONSIEUR,

JE me suis enfin déterminé à partir le plutôt possible pour l'Europe. J'ai obtenu la permission de m'embarquer comme passager dans le paquebot le Swallow, qui a ordre de mettre à la voile depuis le mois de Juillet. Je n'ai pas voulu laisser échapper l'occasion de voir *Suez* & le *Grand-Caire*. Il est probable que je serai le porteur des premières dépêches de la Compagnie. Cette lettre ira avec son duplicata en Hollande par des vaisseaux Hollandois.

Dans deux lettres datées de cette ville, l'une du 20, l'autre du 28 Septembre, j'ai tâché de vous donner l'idée des avantages que tireroit la Grande-Bretagne, par un système de politique sage & généreux, des naturels industrieux & du sol fertile de l'Indostan.

Mais pour combattre les idées avantageuses que j'ai exposées dans ces lettres, on pourroit observer que le commerce de la Compagnie dans l'Inde se fait en Europe avec une perte considérable, & que les marchandises non manufacturées, & les cotons & soieries de l'Inde sont si chers, qu'il est impossible de les vendre avantageusement. Ce raisonnement paroît plausible à ceux qui ne connoissent point l'Inde : cependant il n'est pas juste. Comment les François, qui depuis quelques années ne commercent avec l'Inde que par le canal des Anglois, ont-ils pu vendre les marchandises non manufacturées & manufacturées du Bengale, & de la côte de Coromandel, à l'enchere publique de l'Orient, avec un gain de 25 à 40 pour cent pour l'importeur, quoique ces marchandises soient chargées d'un fret considérable, de droits royaux, de droits du Fermier, de l'Indult, l'assurance, les commissions & plusieurs autres frais considérables qui montent en tout depuis 26 jusqu'à 31 par cent ? Comment arrive-t-il que les denrées de l'Inde, importées par des commerçans libres, Danois & Portugais, leur ont procuré de grands gains, quoique ces commerçans soient sujets à plus de droits que la Compagnie de leur Nation, & quoiqu'ils soient exposés à plus de pertes par le défaut de consommation intérieure & la nécessité d'exporter chez l'étranger ? Les Compagnies de Danemarck & de Portugal, ainsi que celle de la Hollande, gagnent dans leurs ventes, lorsqu'elles ne paient que les frais auxquels les denrées sont sujettes ; mais les deux premières n'ayant point de revenus territoriaux, leurs gains sont bien diminués par les dépenses nécessaires aux établissemens civils & militaires.

Il y a lieu de croire que la Compagnie Angloise n'est pas si active qu'elle devroit l'être, pour remédier aux abus qui la forcent de porter ses denrées à un prix disproportionné. La plus grande erreur a pris son origine dans l'Indostan; elle y existe encore. Trompés d'abord dans les informations qu'on leur donna sur l'Inde, les Directeurs se conduisirent en conséquence; &, oubliant les sentimens qu'ils avoient auparavant soutenus par les raisonnemens les plus forts, ils adopterent les maximes les plus nuisibles à l'intérêt de la Compagnie; maximes qui ont engagé leurs serviteurs perfides & rapaces de l'Inde, à concerter les moyens de diminuer la valeur & de hausser le coût de plusieurs articles qui composent le commerce général de l'Inde. Le monopole des denrées manufacturées, de l'opium, du bétel, du tabac, du sel & du riz, (articles qui depuis long-temps occupoient l'industrie & le génie de la Nation) fit naître des oppressions abominables & des exactions affreuses. Ces monopoles ont, à la verité, enrichi quelques individus, favorisés & protégés ; mais ils ont entraîné dans l'inaction & la misere un grand nombre de laboureurs, artisans & manufacturiers, & ils ont haussé le prix des nécessités de la vie, & dépeuplé considérablement le pays. Le nombre des artisans & manufacturiers étant diminué, & les demandes pour les denrées étant toujours aussi considérables, la qualité des marchandises devint nécessairement inférieure ; car on vouloit les expédier aussi promptement ; d'un autre côté, le prix haussé des provisions & des autres nécessités faisoit hausser celui de la main-d'œuvre. Tel fut le premier échec qu'essuyerent le commerce de la Compagnie, la population, & par conséquent la culture de ses possessions.

Un autre abus se glissa parmi les Chefs Européens subordonnés. L'avarice les engagea à profiter de leur emploi, pour réunir des agences, & prendre à leur propre compte des denrées crues ou manufacturées. Ainsi il étoit de plus en plus de leur intérêt d'avilir la qualité des denrées qu'ils achetoient. Car tandis que le manufacturier recevoit un prix modique, proportionné à la médiocre quantité de sa marchandise, le prix de la vente étoit toujours reglé sur son ancien tarif. Ainsi, toute la perte fut pour la Compagnie, & l'industrieux commerçant privé; & la Compagnie s'en ressentit d'autant plus que cette perte fut suivie d'un grand nombre de frais extraordinaires. — Mais il étoit réservé au Conseil du commerce, établi en l'année 1774, de compléter ce système odieux, en contractant, par des motifs d'affection, peut-être d'intérêt, pour les différens articles qui composent le commerce de la Compagnie, moyennant des conditions qui ont haussé le prix depuis vingt-cinq jusqu'à quarante par cent, & ont avili la qualité des marchandises, à proportion de l'augmentation de leur prix.

Ces allégations peuvent être appuyées sur une foule de faits & de circonstances, qui forment une chaîne de preuves qu'on ne peut attribuer à la subornation, & qui conséquemment ne peuvent être rejettées. Car on sait que depuis quelques années, des étrangers & des négocians privés, ont été dans le cas d'acheter plusieurs espèces de denrées, de la même qualité que celles de la Compagnie, depuis trente jusqu'à cinquante par cent, meilleur marché qu'elles ne sont portées sur les factures de la Compagnie. On sait que les Membres du Conseil du commerce, qui n'ont que 1500 livres par an, & le Président qui n'a que 2000 livres, sans aucun profit ni émolument, ont cependant amassé des fortunes très-considérables, quoiqu'on sache aussi, qu'il y en avoit bien peu qui fussent riches avant l'institution du Conseil. On sait que les *contracteurs*, sous les auspices du Conseil du commerce, se sont retirés en très-peu de tems avec des fortunes immenses, après avoir cédé leurs contrats aux naturels, qui se sont enrichis également avec une rapidité iucroyable. Aujourd'hui même il n'eſt pas de voie plus prompte pour acquérir des richeſſes dans l'Inde, que la faveur d'un de ces contrats : car outre que les conditions ſous leſquelles ils ſont faits, ſont toujours très-avantageuſes pour le contracteur, ils préſentent mille moyens de commettre des extorſions & des exactions impunies.

Depuis l'établiſſement de ce Conſeil immaculé de commerce, en Octobre 1774, juſqu'au tems où l'exportation ſera complette pour 1781, on peut être ſûr que tous les achats de la Compagnie, en y comprenant la dernière perte occaſionnée par le feu à Calcutta, ont monté à 746 lacks, 8,297 roupies courantes ; ſur quoi la Compagnie a été trompée par l'augmentation du prix & le rabaiſſement de la qualité des denrées, d'au moins 33 $\frac{1}{3}$ par cent. Ainſi, le commerce de la Compagnie a, dans cette période, eſſuyé une perte de 24,863,432 roupies courantes; ce qui fait, en évaluant la roupie à deux schellings, 2,468,943 livres sterlings.

Par les observations précédentes, il paroît que les pertes qu'éprouve actuellement la Grande-Bretagne dans ses ventes, sont occasionnées, non en fournissant trop abondamment le marché de l'Europe, mais uniquement en haussant le prix des denrées de l'Inde, & en avilissant leur qualité. Ces circonstances ont d'ailleurs augmenté le fret d'au moins douze & demi par cent, au-dessus de l'ancien prix des marchandises, lors même qu'elles avoient une meilleure qualité: en sorte que la perte qu'a supportée la Compagnie des Indes Orientales, dans l'espace de sept ans, par la perfidie & la rapacité de ses serviteurs, peut être évaluée d'après un calcul modéré, à trois millions de livres sterlings.

Les Législateurs de la Grande-Bretagne & la Compagnie des Indes Orientales, ignoroient sans doute ces abus & ces fourberies infâmes qui se commettoient dans l'Inde, lorsqu'ils établirent le Conseil du commerce; car s'ils en avoient été informés, ils auroient sûrement mis des bornes plus resserrées à son pouvoir. Cependant, les instructions des Directeurs au Gouverneur général & au Conseil, qui accompagnoient la commission générale, donnoient une entière autorité, par les articles 17, 18°, 19, 20, au Conseil suprême, de forcer le Conseil inférieur à faire son devoir. Mais il existoit sans doute une connivence entre les anciens Membres des deux Conseils, autrefois Collegues, qui provenoit d'une intérêt semblable. En essayant de forcer le Conseil inférieur à être attentif à son devoir, on auroit fait des découvertes qu'on redoutoit, & on auroit aussi traversé les mesures qu'avoient projettées des hommes ambitieux & avides d'or, avidité qui fait plus de ravages dans l'Indostan, que la maladie du foie sur les tempéramens des Anglois (1). Le Conseil du commerce a porté son audace à un degré si éclatant, qu'un de ses Membres très-élevé eut la hardiesse de menacer un Officier distingué du Conseil, de le renvoyer de son emploi, s'il continuoit de faire des visites fréquentes à un Membre de l'autre Conseil, dont l'intégrité étoit regardée comme incorruptible. Sans doute que cette menace fut occasionnée par la connoissance qu'il avoit de son crime, & la crainte que lui inspiroit la probité de l'Officier & du Conseiller supérieur.

D'après ce que j'ai avancé dans les lettres que je vous ai fait parvenir, & d'après les faits incontestables que j'ai cité dans celle-ci, j'espere, mon ami, que vous ne balancerez pas à conclure avec moi que

---

(1) Les Anglois dans l'Indostan sont généralement tous sujets à la bile, qui tombe presque toujours sur le foie, & cause une maladie dangereuse.

les acquisitions de la Grande-Bretagne dans l'Inde, sous une sage administration, produiroient un revenu bien plus considérable, & une exportation bien plus étendue, que ceux qu'elles ont procurés jusqu'à présent; & que les intérêts de la Compagnie des Indes Orientales & de la Nation Angloise, ont été sacrifiés à l'infidélité, à la rapacité & à l'oppression.

Je suis, &c.

LETTRE XXXIII (1).

A J— M.—, Esqr, à Londres.

Calcutta, ce 8 Octobre 1779.

Depuis que les Anglois sont maîtres du Bengale, ils n'ont cessé d'en exporter une quantité immense de métaux ; & c'est une grande faute en politique. Car c'est là, plus que dans tout autre pays du monde, qu'ils sont nécessaires à l'encouragement de l'industrie & des arts ; & ceux qui y importent l'or & l'argent nécessaires pour la consommation du pays, sont les meilleurs amis de leur patrie, pourvu que la balance de com-

---

(1) Je suprime la partie de cette lettre qui ne contient que des répétitions, & je ne conserve que les faits & raisonnemens intéressans. *N. du Trad.*

merce qui est en leur faveur, soit en dernier ressort liquidée en argent.

Estimons le revenu total de la Compagnie à trois millions de livres sterlings par an; supposons que la moitié de cette somme reste en circulation, pour subvenir aux frais du Gouvernement civil & militaire; que l'autre moitié passe en Angleterre, dans les achats du Bengale, & en argent, pour acheter les marchandises de la Chine, de Bombay & de Bencoulen, indépendamment de la valeur des importations de l'Europe, & des billets tirés sur les Directeurs; supposons que du million & demi qui reste en circulation, les serviteurs de la Compagnie en envoient chaque année un tiers dans leur patrie, comme leurs acquisitions particulières, en marchandises solides, c'est-à-dire, en or, en argent, & pierres précieuses; il s'en suivra que deux millions sont exportés chaque année, pour lesquels il ne revient dans l'Inde aucun équivalent. Ajoutons que le quart de cette somme est en métaux impérissables, & dont la source n'est pas inépuisable, dont la circulation eût ranimé les manufactures, le commerce, l'agriculture, & l'industrie en tout genre. La consommation de marchandises périssables, exportées dans un commerce permis, est un grand avantage pour un pays rempli de manufactures, parce qu'elle assure des demandes continuelles pour chaque année. Mais l'exportation des objets non périssables, & qui ont une valeur fixe, fût-ce même en échange pour des marchandises périssables, tend à fermer toutes les voies de la circulation, à moins que les objets non périssables ne soient le véritable produit du pays, & que la source n'en soit inépuisable.

Dans ma première, j'essayerai de prouver que l'argent monnoyé & non monnoyé, à présent en circulation dans les établissemens Européens, dans l'Indostan, est si peu considérable, qu'ils sont menacés des événemens les plus funestes, si on ne prend pas promptement des mesures pour prévenir les abus qui épuisent de métaux cette contrée.

Je suis, &c.

LETTRE XXXIV.

A J. — M. — Esqr.

Calcutta, 1779.

IL seroit inutile de faire des perquisitions pour savoir la quantité d'argent qui circule dans le Bengale. L'homme le plus intelligent ne pourroit pas même tirer une conjecture sur ce sujet. Le grand nombre d'hôtels des monnoies, les différentes valeurs qu'elles ont indépendamment de leur valeur intrinsèque, joints aux ruses des Shroffs, Banians & Circars (1), rendront toute recherche de ce genre, même sous les auspices du Gouvernement, difficile dans la marche, & incertaine dans son résultat.

Bien des personnes croient qu'il y a encore dans le Bengale une grande quantité d'espèces; elles fondent cette opinion sur l'étendue apparente de la circulation dans cette contrée, sans songer que le déclin de l'argent se manifeste le plus fortement, par la décadence rapide du commerce, qui exige une plus petite quantité d'espèces pour fournir aux demandes. Le commerce est une plante spontanée d'une nature trop délicate pour pouvoir supporter la contrainte, & qui ne peut exister sans la douce influence de la liberté, liberté qui ne peut régner dans les affaires relatives au commerce,

---

(1) Les Banians sont des Courtiers du pays, les Shroffs sont les Banquiers, & les Circars sont les Clercs ou Ecrivains.

sans une grande circulation de quelque signe de valeur marqué par l'autorité publique.

L'idée qu'on a conçue généralement de la grande quantité d'argent qui circule dans le Bengale, est fondée principalement sur le calcul des sommes exportées de l'Europe, depuis la première découverte des mines du Mexique & du Perou. Mais malgré cette exportation de monnoies de l'Europe, & quoique de nouvelles conquêtes vers le Nord, surtout des Provinces des Rohillas, en 1773, aient fait circuler dans les établissemens de la Compagnie Angloise des Indes Orientales de nouveaux fonds, cependant, la disette fut plus considérable de ce côté, que les sources d'où on les avoit tirés, ne furent abondantes.

Les Provinces des Rohillas, soumises par les armes de la Compagnie, furent tout à la fois, exposées à l'avarice & à l'oppression des Anglois, & à la tyrannie de Sujah-ul-Doula. Les Conquérans s'emparerent des richesses & des tréfors de ce pays, & les habitans furent forcés d'abandonner leur patrie, & de chercher un afyle dans le fein d'autres ennemis, plus politiques & moins barbares que ceux qu'ils fuyoient. Le pillage que firent les Anglois, ou des perfonnes qui agiffoient fous leurs aufpices, fut eftimé à un million fterling; & celui de Sujah-ul-Doula étoit certainement plus confidérable. Ainfi plus de deux millions fterlings vinrent de Rohilcund dans le royaume de Bengale, & furent bientôt engloutis dans ce goufre.

Il eft certain que depuis, il eft forti du Bengale, des fommes qui excedent le pillage du Rohilcund, fommes qui n'y retourneront probablement jamais. Il eft encore moins probable qu'on y renvoie l'argent annuellement exporté à la Chine, à Bombay, à Madras, Bencoulen, chez les Marattes, à Java, Cachemire & autres lieux intérieurs. En 1738, Nadir-Scha emporta de Delhi, tant en efpèces, qu'en ornemens massifs, vaisselle, lingots, la valeur d'environ quarante millions sterlings; somme plus considérable que la moitié de l'argent non monnoyé que les Européens avoient, avant cette époque, importée dans l'Indostan, depuis la première découverte des mines de l'Amérique. Cossim-Aly-Can emporta en 1764, un trésor en espèces, peut-être égal au quart ou même au tiers de toute l'espece alors en circulation dans le Bengale & le Bahar. Le vuide occasioné par le défaut d'importations ordinaires de l'argent en lingots, & par l'exportation de l'argent, fut pendant dix ans, depuis 1757, jusqu'en 1766, de plus de huit millions. Depuis cette année, d'après une estimation modérée, il paroît que la Compagnie & les Commerçans particuliers qui trafiquent sous la constitution Angloise dans l'Indostan, ne peuvent pas avoir exporté dans la Chine, tant en argent monnoyé qu'en lingots, moins de sept millions. La dernière guerre avec

Haïder-Ally, & la guerre actuelle avec les Marattes, ont coûté plus de trois millions d'argent courant du Bengale. Soit par ignorance ou mauvaise foi, ce Royaume s'est trouvé soumis à une balance de commerce à son désavantage, avec la côte de Coromandel, de Malabar & de Guzarate, balance qui a été liquidée en argent. Elle en paye aussi fréquemment une autre aux Hollandois de Batavia, pour le sucre, l'arack, & les épices. Son opium n'a point été assez bien cultivé, pour lui procurer, comme il auroit pu le faire, une branche de commerce avec d'autres Nations Orientales; & depuis la chûte des diamans en Europe, qui fut occasionée par la découverte des mines du Brésil, la quantité d'or & d'argent qu'ont envoyé, comme remises, les serviteurs de la Compagnie dans leur patrie, la quantité dis-je, en a été immense. Depuis quinze ans, il n'y a eu que très-peu d'argent, & point du tout d'or, importé de l'Europe, & très-peu d'or de l'Orient; le commerce des golfes Arabibe & Persique n'a point été conduit ni encouragé de manière à en tirer les secours réguliers d'or & d'argent qu'ils fournissoient autrefois. Dans le fait, il n'y a eu que très-peu d'or monnoyé dans le Bengale, pendant cette période.

La quantité d'especes monnoyées doit avoir été autrefois d'une immensité inconcevable; mais ces épuisemens continuels en ont réduit la quantité à une somme médiocre.

La terreur qu'inspire la tyrannie, universellement exercée en Asie, peut à la vérité avoir engagé les habitans de l'Indostan à cacher leurs trésors sous terre; mais l'on peut croire que leurs successeurs ont fouillé la terre pour profiter de ces trésors, & que leurs découvertes ont fourni pendant quelque tems aux besoins d'un commerce expirant; mais sûrement cette source, si elle n'est point purement imaginaire, ainsi que le capital qu'elle a produit, doivent être presqu'entièrement épuisés. Les Asiatiques convertissent généralement leurs richesses en joyaux qui forment les quatre cinquièmes de leurs trésors. D'après ces faits, nous pouvons conclure, avec un grand degré de probabilité, que la quantité d'argent en circulation, avant la domination absolue des Anglois dans le Bengale, n'a jamais pu être aussi considérable que plusieurs personnes se sont imaginé.

L'état florissant de l'agriculture & des manufactures, le haut intérêt de l'argent, & la valeur fixée de l'argent en lingots avant que les sommes immenses qu'on a exportées depuis quelques tems, furent enlevées à la circulation, démontrent clairement, que la quantité d'argent en circulation n'a jamais excedé celle qu'exigeoient les affaires générales de commerce. Car on a toujours observé, que dans tous les pays commerçans où l'argent en circulation excédoit les besoins du commerce, sa valeur nominale baissoit par degré jusqu'au prix du marché des métaux purs qu'il contenoit, & souvent au-dessous de ce prix, ce qui baissoit considérablement la valeur des métaux.

Telle est l'influence du préjugé : la diminution de la valeur des monnoies est moins perceptible dans l'estimation des monnoies réelles ou imaginaires, que dans l'augmentation du prix des marchandises contre lesquelles elles sont échangées. Si la diminution de la quantité des monnoies n'a pas produit cet effet dans l'Inde, c'est parce que le prix des marchandises du pays, & des denrées convenables au commerce étranger, a été soutenu avec perfidie par des contrats pernicieux, combinés uniquement pour enrichir quelques individus en quelque emploi élevé ou en grande faveur, aux dépens de leurs commettans, & des naturels appauvris. D'après ces contrats, toute espèce de denrées pour l'exportation, & un grand nombre pour la confommation du pays, paffent par les mains de plufieurs agents, en forte que le premier prix de plufieurs articles eft double, avant qu'il reçoive le fceau de la Compagnie dans fes magafins d'exportation. Il eft encore une circonftance qui contribue à empêcher que les fuites fatales de la rareté de l'argent en lingots, ne foient vivement fenties par les Anglois; c'eft que les monnoies en circulation font devenues par néceffité, une marchandife de commerce, dont les Européens de l'Inde fe font fervi pour faire paffer leurs profits en Europe. Pour les Indiens, ils ne les ont pas fenties, parce que les manufactures étant négligées, il faut une quantité d'argent moins confidérable pour la circulation. Il y a long-tems que les maux dont menaçoit la diminution de la quantité des monnoies, fe feroient fait fentir, fi le commerce, l'agriculture & la population n'avoient baiffé à un degré encore plus considérable. Par des exportations répétées d'argent, on a avancé le jour fatal qui ruinera la Compagnie des Indes Orientales, après avoir épuisé le peuple qu'elle avoit conquis, qu'elle n'a ni la sagesse ni la force de gouverner.

Dans cette situation critique, dont le danger n'en est probablement que plus grand, parce qu'il n'est pas connu, on peut encore trouver un remede simple & efficace, dans sa nature, quoique ceux qui ont adopté des maximes asiatiques, ou quoique les Gomastahs (1) intéressés, & les Banians rusés ne l'avoueront pas.

Qu'on établisse des marchés pour les productions de l'agriculture & des arts; qu'on fixe un étalon pour les monnoies, & qu'on supplée au déficit des métaux précieux par des billets de banque. La

---

(1) Les Gomastahs sont une espece de Courtiers du pays.

foi & le crédit du Gouvernement, étant engagés pour les soutenir, contribueront, comme les fonds publics de la Grande - Bretagne, à régénérer cette malheureuse contrée.

Les dépenses qu'occasionne la collection des revenus, en consomment une grande partie (1), accable le Zemindar ou rentier, oppriment le ryot ou sous-tenancier, qui sont également trompés dans le change des monnoies; mais le dernier est toujours chargé du fardeau de la différence du change, des dons & de l'argent que le Zemindar est forcé de prodiguer pour gagner les Chefs, Collecteurs, & leurs harpies sans nom-

---

(1) En 1772 on a démontré, par un calcul incontestable, que la proportion du vrai revenu de la Compagnie, aux revenus chargés de la perception, étoit comme $17 \frac{1}{2}$ à $22 \frac{1}{2}$. Le surplus de 5 dans $22 \frac{1}{2}$ ou $22 \frac{2}{3}$ par cent, est absorbé par les frais de la perception. Le revenu net étant estimé à $3 \frac{1}{2}$ millions, le revenu entier monte à $4 \frac{1}{2}$ million; on emploie donc un million en frais inutiles.

bre, connus sous la dénomination de subalternes ou de serviteurs.

En gravant une valeur fixe & générale sur les monnoies, & en donnant une valeur effectuelle aux billets, on mettra fin à ces terribles abus qui ravagent le Bengale, & on donnera aux Collecteurs Zemindars, & commerçans, la possibilité de payer leurs rentes & leurs taxes, de faire leurs remises à la Métropole, & de place en place, sans frais, sans risque & sans crainte de l'oppression qui accompagne la manière actuelle d'exporter, & des exactions injustes & usuraires sur les billets des Shroffs (1).

En ouvrant un canal pour les remi-

―――――――――――――――

(1) L'argent qu'on déposera nécessairement dans la banque, sera, en cas d'invasion ou de révolution intestine, de la plus grande utilité, & contribuera avec le papier en circulation, à assurer l'attachement & la fidélité des habitans, par des motifs d'intérêt personnel.

les particulières faites à l'Europe (1), on procureroit de très-grands avantages à la Compagnie, à la Nation Britannique, & un plus grand nombre encore à l'Inde. On pourroit ouvrir plusieurs canaux de cette nature, sans rompre la ligne qui sépare le commerce exclusif de la Compagnie du commerce particulier.

A ces projets de réforme, je pourrois en joindre d'autres ; mais ce que je dis suffit pour donner une idée du bien qu'on pourroit faire.

Des particuliers qui ont demeuré long-tems dans l'Inde, assureront probablement, qu'il est impossible d'introduire quelque coutume dans ce pays, qui contrarie une coutume établie, & qui occupe une caste aussi riche que celle

---

(1) La Compagnie a enfin pris ce parti, cette année 1785, & certes elle y gagnera, & nuira d'autant aux Compagnies & aux Négocians & étrangers. *Note de l'Editeur.*

des Circars, dont les Banians & les Shroffs, font prefque tous partie. Ceux qui adoptent cette opinion ne réflechiffent pas affez fur la nature de l'efprit humain, qui eft d'une difpofition fouple & flexible ; foit par l'influence de la crainte, de l'amitié ou de la néceffité, il fe plie fans beaucoup de difficulté, à toutes les circonftances & fituations. Outre cela, la manière actuelle de négocier le change & le cours des monnoies, n'eft point affez ancienne pour être devenue une coutume conftante & invariable du pays. Les plus grands Banquiers & Négociateurs d'argent de l'hemifphere Oriental, les Seats ou Sets de Mouxadabad d'un état & d'une origine peu élevés, ont été les fondateurs du pernicieux fyftême actuel, dont l'origine ne peut remonter à une époque plus éloignée que 1720. Et d'ailleurs, on fait que le Roi, ou fes Nababs, pourroient, feulement, par un mandat fous fon fceau, changer le figne des monnoies, & réduire leur valeur réelle ou nominale.

LETTRE XXXV.

A J. — M. — Esqr. à Londres.

Calcutta, ce 15 Octobre 1779.

ON agiroit avec sagesse & justice, en rétablissant l'Empereur de l'Indostan sur son trone impérial & héréditaire. Par une conduite aussi noble, aussi généreuse, & aussi juste, la Nation Britannique se feroit la plus haute réputation de vertu, & s'éleveroit un monument éternel de gloire en Asie.

Depuis le 13 Septembre 1773, lors de la conclusion du traité de Benarés, l'Indostan est resté dans un état d'anarchie, sans Chef constitutionel, & sans que le vrai Souverain fût reconnu dans quelqu'état qu'état particulier (1). L'indécision & l'incertitude sur ce grand point de Souveraineté, ont fait naître des révolutions, qui menacent encore la Compagnie Angloise d'une destruction précipitée, & d'une suite de dissentions plus importantes pour l'Europe, que celles qui ont précédé la prospérité du Gouvernement de la Compagnie dans ce pays.

A présent le pouvoir de la Souveraineté est usurpé par des Nababs nominaux, qui regardent cependant le Roi de Delhi, comme Empereur de l'Indostan, dont découle leur autorité limitée & révocable. La Compagnie Angloise leve, comme trésoriere de l'Empire, les revenus impériaux du Bengale, du Ba-

---

(1) Bien avant ce traité, l'Indostan étoit dans l'anarchie, non que le droit de Souveraineté de Schah-Allum, fût contesté ; mais c'est que dans le fait, il ne pouvoit se faire reconnoître par les armes. Mais Abdalla, les Mahrates, les Anglois & leurs Nababs l'avoient eux-mêmes reconnu. *N. de l'Edit.*

har & d'Orixa, sous le privilege & l'autorité de l'Empereur, qui le lui a accordé en considération de sa fidélité constante, de son attachement & de son utilité, & sur-tout à condition qu'elle deviendra le garant perpétuel du paiement de vingt-six lacks de roupies, ou trois cent vingt-cinq mille livres sterlings, comme tribut annuel de la Nababie du Bengale. Les Anglois assurerent en même-tems à l'Empereur la possession libre & perpétuelle des provinces d'Elleabad & de Corah, *solemnellement cédées & garanties au Roi, comme un domaine royal, pour l'entretien de sa dignité impériale.* — Telles furent les conditions sous lesquelles le Nabab & la Compagnie Angloise reçurent leur autorité & leurs priviléges de la Cour de Delhi (1).

---

(1) Ces conditions furent stipulées par le traité de paix de 1765. *N. de l'Edit.*

Mais à présent les Nababs du Bengale & d'Aoude refusent l'hommage: la Compagnie, a non-seulement arrêté le tribut stipulé, mais elle a même vendu les provinces d'Elleabad & de Corah, au Nabab d'Aoude, Soujah-ul-Doulah, vassal immédiat de l'Empire, qui avoit aussi solemnellement accédé à ces cessions & à la garantie du Traité de paix (1).

Quoiqu'on niât la Souveraineté de l'Empereur, & qu'on lui enlevât tous ses droits avec autant d'injustice que d'imprudence, cependant la Compagnie se servit toujours de son nom, pour demander aux autres états Européens, comme aux naturels & aux sujets de la

---

(1) Ce double vol politique a été commis par M. Hastings, dans le commencement de son Gouvernement. Il le colora de motifs spécieux, comme on le devine bien; il prétendit que l'Empereur ayant quitté Elleabad pour recouvrer le Trône de Dehli avec le secours des Mahrates, avoit forfait son tribut & ses provinces, ou violé le traité; on ne pouvoit imaginer de prétexte plus absurde. *N. de l'Edit.*

Grande-Bretagne, les cens ordinaires, les droits & les impôts; aujourd'hui même, tout l'argent se frappe en son nom, les Cours civiles & criminelles se tiennent en son nom; & c'est en son nom qu'on continue d'administrer & exécuter la justice. Cependant la Compagnie Angloise fait la guerre & la paix, soutient un établissement militaire, ainsi qu'une Cour de judicature, qui passe des actes, & administre la justice, d'après les Loix Parlementaires de l'Angleterre, au nom du Roi de la Grande-Bretagne. Cette Cour fait exécuter ses décrets criminels, & étend sa jurisdiction sur la vie, la liberté, la propriété des naturels, qui se reconnoissent sujets de l'Empire, & dans les territoires Impériaux, comme sur les sujets émigrans de la Grande - Bretagne.

Ce Gouvernement, dont le systême est indéfinissable, parce que le droit, le fait & la forme se contrarient d'une manière si manifeste, ne peut dans l'ordre des ... existence permanente.

Ses principes & ses opérations perpétuellement variables, doivent se nuire & se renverser mutuellement, jusqu'à ce que le pouvoir & la tyrannie de ce Gouvernement tout à la fois si injuste & si inconstant, soient réduits à un tel point, qu'on se voie forcé de les détruire entièrement, comme l'unique moyen de rétablir la paix, la liberté, & le bonheur du peuple.

Il est évident que *Schah-Allum*, Roi de Delhi, est revêtu de la Souveraineté. Nier ce fait, & ne pas soutenir le droit de ce Prince, ce seroit abandonner toutes les réclamations de l'Angleterre & toutes ses prétentions dans l'Indostan. La sagesse & la saine politique doivent l'emporter ici sur la passion de l'avarice & de l'ambition. Le Prince regnant est le Souverain incontestable de l'Indostan, étant l'arrière-petit-fils d'Aurengzebe, dixième successeur en ligne directe de Tamerlan. — La grande question touchant la Souveraineté, étant décidée, l'on peut aisément décider cette autre question importante : si le superbe édifice qu'a élevé la Compagnie Angloise dans l'Inde, doit être fondé sur un rocher ou sur du sable ?

Le Roi de Delhi étant reconnu Souverain de l'Indostan, le plus grand corps de Négociants qu'il y ait au monde, en profitant sagement de cette révolution, prolongeroit non-seulement son existence, mais acquéreroit un crédit nouveau, des richesses & une grandeur sans exemple, & la Nation Britannique étant étroitement alliée à l'Empereur de l'Indostan, d'après des principes de justice, de sûreté & d'avantages réciproques, sortiroit de sa malheureuse situation actuelle, & recouvreroit son ancienne puissance & sa gloire.

Tel est l'état déplorable de l'Indostan, & telle est la puissance de plusieurs des Princes qui ont usurpé le pouvoir du Roi de Delhi, que ce Souverain ne peut, par ses forces seules, recouvrer son autorité & ses états héréditaires. Mais il pourroit parvenir à ce but par le secours puissant de la Grande - Bretagne; & il peut engager la Grande-Bretagne à prêter ces secours, en lui donnant une part à l'Empire que sa justice aura rendu à son Souverain originaire. Alors la couronne de l'Angleterre seroit revêtue d'une Souveraineté indépendante sur certaines provinces, & le Roi de Delhi jouiroit, comme ses prédécesseurs, d'une domination sûre & paisible sur les autres. Ainsi la maxime politique, *divide & impera*, peut s'appliquer ici dans un nouveau sens, mais avec plus de justice. Une alliance réciproque & une réunion de pouvoir, assureroient la permanence de la Souveraineté de l'Empereur, comme de la Grande - Bretagne dans l'Inde, & rendroient heureux leurs sujets respectifs, ainsi que leurs tributaires, en les faisant jouir de la sûreté personnelle & des richesses que produisent la paix, l'agriculture, & un commerce libre. C'eſt alors que les Indiens béniront leur joug ; c'eſt alors qu'ils accoutumeront leurs enfans à admirer & à adorer le ſyſtême de Gouvernement Anglois. Ils lui pardonneront ſon origine, ſes uſurpations ; elles auront fait naître des horreurs de la guerre, les arts de la paix. De génération en génération, les ſujets tranſmettront avec leurs héritages, des ſentimens de reconnoiſſance envers la Grande Bretagne, qui de ſon côté protégera leur poſtérité contre les invaſions.

Je ſuis, &c.

LETTRE XXXVI.

A J. — M. Esqr, à Londres.

Calcutta, ce 17 Octobre 1779.

LE grand Fondateur du pouvoir de la Grande-Bretagne dans l'Inde, le célèbre Lord Clive, fut celui qui obtint ces immenses cessions de Schah-Allum, Roi actuel de Delhi, & Empereur de l'Indostan. Elles ont transformé une Compagnie de Négocians en Souverains puissans qui y ont un grand établissement militaire & régulier. Par un Firman (1) général, & trois autres particuliers, en date du 12 Octobre 1765, l'Empereur accorde à la Compagnie, « *en considération de son attachement & des services*

---

(1) Firman, Patente, Ordre, Décret de l'Empereur.

qu'elle a rendus, comme serviteurs fidèles de l'empire, dignes des faveurs royales, la charge du Divanat des Provinces de Bengale, Bahar & Orixa, sous la condition expresse qu'elle s'engage à lui servir de garant & de sûreté pour le payement exact d'un tribut annuel de vingt-six lacks de roupies provenant de la Nababie du Bengale; qu'elle entretiendra une grande armée pour la défense des provinces (1), *& pourvoira aux dépenses du Nizamut, en accordant sous ces conditions le residu à la Compagnie.* Un autre Firman de la même date » *& pour les mêmes considérations* «, confirme un Saned (2) vague & imparfait du Nabab déposé, Cossim - Aly - Can, & de son prédécesseur décédé, Meer Jaffier, » *du Chuklas, de Burdwan, Midnapore, de*

---

(1) L'établissement militaire de la Compagnie dans le Bengale, à Madras, Bonbay & Bencoulen, outre leur marine, peut être estimé à cent mille hommes. N. de l'Aut.

(2) Saned (Sunnud) Charte, Patente.

Chittagong, & *des vingt-quatre Pergumahs de Calcutta* à perpétuité. Un autre Firman transmet & confirme à perpétuité à la Compagnie, le Jaghire (1) du Lord Clive « *en considération de sa fidélité* ». Par un autre Firman de la même date, » *en considération expresse de la fidélité & des bonnes intentions de la Compagnie Angloise*, l'Empereur accorde & confirme les cinq Circars septentrionaux sur la côte de Golconde & de Coromandel. Par un traité solemnel passé & conclu le 16 Août 1765, entre Soujah-ul-Doulah, Nabab d'Aoude & Visir de l'Empire, d'une part; Nudjim-ul-Doula, Nabab titulaire de Bengale, & la Compagnie Angloise des Indes Orientales de l'autre part, scellé & approuvé, comme une marque d'autenticité & de forme nécessaire par Sa Majesté le Roi de Delhi; dans le quatrième article, il est convenu & stipulé

_____

(1) Jaghire, don de terres.

expressément : » que le *Roi Schah Allum* restera en pleine possession de *Corah* & de partie des Provinces de *l'Elleahabad*, qu'il possede actuellement, Provinces qui sont cédées à Sa Majesté comme un domaine royal pour l'entretien de sa dignité, & fournir à ses dépenses. » Et par l'article 11 du même traité, les trois parties contractantes s'engagent solemnellement » *à observer strictement & sincerement tous les articles contenus dans le traité ; qu'elles ne souffriront point qu'on les viole directement ou indirectement, & que, tant pour le présent que pour la suite, elles garantissent généralement & réciproquement toutes les stipulations qu'il renferme.* » Enfin, par une convention solemnelle, faite & exécutée entre le Roi de Delhi & la Compagnie, en date du 19 Août 1765, » ayant plu à Sa Majesté d'accorder le Divanat du Bengale, Bahar & d'Orixa, la Compagnie s'engage à servir de sûreté pour le paiement exact du tribut annuel de vingt-six lacks de roupies à l'Empereur.

Le grand politique & Capitaine qui conclut ces traités, étoit guidé en cette occasion, autant par le respect pour la justice, que par l'amour de sa patrie, principes qui ne sont nullement incompatibles, mais plutôt liés l'un à l'autre quand le Gouvernement consulte l'intérêt du public, & se conduit d'une manière équitable envers toutes les Nations & tous les hommes. C'est seulement en étendant cette grande idée qui paroît avoir animé l'ame magnanime de Lord Clive, lorsqu'il traita avec le Roi de Delhi, qu'on peut rendre les établissemens de la Grande-Bretagne dans l'Orient, avantageux & permanens. L'amitié & l'alliance avec l'Empereur devroient donc être la base de tout établissement politique dans l'Indostan Britannique; mais on ne peut établir fermement aucune alliance sans avantages réciproques. Faire un traité avec un Prince ami aujourd'hui, & violer les conditions de ce traité demain, c'est lui faire une insulte qui tend à le changer en ennemi invétéré.

Telle a pourtant été la conduite des serviteurs de la Compagnie Angloise des Indes Orientales envers le malheureux Roi de Delhi. Ils ont enlevé à ce Prince le tribut stipulé, & vendu la Province de l'Ellehabad & de Corah à son premier Ministre Soujah-ul-Doulah. Cependant, ils ont toujours conservé l'emploi de Divan ou Trésorier, suivant le privilege de ce Roi, & converti à leur usage particulier non-seulement le surplus des revenus, mais aussi les réserves spéciales de Sa Majesté pour l'entretien de sa dignité royale & de son Gouvernement.

Des actes d'injustice aussi révoltans peuvent-ils être défendus ou même palliés par des principes de politique ou de convenance? S'il existe un homme qui puisse remplir une tâche si difficile, c'est le Gouverneur actuel du Bengale; mais même le génie brillant de M. Hastings, lorsqu'il entreprend de justifier la suspension du tribut du Roi, & l'infâme traité de *Benarés*, est dans le plus grand embarras. Ni son style coulant, ni la subtilité de ses raisonnemens, ni l'adresse de ses insinuations ne peuvent éblouir dans une cause aussi claire. Toutes les raisons qu'il emploie pour soutenir des opérations si injustes & si peu politiques sont réfutées par les assertions précédentes & suivantes, écrites de sa propre main & qui se trouvent encore sur les registres de la Compagnie. Voici tous les motifs qu'il allègue pour justifier sa conduite : 1°. le Roi n'auroit pas dû, sous quelque prétexte que ce fût, se retirer des Provinces cédées ; 2°. il avoit transmis aux Mahrates son droit dans ces Provinces ; & 3°. les vingt-six lacks de roupies, qu'on étoit convenu d'envoyer chaque année à Delhi, auroient fait tort à la circulation de l'argent dans le Bengale.

Quant au premier raisonnement, le traité que fit le Roi avec Lord Clive en

1765, ne marque point quel sera le lieu de résidence du Prince, & sous-entend conséquemment que *Delhi* ou *Agra* continuera d'être la Capitale de l'Empereur. Outre cela, ce Prince quitta les Provinces cédées à la connoissance & avec l'approbation du Gouverneur & du Conseil de la Compagnie, & fut conduit jusqu'aux frontières de Corah par son Général en chef, Sir Robert Barker, & Soujah-ul-Doulah, qui savoient tous que le but du Roi étoit de recouvrer Delhi, alors entre les mains de l'usurpateur Zabda Can, Chef des Rohillas, & qu'il avoit à cet effet sollicité plusieurs fois le secours de la Compagnie.

A l'égard du second, la transmission de son droit dans les Provinces cédées aux Mahrates, n'étoit point un acte volontaire. Ce peuple lui extorqua la cession de ces Provinces, lorsqu'il étoit leur prisonnier. M. Hastings avoue lui-même que cette cession ne pouvoit pas être valide. Dans une lettre publique du 15 Janvier

Janvier 1773, il écrit » que la ceſſion de Corah & de l'Illiahabad ou Ellahabad, faite par le Roi aux Mahrattes, lorſqu'il étoit priſonnier chez eux, ne pouvoit être regardée comme valide, lui ayant été arrachée par force ». Et dans une du premier Mars 1773, il dit : » cette ceſſion forcée du Roi ne peut, en aucune façon, nous dégager de l'obligation que nous avons contractée de défendre ces Provinces, que nous lui avons ſi particulièrement garanties & que ſon Viceroi, Monir-ul-Doula, mit alors ſous notre protection. Outre notre propre conviction de la juſteſſe de ce plan, vos ordres, dit-il aux Directeurs, du 30 Juin 1769, dans un cas ſemblable, nous laiſſent ſans choix ». Depuis, M. Haſtings avoua, en Conſeil, qu'en traitant avec Soujah-ul-Doulah en particulier, il étoit convenu qu'il » conſentoit à un traité contraire aux ordres poſitifs de ſes ſupérieurs.

Quant au troiſième prétexte, que ce

tribut de 26 lacks tiroit du Bengale une somme qui nuisoit à la circulation; d'abord la somme n'étoit pas assez considérable pour produire cet effet, vérité dont M. Hastings parut bien convaincu en plusieurs occasions, lorsqu'au lieu de *lacks* il envoya de ce Royaume des *crores* (1) de roupies. Mais, dans le fait, cet argent n'auroit pas été jusqu'à Delhi; il auroit été employé dans le Bengale en armes, vêtemens, provisions & métaux communs; outre cela, dans la situation des affaires d'alors, les échanges du commerce auroient non-seulement procuré cette somme, mais une somme une fois plus considérable de l'extrémité de l'Empire en échange des marchandises des Provinces de la Compagnie. Le Général Sir Robert Barker qui, à la con-

---

(1) Un lack de roupies fait 100,000 roupies ou 12,500 livres sterling, & un crote fait 100 lacks ou 1,250,000 livres sterlings, ou 30,000,000 livres tournois, à 24 l. la livre sterling.

noissance interne de cette affaire, joint les vrais principes de la justice & de la saine politique, s'opposa en Conseil aux vues de M. Hastings, par des raisonnemens solides, & avec une fermeté qui lui fait honneur. Le temps devoilera le crime des traîtres qui ont pillé les trésors du Prince, & abusé de la confiance de la Nation, & leurs sophismes disparoîtront, comme une fumée, devant l'éclat du droit & de la raison.

Que peut-on répondre au discours que tint le malheureux Roi lui-même, au mois de Novembre 1764, après la bataille de Buxar ? Excité par la crainte que lui inspiroient la perfidie & l'ambition de Soujah-ul-Doulah, dont il avoit eu des preuves affligeantes, il dit : » Si les Anglois veulent contre leur intérêt, faire la paix avec le Visir, j'irai à Delhi ; car je ne puis me résoudre à me livrer de nouveau entre les mains de celui qui m'a si cruellement trahi. Les Rohillas sont toujours les ennemis de

l'impérieux Visir! *ils sont donc mes amis.* »
M. Hastings ne pouvoit ignorer le contenu de cette Lettre extraordinaire, non plus que les traits distinctifs du caractère de Soujah-ul-Doulah; & c'est peut-être parce qu'il les connoissoit, qu'il se lia avec lui. Il espéroit faire sa fortune par la voie la plus facile & la plus prompte.

L'un aspiroit à l'Empire de l'Indostan, en voulant y monter sur le cadavre de son Souverain ; l'autre sacrifioit ouvertement l'honneur & la dignité de sa Nation, à son avidité. Mais tout nous démontre qu'il sera prudent de faire justice au Roi de Delhi, & une réparation honorable pour toutes les injures qu'on lui a faites. Faute de cette réparation, il est évident que la Compagnie a forfait son emploi de Divan ou Trésorier; que les Nababs d'Aoude & du Bengale sont également coupables de félonie, parce qu'ils ont agi en traîtres envers leur Souverain légal ; & que le

Roi de Delhi a un droit réel, légal & inconteſtable, de tranſmettre à qui bon lui ſemble, la Souveraineté de ſes états, ainſi que les arrérages qui lui ſont dûs (1).

---

(1) Les arrérages du tribut dû par la Compagnie, joints à l'intérêt légal du pays, à compter du 28 Février 1772, juſqu'au 22 Février 1781, par un calcul de chaque année, (non de mois), montent à 6,850,000 livres ſterlings, ou 164,400,000 livres, ſomme qui excède de beaucoup la valeur des propriétés mobiliaires de la Compagnie dans l'Inde. N. de l'Aut.

LETTRE XXXVII.

A J. — M. — Esqr, à Calcutta.

(1)

Je dois vous citer ici une injustice évidente faite à un ancien Serviteur de la Compagnie, qui vous prouvera combien elle se laisse facilement aveugler par son intérêt & par les raisonnemens captieux de ses Chefs, qui commettent le mal impunément. Je parle de M. Bolts. La persécution qu'il éprouva

---

(1) On a supprimé la majeure partie de cette Lettre, parce qu'elle ne contient qu'un projet imaginaire pour rendre les Anglois entièrement maîtres de l'Indostan, & dépouiller les puissances Européennes du peu qu'elles y possedent. On ne conçoit pas comment un Ecrivain qui se pique de principes de justice, enleve de son cabinet, sans aucun motif, la propriété des autres états ? Quel droit ont les Anglois sur l'Inde, que ceux-là n'aient pas ? *N. de l'Edit.*

dans l'Inde de la part du Gouverneur Verelft & du Conseil, lui ravit à la fois, par un acte contraire à nos loix constitutives, sa fortune & sa liberté. Après avoir lutté en Angleterre pendant sept ans contre la Compagnie, pour en obtenir la restitution de sa fortune ou des dommages & intérêts, il fut obligé, faute de moyens, d'abandonner cette poursuite, & de déclarer sa banqueroute. Autre injustice : on refusa à ses créanciers Anglois de les laisser jouir des priviléges de la constitution de la Compagnie, pour le recouvrement de ses créances, sur les naturels de l'Inde, sous prétexte que le commerce par lequel ces dettes avoient été contractées, étoit contraire aux statuts (1) de la

---

(1) Le Corps élevé & respectable qui le persécuta se comporta d'une manière très-blâmable, en s'abaissant jusqu'à témoigner un ressentiment personnel à un étranger, qui avoit été obligé de quitter son service & qui avoit été honteusement chassé de ses établissemens, pour avoir commis quelques délits notoires. *N. de l'Aut.*

Compagnie. Ce Négociant cherche à se venger, en portant dans d'autres pays le fruit de ses connoissances. Réduit à la plus grande détresse, il fut soûtenu à Londres par plusieurs Anglois. Appuié sur leur protection, il offrit ses services à la Cour de Lisbonne; mais on les refusa. Déconcerté dans ses projets relatifs au Portugal, il obtint par hasard une commission de la Cour de Vienne, pour former en Asie un établissement de commerce. Un esprit spéculatif, né pour les découvertes, persévérant comme celui de M. Bolts, auroit pu avoir quelque succès dans l'emploi de Coadjuteur de M. Saint-Lubin, dans les négociations pour la France, avec les Marattes & Haïder-Ally, & pour former une coalition entre l'Empereur d'Allemagne & le Roi de France, coalition qui auroit nui extrêmement à l'intérêt des Anglois dans l'Indostan. Il est certain qu'il auroit succombé sous les pertes considérables qu'il avoit faites, & qu'il n'auroit jamais pu retourner à Livourne, Trieste ou Vienne, si quelques-uns des principaux Membres du Gouvernement de la Compagnie même, à Bombay & à Madras, ne lui avoient fourni les moyens d'envoyer des preuves de son talent & de l'accomplissement de ses promesses, dans trois grands vaisseaux bien chargés, sous pavillon Impérial dans la Méditerranée. Sous la protection de cette Cour, il a élevé, sur les côtes de Malabar & de Coromandel, six établissemens, où l'on déploie de tems en tems le pavillon Impérial, ainsi qu'à Car-Niccabar, réclamé par le Danemark, & Rio-de-la-Goa, sur la côte Sud-Est de l'Afrique. Les secours donnés à M. Bolts par les Serviteurs de la Compagnie, & par des Maisons de commerce qui le font sous ses auspices, étoient une infraction directe des ordres positifs de la Cour des Directeurs, publiés dans différentes présidences. Une conduite aussi contraire aux intérêts de la Compagnie, qu'insolente, mérite d'être punie. Priver les coupables de leurs emplois, seroit la punition la plus modérée & en même-tems la plus efficace pour ruiner les projets & les opérations de M. Bolts dans l'Indostan. Cet exemple d'ailleurs apprendroit aux personnes employées par la Compagnie, à ne pas désobéir si facilement à ses ordres, & à ne pas sacrifier ses intérêts à leurs vues particulières (1).

---

(1) Voici des observations sur ce paragraphe, qui m'ont été communiquées par M. Bolts lui-même, & que je m'empresse de publier ici pour réparer la mauvaise impression qui pourroit naître contre lui de cette critique amère de M. Makintosh. Je suis forcé de croire qu'il a été, ou mal instruit des faits qui concernent M. Bolts, ou qu'en les décrivant, il a servi la vengeance de quelques-uns de ses ennemis. M. Bolts, quoiqu'Allemand d'origine, a rempli les postes les plus importans dans le Bengale, au service de la Compagnie Angloise des Indes Orientales. Il s'y est distingué autant par son équité & sa probité, que par les connoissances qu'il a acquises dans les langues Orientales, sur l'état

politique des Puissances de l'Inde, & sur le commerce. Des ennemis que des circonstances particulières lui avoient attirés, & qui étoient puissans, excitèrent contre lui une violente persécution dont il fut la victime. Mais débarqué en Angleterre, il la fit retentir de ses plaintes & de ses réclamations. Il publia en 1772, un volume in-4°, suivi en 1775, d'un autre volume contre la constitution & la tyrannie de l'administration de la Compagnie dans le Bengale. Cet Ouvrage a pour titre: *Considérations on India affairs*, Considérations sur les affaires de l'Inde. La lecture de cet ouvrage, dans lequel il démontra les pertes énormes qu'il avoit essuyées au service de la Compagnie, ainsi que les vexations dont il avoit été la victime, ouvrit les yeux de la Nation Angloise, sur les abus de l'administration des Indes, & excita le Parlement à des recherches qui entraînerent l'anéantissement de la constitution vicieuse de la Compagnie. Ce bienfait, l'Angleterre & l'Inde le doivent à la constance infatigable de M. Bolts. Il lutta pendant sept ans contre ce Corps formidable, & on doit bien penser que ces sept ans de combats lui coûterent des sommes énormes. Au bout de cette période, & ayant abandonné le service de la Compagnie, il reprit ses premiers droits comme Allemand, accepta les offres qui lui furent faites d'entrer au service de l'Impératrice, qui lui conféra le grade de Lieutenant-Colonel & un octroi pour ouvrir le commerce de ses sujets aux Indes Orientales, avec plein pouvoir d'y établir des factoreries; & c'est sur la cession de cet octroi, faite par M. Bolts, au mois d'Août 1781, aux Négocians d'Anvers, que fut établie la Société Impériale, Afiatique, renverfée en trois ans & demi par la maladreffe & l'impéritie de fes Directeurs.

Nous fommes autorifés par cet eftimable Ecrivain, à contredire l'affertion hafardée par M. M., qu'il avoit offert fes fervices à la Cour de Lisbonne, qui les avoit refufés. Ce fait eft faux comme tous les autres, avancés à fon égard par ce voyageur. M. B. a prouvé dans fon Ouvrage, qu'il s'étoit démis volontairement des poftes qu'il occupoit au fervice de la Compagnie Angloife, en Novembre 1768 : le reproche qu'on lui fait de délits notoires, eft une calomnie. M. B. a été pleinement juftifié par un Jugement du Confeil Royal, tenu à Saint-James, le 17 Juin 1770, qui le rétablit dans fon emploi de Juge de Calcutta. *N. de l'Edit.*

LETTRES XXXVIII ET XXXIX.

Note de l'Éditeur.

On a supprimé entièrement ces deux Lettres, parce qu'elles n'offrent qu'une continuation du projet contenu dans la précédente Lettre, & qu'un développement des moyens pour assurer à l'Angleterre la conquête & la possession de presque toutes les Indes Orientales, ce qu'il seroit extravagant aux Anglois de tenter. — Cependant je ne puis me refuser à citer un article des reglemens faits par M. M. — pour les conquêtes futures. Il concerne les Matelots, invalides ou blessés, ou réduits à l'inaction par la vieillesse. L'Auteur propose à la Compagnie d'élever un hôpital pour les soutenir, ou bien de les nourrir chacun chez eux, & de rendre utiles ceux qui auroient des talens, en les employant à l'éducation de la jeunesse destinée à la Marine.

LETTRE XL.

A J. — M. — Esq.ʳ, à Londres.

Calcutta, ce 29 Octobre 1779.

L'Isle de France est située au vingtieme degré de latitude méridionale, & au cinquantième de longitude orientale de Londres. Elle est d'une forme circulaire ; son terrein est montagneux dans le centre, & plat le long des côtes, & contient 100,000 arpens Anglois de terre. Le sol est léger & ingrat, couleur de brique, & est impregné en différens endroits de mine de fer. Il y a de très-grandes rivières qui prennent leur source dans le côté des montagnes. Il n'y a pas un cinquième de l'Isle qui soit cultivé, les quatre autres cinquièmes sont montagneux ou remplis de bois. Cette Isle produit de très-bon bois pour les bâtimens, de l'ébene jaune, noire, & de plusieurs couleurs ; cette derniere espèce d'ébene est regardée comme très-précieuse, & n'est jamais brûlée comme le sont ordinairement les autres espèces. Il y a une forge & quelques moulins à poudre. Cette Isle possede deux ou trois plantations de sucre, & quelques-unes de café, & elle produit de bon coton & de bon indigo ; il est vrai que le sol paroît plus propre à ces deux articles. Tous les fruits, les plantes & les racines du tropique croissent ici, mais ne sont pas à beaucoup près aussi délicieux que ceux de Bourbon, ni assez abondants pour fournir aux habitans pendant quatre mois de l'année ; sur douze mois, ils tirent pendant huit mois leurs provisions de Bourbon, du Cap-de-Bonne-Espérance, de Batavia & de l'Europe.

Les épiceries de Ceylan, d'Amboyne, & de Banda, promettent de réussir dans cette Isle. Le Roi de France entretient dans la paroisse de Pamplemonse, à très-grands frais, un vaste jardin de botanique, qui est en très-bon état. Il est divisé en quatre parties, qui représentent les quatre parties du monde; on y trouve les arbres, arbrisseaux, plantes, fleurs, herbes racines, &c., qui sont particuliers à chacune; des morceaux de bois fixés près de ces plantes, &c. indiquent leurs noms, le pays où elles croissent, & leurs qualités. La canelle & le girofle viennent très-bien dans ce jardin. Il y a tout autour de l'Isle, excepté dans quelques passages situés vis-à-vis quelques baies, à une certaine distance du rivage, un recif de roche de corail, qui met à l'abri l'amas d'eau intermédiaire, le rend calme, & prévient la formation des houles considérables, lesquelles en se jettant sur le rivage, rendroient les débarquemens très-difficiles, & pourroient même ôter toute possibilité d'en faire.

Les

Les champs & les bois abondent en daims, lièvres, lapins. Les habitans sont remarquables pour leur hospitalité, & les Dames qui sont nées dans cette Isle le sont pour leur beauté.

L'Isle de France est la Métropole des Isles Françoises de l'Afrique, le principal siege du Gouvernement, le centre du commerce, & l'asyle des exilés de la France. Les habitans ne sont pas aussi riches, & n'ont pas l'esprit aussi gai que ceux de Bourbon, quoiqu'ils affectent plus de parure & de gaieté, & qu'ils aient de meilleurs maisons & de plus beaux meubles; sur trois blancs que vous rencontrez, vous en voyez un qui porte la croix de Saint-Louis à sa boutonnière.

Comme la situation de la Ville du Port-Louis, & les fortifications qui défendent l'entrée du Port, sont bien connues, je n'en donnerai aucun détail. Je ne puis cependant pas m'empêcher d'observer, que la coutume de touer les vaisseaux, dans ce Port, est purement un stratagême politique, dont le but est de faire croire qu'il est du plus difficile accès. Cependant les vaisseaux y abordent très-facilement, & pendant mon séjour de vingt-huit jours dans ce Port, chaque après-dîner il y avoit un vent frais qui conduisoit directement au Port.

L'Isle Bourbon est située au vingt-unième degré de latitude méridionale, & au cinquante-quatrième de longitude orientale à partir de Londres. Sa forme est à peu de chose près circulaire. Je crois qu'il n'y a point sur la terre un endroit aussi digne que cette Isle, de l'attention des Naturalistes. Elle renferme trois hautes montagnes, qu'on peut souvent appercevoir à la distance de trente lieues ; & ce sont les plus hautes que j'aie jamais vues après le Pic de Ténerif. Sur le sommet d'une de ces montagnes, qui est située à la partie Sud-Est de cette Isle, est un volcan dont il sort souvent de la fumée, des flammes & des cendres. Ce volcan offre la nuit un coup d'œil terrible, mais beau, lorsqu'il vomit des flammes, & qu'il remplit l'atmosphere de feu. Des trois montagnes de Bourbon, celle-ci est la seule qui soit stérile, & inhabitée. La montagne qui est regardée comme la plus haute, s'éleve au centre de l'Isle, & vers le Nord, on voit une chaîne de montagnes appellées les *Falaises*. Un de leurs côtés est rapide, & très-élevé, & forme un énorme précipice, dont la hauteur perpendiculaire est de deux mille brasses Françoises : au bas de ce précipice est une grande rivière, qui tantôt coule tranquillement & tantôt tombe en cascades. Quant à l'étendue, Bourbon égale presque l'Isle de France. Le sol, qui est en quelques endroits noir, & en d'autres gris, est extraordinairement fertile ; il est meilleur en raison de sa proximité du sommet des éminences & des montagnes. Le côté qui est exposé au vent, & la partie de Saint-

Lufan à l'Eft, offre des terreins plats, arrofés par de très-belles rivières, principalement par la grande rivière d'*Abord*, qui vient fe jetter dans la plus belle partie de l'Ifle, mais où le débarquement eft très-dangereux.

Au 21 degré de latitude cette Ifle produit du froment, des choux, des navets, des carottes, des artichaux, des pois, des féves, & des fruits & racines de jardins, qui égalent pour la groffeur & le goût, ceux de l'Europe. Elle produit auffi des cannes à fucre, du café, du coton, de l'indigo, & tous les fruits des Indes Orientales, fupérieurs à tous ceux que j'ai vus dans les Ifles de l'Amérique. Son riz n'eft point inférieur à celui des Carolines; & fes mangos égalent ceux de l'Indoftan. La volaille y eft très-groffe, & l'emporte en qualité fur celle de tous les autres pays.

Les Dames de Bourbon font exceffivement grandes, & ont une taille très-élégante; leur carnation eft d'un très-beau blanc, relevé par le rouge le plus frais, & leurs traits sont aussi délicats & aussi beaux qu'on puisse se l'imaginer. Quant à la figure, au teint, aux traits, les hommes ressemblent aux femmes, excepté qu'ils les ont plus musculeux. — Je m'étends un peu sur la beauté si extraordinaire des Naturels de l'Isle de Bourbon, parce qu'il est très-singulier, de rencontrer dans la Zone Torride, des tailles élégantes, des traits délicats, & des teints frais.

Le pâturage de cette Isle n'est pas bien favorable pour les moutons; mais les chevres, les bestiaux à cornes de la petite espece, les petits chevaux courageux y sont en grande quantité. Les habitans de Bourbon sont encore plus hospitaliers que ceux de l'Isle de France. Ils sont francs, gais, & ont une politesse plus sincère. Tous leurs repas commencent par un verre d'eau-de-vie, & les tables sont servies avec abondance & élégance, étant couvertes de viandes de boucherie, de volailles, de poissons, & de végétaux.

Mais les jouissances des habitans de cette charmante Isle, sont rachetées par des peines inconnues dans les contrées les plus stériles & les plus barbares. Contens & heureux entr'eux, s'ils pouvoient braver le dédain que leur porte la pauvre noblesse de l'Isle de France, parce qu'en général ils ne sont point d'une origine noble ; à cette peine d'opinion il faut joindre celles que leur suscitent leurs Administrateurs, quand ils ne sont pas équitables, ni humains, les ravages des esclaves Marons qui habitent les montagnes inaccessibles, & enfin, les ouragans terribles qui bouleversent leur Isle depuis le mois de Janvier jusqu'à celui d'Avril ou Mai.

Bourbon est éloigné de l'Isle de France environ de trente-sept lieues, qu'on fait en partant de la derniere Isle dans l'espace de dix-huit ou vingt-quatre heures ; mais pour aller de Bourbon à l'autre Isle, il faut au moins quatorze jours, à moins que ce soit dans la saison des ouragans, lorsque le vent est plus changeant.

Les Isles Seychell ou Mahé s'étendent quelques lieues au Nord-Est, à l'extrémité septentrionale de l'Isle de Madagascar. Les François en ont pris possession depuis la dernière guerre, & y tiennent une Compagnie de soldats. Elles étoient avant inhabitées. Elles produisent quelques fruits du tropique, une grande quantité de tortues, & d'autres poissons.

Il y a dans l'Isle de Seychell une baie profonde, qui est très-sûre, & très-commode, avec un excellent ancrage, où les vaisseaux peuvent faire de l'eau & du bois avec facilité & sûreté.

A environ une lieue de l'Isle de Seychell, est située celle de Praslin. On assure que le sol de chacune est également bon; le terrain y est plat, & on dit qu'il croît du bois bon pour les bâtimens. Ces Isles sont célebres par l'arbre qui produit une espèce de noix de cacao, lequel représente d'une manière frappante la forme des cuisses, des genoux de l'homme, &c. Elle a à une de ses extrémités un trou d'où il s'exhale une odeur assez ressemblante à celle des excrémens de l'homme. Frappés de cette ressemblance, les Indiens estimoient autrefois ces noix à un très-haut prix; mais depuis que les Commerçans François en ont rempli le marché, elles ne sont plus, à beaucoup près, si estimées ni si rares.

Comme ces Isles peuvent fournir des provisions, des moutons, des chevres, & des bestiaux à cornes, on pourroit y former un établissement, qui seroit très-commode pour la Compagnie Angloise des Indes Orientales, si ses vaisseaux choisissoient cette route dans les saisons où le passage intérieur entre Madagascar & le continent est impraticable.

LETTRE XLI.

Note de l'Editeur.

Je supprime cette Lettre par les mêmes raisons que j'ai supprimé les précédentes. Elle contient un projet pour réduire les Isles de France & de Bourbon sous la domination Angloise, & pour les administrer lorsqu'elles y seroient.

LETTRE XLII.

A J.— M.—, Esq.ʳ, à Londres.

Calcutta, ce 5 Novembre 1779.

LE grand nombre d'Isles connues sous le nom de *Niccobar*, (en Anglois *Niccabar*), s'étendent du Nord au Sud, à côté de l'entrée occidentale du détroit de Malaca. La plus méridionale est située presque vis-à-vis le *Cap d'Achem*, dans l'Isle de Sumatra, lequel peut être vu de cette Isle dans un tems seréin ; elle est située environ au 5 d. ½ de latitude septentrionale. Celle qui est située la plus au Nord, est sous le 10 degré de latitude septentrionale.

Les Isles méridionales de Niccobar, sont les moins considérables, & n'ont encore été réclamées par aucune puissance de l'Europe : mais les Danois prétendent avoir un droit aux plus septentrionales de ces Isles, appellées *Car Niccobar*, & y ont eu des Missionnaires, depuis plusieurs années, mais sans essayer d'y former un établissement, ou d'en tirer quelque avantage pour le commerce. M. Bolts, a dans le cours de cette année, pris possession de la plus grande & la plus belle de ces Isles, & a levé le drapeau impérial au nom de l'Empereur ; mais le Gouvernement Danois de Tranquebar, sur la côte de Coromandel, s'est récrié contre cette usurpation, & il y a eu à cet effet une correspondance entre ce Gouvernement & M. Bolts.

Il y a dans cette Isle un port très-commode y pour recevoir les vaisseaux en toutes saisons, & il y a d'autres baies très-sûres, où des flottes entières peuvent jetter l'ancre. La plus méridionale de toutes ces Isles a une baie considérable, où la Pintade jetta l'ancre dans vingt brasses d'eau, à une demi-lieue du rivage. Nous la sondâmes, & vîmes qu'un vaisseau pouvoit aller sur un fond sablonneux & net dans sept brasses d'eau, à environ la longueur d'un cable de la côte. Nous entrâmes dans cette baie par le canal occidental, appellé canal de Saint-George, situé entre la grande Isle, & une plus petite, au Nord. Il y a dans cette entrée une petite Isle qui met la baie en sûreté; un vaisseau peut passer à la distance d'une portée de fusil de cette Isle, dans vingt brasses d'eau. On trouve une autre petite Isle dans le canal oriental, par laquelle sortent les vaisseaux. La grande baie, ou plutôt le bassin spacieux, qui est situé entre ces Isles, est divisé en trois différentes baies, qui offrent toutes une retraite commode & sûre pour les vaisseaux. Notre vaisseau fut conduit par des Naturels, vers la baie du milieu. Le plus grand besoin que nous éprouvâmes dans cet endroit fut celui de l'eau. Les habitans nous indiquerent cependant deux très-petits ruisseaux, qui couloient de fources, situées aux pied de deux montagnes, en nous disant qu'il y avoit plusieurs beaux ruisseaux dans l'Isle, dans les baies méridionales, & dans la baie près de celle où nous étions.

On nous dit que le centre de l'Isle & la partie Sud-Est & du Sud étoient bien peuplés. Cette Isle produit des plantains, des noix de coco, des noix de betel, des Mangos, des citrons, & des tilleuls, &c. Les habitans y élevent de la volaille & des cochons en grande quantité. Ils me donnerent des cannes, d'un extérieur & d'un goût qui indiquoient les qualités convenables pour faire du bon sucre. Ils nous vendirent plein un *pettiaugre* (1) de noix de coco, noix de betel, feuilles de betel, pour une brasse de grosse toile peinte en bleue, qui valoit à peu près dix à douze sous sterlings. Les volailles domestiques, sont petites, mais assez bon marché, car

---

(1) Voiture dont ils se servent sur l'eau.

nous en achetâmes quantité pour la valeur de trois liards de toile, pour un morceau de vieux cerceau, ou un grand clou. Avec du tabac, des morceaux de vieux fer, des ciseaux, couteaux, nous eussions acheté tout ce qu'ils possédoient. Ils prennent en échange pour l'ambre gris, les pigeons sauvages, le bois & la main d'œuvre, &c. &c. de la toile, des toiles à carreaux bleus ou rouges, & des mouchoirs de couleur.

Il y a dans cette Isle une espèce de pigeon, que je n'ai vue dans aucun autre pays. Il est d'un bleu foncé, & a les pattes, les griffes & la marche d'un perroquet. Sa tête, son cou, son corps, & sa queue, sont ceux d'un pigeon. J'imagine que cet oiseau est un rejetton du pigeon sauvage & du perroquet. Ces Isles abondent en oiseaux du plumage le plus varié & le plus beau. J'ai surtout, été frappé d'une superbe espèce de perroquets à longues queues, qui y sont très-communs. Les côtes sont fertiles en poissons de toute espèce, que les habitans tuent avec des lances, ou bien attrapent avec des crochets faits avec des os & des coquillages. Les baies sont dans cet endroit remplies de coquilles à une profondeur extraordinaire; & comme le reflux de la mer forme des vuides à plusieurs endroits, elles sont dans certains tems ouvertes & seches; toutes les Isles qui sont situées autour des côtes, étant couvertes de bois, toute l'Inde pourroit tirer de cette Isle de la chaux de coquille, moyennant un prix très-modique. On peut s'y procurer pour très-peu d'argent, de bon bois de charpente, aussi-bien que le bois le plus dur. D'après le bois des lances, & les rames des bateaux que j'ai soigneusement examinées, je ne doute point, que les Isles de Niccobar ne contiennent plusieurs espèces de bois d'une nature très-dure, propres à recevoir le poli, & à être convertis en meubles.

Les Ports & les Baies des Isles de

Niccobar commandent dans tout tems le golfe de Bengale, & le détroit de Malacca; ils font très-propres pour servir d'abri aux vaiſſeaux dans les ſaiſons orageuſes, & contre les dangers inévitables auxquels ils ſont expoſés par les vents contraires, les calmes, les marées & les autres circonſtances.

Les canots ou bateaux des habitans des Iſles de Niccobar, ont depuis quinze juſqu'à 40 pieds de long, depuis 18 juſqu'à 48 pieds de large, & depuis environ dix-huit pouces juſqu'à trois pieds de profondeur. Leur conſtruction eſt uniforme, les deux côtés ſe reſſemblant à tous égards. Leur forme les fait voguer avec rapidité, & il vont même avec une adreſſe extraordinaire. Quoiqu'il ſeroit fou d'affirmer, que les Niccobariens ont la moindre connoiſſance des mathématiques, cependant, leurs petits vaiſſeaux ſont conſtruits pour naviguer avec vîteſſe, d'une manière conforme aux principes mathématiques. Ces vaiſſeaux

vaisseaux se terminent à chaque bout en une pointe très-aigue. Leurs proues ont depuis trois jusqu'à cinq pieds de haut, elles sont proportionnées aux dimensions des bateaux, & supérieurement polies ou ciselées. L'intérieur & l'extérieur de ces bateaux sont unis comme une glace, excepté vers le bord extérieur, lequel est par ornement, quelquefois coupé en rainure.

J'ai été quelque tems surpris, que les Barbares des Isles de Niccobar, pussent avec des instrumens aussi imparfaits, que des pierres pointues, & des morceaux de cerceaux ou pointes de vieux fer, pussent, dis-je, creuser de si gros arbres, & se former de jolis canots. Mais j'appris ensuite qu'ils employoient le feu non-seulement pour la partie la plus grossière & la plus pénible de l'ouvrage, mais même pour le poli; méthode qui est aussi suivie par les Caraïbes de l'Amérique, mais avec moins d'élégance, pour creuser les canots & pettiaugres. Ils ne fe fervent ni de clous ni de chevilles dans les ouvrages de menuiferie. Toutes les jointures font faites avec des branches d'arbres ou des liens faits d'écorce d'arbre. Ils mettent leurs cargaifons au fond du bateau ; & tout le vaiffeau eft couvert en travers de morceaux de bois, d'environ deux pouces de diamètre, placés à quatre ou cinq pouces l'un de l'autre, qui font attachés avec beaucoup d'adreffe au rebord excepté dans quelques endroits, où on peut les écarter pour atteindre ce qui eft dans le fond. Sur cette plateforme font affis les rameurs, les pilotes, & les paffagers ; c'eft auffi là qu'ils mettent leurs plus lourdes marchandifes ; les tonneaux de notre vaiffeau furent portés vers le rivage, & enfuite apportés à bord de cette manière. D'un côté du bateau on fait fortir uue machine à une grande diftance, & elle eft en équilibre fur l'eau. C'eft une invention bien fimple, qui en donnant de la fermeté au vaifseau, ne retarde pas beaucoup la navigation. Mais s'il arrive qu'elle se brise, le bateau est incontestablement renversé.

Les habitans de ces Isles descendent sûrement des Malais, car ils ont les mêmes traits, le même teint. Je n'ai jamais vu d'hommes mieux faits. Ils sont quarrés, fortement musclés, & ils ont une large poitrine. Leurs membres sont proportionnés comme ceux d'une statue Grecque ou Romaine, excepté qu'ils ont de plus forts muscles, au gras de jambe. Leur taille est en général de cinq pieds six pouces, ou cinq pieds neuf pouces. Mais avec tout cet extérieur de force & d'activité, ils ne font usage ni de l'une ni de l'autre, & paroissent ignorer qu'ils les possedent. Leur abord est le plus sérieux & le plus grave que j'ai vu. Ils sourient bien rarement, mais ils conservent toujours dans leur contenance une gravité extraordinaire. Quoiqu'ils aient souvent été trompés dans leur commerce avec les Européens, comme je m'en suis convaincu par quelques-unes de leurs actions & insinuations, cependant ils ne témoignent pas la moindre disposition à la méfiance, & ils paroissent naturellement portés à la bonne fois dans leurs affaires. Outre la langue naturelle du pays, ils parlent une espèce de langue Franque, qui est un mélange de langue Portugaise & Malaie. Je n'ai jamais pu découvrir quelle étoit la nature de leur religion; mais je crois qu'elle ressemble à celle des naturels de Sumatra, c'est une espèce de paganisme.

Un accident qui nous arriva près de leur Isle nous montra tout à la fois leur honnêteté & leur humanité. Mon estimable compagnon, M. Yeate, & le Chirurgien de la frégate, allerent sur le rivage avec deux mousquets du vaisseau, pour tuer des oiseaux. Vers le soir ils revinrent dans un des bateaux du pays, (car la Pintade n'en avoit point), qui contenoit quelques tonneaux pleins & attachés à la plateforme; lorsqu'ils étoient à un mille du rivage & un mille du vaisseau, le Chirurgien, sautant imprudemment sur un des tonneaux, soit qu'il détachât ou fît pancher la balance, le bateau se renversa. Dans ce moment, je jettai les yeux sur le bateau, & j'apperçus les passagers à la nage, parmi lesquels je distinguai aisément mon honnête ami, M. Yeate. Nous étions tous dans la plus vive inquiétude, car nous n'avions pas un bateau pour les secourir; mais au bout de quelques minutes, nous apperçûmes plusieurs canots, ramant avec une rapidité extraordinaire vers les nageurs. Ils firent entrer M. Yeate & le Chirurgien daus l'un d'eux, & les amenerent aussitôt à bord de la Pintade, sans rien demander, ou paroître attendre quelque chose pour leur peine. Ils paroissoient charmés de ce qu'ils avoient fait, & sembloient trouver dans leur acte de bienfaisance, une ample récompense. Les tonneaux furent aussi apportés à bord. On leur dit que par le renversement du bateau, on avoit perdu deux mousquets, ainsi que les souliers & les boucles du Chirurgien. Le lendemain matin un bateau vint nous apporter les deux mousquets, les souliers & les boucles, quoique les habitans eussent plusieurs fois auparavant demandé un mousquet, & offert tout ce qu'ils possédoient en vain. Ces honnêtes gens auroient pu garder les articles trouvés, sans même faire naître le soupçon qu'ils en étoient en possession; cependant ils les rendirent, & d'une manière si généreuse, qu'ils refuserent d'accepter pour leur peine une autre compensation, que le repas qu'on leur fit faire sur la Pintade.

Les femmes de ces Isles rament quelquefois aussi bien que les hommes; mais les hommes m'ont paru portés à la jalousie, car ils leur ont rarement permis de venir dans le vaisseau; & lorsqu'ils le souffroient, c'étoit avec peine, & pour satisfaire la curiosité des femmes. J'imagine que c'étoit aussi relativement à la jalousie, qu'on les voyoit si rarement sur le rivage. J'ai été très-étonné de voir parmi les habitans de ces Isles, tant de personnes affligées de hernies. Je n'ai formé aucune conjecture relativement à cette indisposition. J'en ai vu plusieurs qui avoient des signes de scorbut sur la peau; ce que j'attribue à la quantité de poissons qu'ils mangent.

Je n'ai jamais pu savoir pourquoi ils construisent leurs maisons ou cabanes sur des perches élevées de plusieurs pieds au-dessus de la surface de la terre, vers lesquelles ils montent avec des échelles qu'on peut ôter à volonté & qu'ils mettent, j'imagine, dans la maison pendant la nuit. Je n'ai jamais entendu dire qu'il y eût dans les Isles de Niccobar des animaux féroces qui rendissent cette précaution nécessaire. Ainsi nous trouvons dans les Isles de Niccobar, l'origine des colonnes, avec leur forme la plus simple, que le goût & l'art ont perfectionnées au point d'être l'ornement le plus beau qui existe dans l'architecture.

J'ai souvent été étonné que notre Compagnie des Indes Orientales n'ait pas dirigé son attention sur ces Isles; leur possession contribueroit à tant d'égards à la sûreté & l'avantage de son commerce & de sa navigation dans ces mers. Cette négligence ne paroîtra cependant pas surprenante, lorsque nous considérerons l'inattention impardonnable des Serviteurs de la Compagnie, pour des objets encore plus importans.

Je n'ai point été dans les Isles d'Andaman, situées plus au Nord dans le golfe, & presque vis-à-vis le Pegu & la côte Occidentale de Siam. Les habitans de ces Isles fertiles, sont regardés par les Européens qui sont dans l'Inde, comme sauvages, cruels, & comme un peuple qu'on ne peut approcher sans danger. Mais je sais de bonne part, que les Andamaniens ne font pas naturellement féroces; mais qu'ayant été trompés & traités avec barbarie par les Européens, ils les confiderent comme leurs ennemis, & fuient loin d'eux toutes les fois qu'ils les voyent; & lorfqu'on les pourfuit, ils fe battent. Les Européens ayant exercé les violences les plus outrageantes fur les habitans d'Andaman, il n'eft pas étonnant que ces derniers aient perdu toute confiance dans des hommes qui ont commis les plus grands crimes.

Ce peuple a le teint noir, & les cheveux laineux. On dit qu'ils defcendent de quelques Caffres ou Negres, qui, amenés, comme efclaves de la côte de Caffrerie, de l'Afrique, fe fauverent, foit par hafard ou par de grands efforts, dans ces Ifles. Si, on pouvoit par quelques moyens humains, détruire les préjugés qu'ont les habitants contre les Européens, les Ifles d'Andaman pourroient devenir un lieu de rafraîchiffement très-commode dans les cas urgents,

& elles pourroient peut-être fournir quelques articles de commerce.

LETTRE XLIII.

Calcutta, ce 10 Novembre 1779.

LA Lettre ci-jointe, que je viens de recevoir d'un particulier qui a passé quelques années au service militaire de la Compagnie, vous procurera peut-être quelque amusement.

Bombay, ce 7 Octobre 1779.

J'avois entendu dire qu'on vous avoit envoyé prisonnier en France. Par quel hasard ou par quel miracle avez-vous obtenu la liberté ? Ou bien est-il vrai, que vous soyez tombé dans les mains des François ? Et si cela est arrivé, pourquoi vous êtes-vous confié entre leurs mains ? expliquez-moi, mon ami, ces myſtères. Vous deſirez connoître mon ſort, mais vous paroiſſez croire que je ne m'inquiéte pas du vôtre. Vous m'écrivez une très-courte Lettre, & en retour vous m'en demandez une très-longue, qui contienne mes aventures, & mes obſervations ſur ce pays & ſur ſes habitans. Si je vous accorde votre demande, ſouvenez-vous que c'eſt à condition que vous me ferez la même faveur, en me donnant l'hiſtoire de votre vie, depuis notre ſéparation de l'Amérique.

Je vous raconterai, quand nous nous verrons, les moyens par leſquels j'ai obtenu une Commiſſion au ſervice de la Compagnie, les obſtacles que j'éprouvai avant que de l'avoir.

Je débarquai à Bombay au mois de Janvier, en 1773; je n'ai pas beſoin de vous dire, qu'à ſon arrivée dans une Ville de l'Inde, l'Etranger eſt frappé du teint, de l'habillement & de l'air ſoumis des habitans : un ſigne, un coup d'œil d'une personne de la Compagnie, est pour eux un ordre positif. Quant à vos domestiques, toujours attentifs à prévenir vos besoins, ils veillent tous vos mouvemens, & devinent vos desirs par vos regards & vos gestes. L'agrément que me procurerent ces soins serviles, ne compensoit pas la peine que je ressentois, en réfléchissant sur l'esclavage des peuples de l'Asie.

Ce qui attira ensuite mon attention fut l'extrême indolence des habitans de ce pays. Les gens de condition sont entourés d'une multitude de valets, dont chacun a ses occupations particulières : ils se laissent habiller, porter, mettre au lit, comme des enfans. Je fus quelque tems avant de pouvoir m'accoutumer à être porté dans un palanquin, sur les épaules de plusieurs esclaves ; car, outre que je trouvai cette coutume indigne de l'homme, elle me rappelloit toujours la manière avec laquelle on porte les morts en terre dans notre pays. Un Libraire, Maure de Nation, m'invita très-poliment à coucher quand j'en aurois l'envie, dans sa boutique, où je pourrois apprendre toutes les nouvelles, & où il y auroit toujours un oreiller à mon service.

Mais l'influence du climat me força bientôt de me plier aux manières de ce pays, que je trouvai très-naturelles & très-commodes. Il y avoit un an que je vivois à Bombay, d'une manière, je l'avoue, qui ne m'avoit pas préparé aux fatigues de la guerre, lorsque notre Compagnie fut obligée, avec plusieurs autres, de se rendre au siege du Fort *Tannah*, dans l'Isle de *Salsette*. Notre armée consistoit en sept cens Européens, & deux milles Cipaies (1), sous le commandement du Brigadier

───────────────

(1) *Cipaie*, en Anglois *Seapoy*, soldat d'Infanterie Maure ou Indou, discipliné à la manière Européenne. Voyez le Vocabul. du Tableau de l'Inde, n° premier.

général Gordon. On forma une batterie devant la forteresse considérable de *Tannah* ; elle joua pendant quelques jours sans aucun effet. Le Capitaine Campbell, avec d'autres jeunes Officiers, opina, dans un Conseil de Guerre, pour l'assaut. Le Général Gordon, qui n'étoit point de cet avis, & qui vouloit qu'on détruisît d'abord le Fort, ou du moins que l'Artillerie fît une breche dans les murailles, ayant des instructions limitées, fut obligé de céder à ceux qui conseilloient l'assaut. En conséquence on ordonna à deux cens Heymals (1) de remplir avec des sacs de sable une partie du fossé qui entouroit la forteresse; ocupation dans laquelle les soldats devoient les aider ; tandis que cent vingt grenadiers devoient couvrir cette opération dangereuse. Les Heymals & des troupes de fantassins partirent avec leurs

_____

(1) Gens qui portent des fardeaux.

sacs de sable, & se présenterent avec une grande intrépidité devant le fort, dont les canons tiroient sur ces malheureux porteurs avec un succès funeste. Aussitôt que les Heymals entendirent les balles du Fort sifler à leurs oreilles, & qu'ils virent plusieurs de leurs compagnons tués à leurs côtés, ils jetterent leur charge & prirent la fuite. Cette fuite fit un effet singulier sur nos soldats, qui, placés à quelque distance, purent être témoins de ce spectacle ; & lorsqu'ils virent les pauvres Heymals jetter leurs sacs & s'enfuir, ile firent de grands éclats de rire. Les soldats qui aidoient les Heymals à porter leurs sacs de sable, continuerent leur occupation périlleuse ; mais la plus grande partie fut tuée ou blessée ; il y eut quelques sacs jettés dans le fossé, ce qui ne servit à rien. Quant aux grenadiers chargés de couvrir cette manœuvre, de cent vingt il n'en resta que cinquante-six en état de remplir leur devoir. Ainsi se termina le plan le plus cruel qu'on pût imaginer. Il fut concerté, dans le fait, un peu tard !, & dans des circonstances peu favorables à une réflexion froide.

Pour détourner l'attention du Fort de la batterie principale, on plaça à la distance de trois cens verges du Fort, à l'Ouest, cent Européens, avec des pieces de campagne, & cent Cipaies. Les pieces de campagne furent dirigées vers une haie de jeunes arbrisseaux. Les Marattes essayerent pendant la nuit d'attaquer nos troupes en flanc ; mais ils furent bientôt repoussés. Pendant cet événement, deux Marattes enivrés de *bang*, décoction d'une graine semblable au chenevis, avancerent à la distance de cent verges de nos lignes, malgré le feu considérable, faisant brandir leurs épées, & encourageant par des signes leurs Compagnons à les suivre. Ils furent tous deux tués, & peu de tems après quelques hommes de cavalerie essayerent

ſayerent, mais en vain, d'emporter leurs corps, ce qu'ils croient d'une grande importance; parce que ſelon eux, après que le corps eſt brûlé, le diable n'a plus de pouvoir ſur lui. — Les Guerriers Marattes portent tous des ceintures. La Cavalerie a un crochet, qu'elle lance entre cette ceinture & les corps morts de ſes amis, avec la plus grande adreſſe, & les enleve ainſi du champ de bataille. Il étoit évident que les deux Marattes étoient ivres, par la quantité de *bang* qui coula de leur bouche après leur mort.

Il y avoit quelque tems que les chevaux des Marattes paſſoient le canal qui ſépare l'Iſle de Salſette du continent, pour tenter d'emporter le tréſor de la monnoie. Pour arrêter cette manœuvre, le Général fit élever par la diviſion du Capitaine Ferrer, qu'il mit ſous la direction de l'Ingénieur Nugent, une batterie d'un canon près de la Monnoie. Tandis qu'on s'occupoit de cette batterie, il y eut des ſentinelles placés près du canal pour veiller les mouvemens de l'ennemi. Un soir, au déclin du jour, un bufle avança vers l'endroit où veilloit la sentinelle. Le bruit que fit cet animal en passant à travers des arbrisseaux, & les feuilles qui tomboient des arbres, troublent l'imagination de la sentinelle effrayée; elle crut voir venir les Marattes, arrivant au milieu des horreurs du feu & du massacre, & tira aussitôt son mousquet, ce qui causa une alarme aux troupes employées à la batterie. Ces troupes étoient ce soir-là commandées par le Lieutenant S.— S.; au coup de mousquet les coulies (1) se sauverent, en se couvrant la tête avec des paniers. Les soldats suivirent leur exemple, & le Lieutenant S.— S. arriva au camp aussitôt que les premiers coulies ou soldats de son poste. « Quoi, » dit le Capi-

---

(1) Laboureurs ou journaliers qui étoient employés à la batterie.

taine Ferrer, « M. — S. — S., je suis sur-
» pris de vous voir prendre la fuite. « J'ai
» suivi les troupes, » répondit le Lieute-
» nant, pour les ramener à leur devoir».
Cette retraite occasionnée par le bufle amu-
sa beaucoup les troupes, & ranima leur
courage. Elles sont, à ce que j'ai observé,
disposées dans tous les événemens, à la
plaisanterie & à la gaieté ; quoique leur
position & leurs fonctions dangereuses,
fassent un parfait contraste avec les événemens comiques.

Enfin, après qu'on eut fait jouer une
mine sous le Fort, dont notre artillerie avoit ébranlé les murailles, elles tom-
berent, & firent un bruit plus terrible
que celui des cent canons qui étourdis-
soient continuellement mes oreilles. On
résolut alors unanimement de prendre
le Fort d'assaut. Le vieux *Keelidar*,
(1) ou Gouverneur des Marattes, fut

_____

(1) Ou Kelidar, Gouverneur militaire.

informé par quelques-uns de nos soldats qui avoient déserté, que les Anglois commenceroient l'assaut à la nuit ; & dans le fait, quelques Officiers imprudens conseillerent de prendre cette précaution ; mais le Général Gordon s'opposa plus fortement à ce projet, qu'au précédent projet des sacs de sable. Il résolut de donner l'assaut en plein jour, tems où il ne seroit pas exposé à des dangers invisibles. Les canons du Fort n'étant plus en mouvement, on fit aisément une breche dans la muraille, & les débris servirent à combler le fossé. Nos troupes se précipiterent dans le Fort, & il y eut un terrible carnage. Le Keelidar qui commandoit le Fort Tannah, depuis trente ans, & qui étoit résolu de le défendre jusqu'à la dernière extrémité, s'étoit emparé du jeune Prince, ou Rajah de Salsette, âgé de dix ans, qui vouloit entrer en accommodement avec les Anglois, & l'avoit enfermé dans le Fort pendant le siege. Le

Keelidar se sauva par la porte occidentale, tandis que le jeune Prince, au milieu de plusieurs milliers de soldats & de ses sujets, essayoit en vain de s'échapper par la porte orientale du Fort. Telle étoit la confusion de cette multitude, qu'elle se ferma la porte à elle-même; & dans cette situation critique, comme un troupeau de moutons incapables de défense, elle devint la proie des vainqueurs furieux. Il se passa quelque tems avant qu'on suivît l'ordre qu'avoit donné le Général d'épargner tous ceux qui mettroient bas les armes; mais enfin la furie de nos soldats s'appaisa. Il y eut plusieurs Marattes faits prisonniers, parmi lesquels étoient le jeune Prince, & un Officier nommé Campbell, qui avoit déserté de notre armée pour se joindre aux Marattes, & étoit devenu leur ingénieur principal. Cet homme fut jugé dans un Conseil de Guerre, & fut condamné à mort. Le Général Gordon parut être porté à lui pardonner; le Capitaine Campbell voulut persuader ce malheureux de dire qu'il s'appelloit *Cameron*. Mais cet Anglois qui avoit trahi sa patrie, crut de son honneur de garder son nom, & dit : *la vie, ou la mort, je dédaigne de renoncer à mon nom; mon nom n'est point Cameron, mais Campbell, comme le vôtre* (1).

Le siege du Fort Tannah fut la première expédition à laquelle je fus employé. Lorsque je quittai Bombay, je ne ressentis aucune frayeur ; mais elle me gagna à mesure que j'approchai de Salsette, & j'eus pendant quelques instans une peur panique, la première fois que j'entendis le bruit des canons du Fort. Je me guéris de mes frayeurs, principalement en dormant. La fatigue

---

(1) Ce fait prouve qu'il y a quelquefois en Angleterre, du deshonneur, au moins dans l'opinion de quelques personnes, d'avoir avec un pendu, quelque relation, soit de nom, soit de parenté. *Note de l'Editeur.*

du voyage, & sur-tout les veilles, m'accablerent si fort de sommeil, qu'à trois cent verges du Fort Tannah, au milieu du bruit de ses canons, & de ses boulets dispersés au hasard, je me couchai par terre pour dormir; j'étois quelquefois éveillé en sursaut par le grand bruit qui étourdissoit mes oreilles, & souvent je rêvois de bombes, de boulets de canon, &c. Au bout de huit jours mes frayeurs disparurent. Le lendemain de la prise du Fort Tannah, nous fûmes témoins d'un spectacle affreux; on vit un grand nombre de corneilles, de milans & de vautours, dévorer les corps morts rassemblés en tas, vers la porte orientale, & autour des murailles. Au milieu de ces horreurs, le grand nombre de sacs de sable que les Heymals jetterent à terre, lorsqu'ils s'enfuirent au bruit des canons du Fort, rappellerent aux soldats quelques idées plaisantes, qui l'emporterent sur les sentimens d'humanité & de compassion, que tant d'objets devoient faire naître dans leur ame.

Après avoir paſſé trois ans dans l'Iſle de Salſette, je retournai à Bombay en 1777; j'y vis l'infâme parricide Ragonaut-Row, ou Rao (1), & qu'on appelle communément Ragoba. Aſpirant au trône des Maratres, il avoit trempé ſes mains dans le ſang de ſon neveu, que ſon frere avoit confié à ſes ſoins, & s'étoit emparé tout à la fois du jeune Prince Maratte, & des rênes du Gouvernement. Le nom de ce Prince étoit Nana-Rao. Il exerça le pouvoir de Souverain, de Ram-Rajah (2), avec le titre de Paiſcha; c'étoit l'ambition de Ragoba, de lui ſuccéder. Parvenu à ce point, la haine générale qu'avoient fait naître ſes crimes, lui ſuſcita un compé-

―――――――――

(1) Row ou Rao, terme de dignité chez les Marattes, qui ſignifie Prince ou Chef.
(2) Mot qui chez les Marattes, ſignifie Chef des Rajahs. *N. de l'Edit.*

titeur à la régence, & on chaſſa le parricide de ſon pays. Il trouva un aſyle à Bombay, où il ſe procura, par ſes intrigues, &, ſi l'on en croit le bruit public, par les reſtes des richeſſes qu'il avoit emportées avec lui de Pounah (1), non-ſeulement une réception favorable, mais il détermina encore les Serviteurs de la Compagnie à faire tout leur poſſible pour le mettre à la tête de l'Adminiſtration. Les jours de revue, ce barbare ſe promenoit vis-à-vis les troupes, qui lui rendoient les honneurs militaires. Il eſt grand & mince; ſon abord eſt ſévère, mais expreſſif, & rempli de dignité. Il eſt ſuperſtitieux, ainſi que je l'ai jugé par ſa converſation; il eſt ruſé, inſinuant, &, à ce qui paroît par ſa conduite, fourbe. Son turban & ſes armes étoient toujours couverts de joyaux. Il avoit avec lui dans l'Iſle de Bombay,

---

(1) *Pounah*, ſiege de l'Empire Mahrate. *N. de l'Edit.*

un fils, âgé d'environ quatorze ans, d'une très-belle figure. Ragoba aimoit beaucoup cet enfant; il a dit bien souvent, que s'il voyoit son fils en possession de la régence, à laquelle il prétendoit lui-même, il mourroit en paix. Outre les troupes & les Cipaies qu'avoit Ragoba, il leva à Bombay, une Compagnie d'Arméniens, de Portugais, d'Allemands, de Danois, de Hollandois, d'Anglois, &c. Il l'appelloit *sa Compagnie Chrétienne*. Il vantoit beaucoup sa valeur & sa discipline, & il se reposoit ou paroissoit se reposer sur l'attachement de ces soldats à sa personne. Ce Prince, ou au moins ce *Prétendant* à la Souveraineté, avoit une nombreuse suite. Il vivoit d'une manière somptueuse, & étoit très-libéral envers les Officiers de sa Compagnie Chrétienne.

Vous avez sûrement reçu à Calcutta, des détails sur l'étrange & malheureuse expédition entreprise pour conduire Ragonaut-Rao à Pounah, & dirigée par des Députés de la Compagnie & des Commandans militaires. Les Négocians ont la coutume singulière, de soumettre leurs Généraux à la direction des Députés de Campagne. Telle est la jalousie politique des Hollandois; telle est aussi celle de la Compagnie Angloise des Indes Orientales. Je crois que l'esprit artificieux & trompeur des Commerçans est trop fin pour confier le commandement de leurs armées seulement aux mains de militaires. Je n'ai rien à objecter à cette politique circonspecte des Négocians; mais s'ils ne peuvent compter sur la fidélité de leurs Généraux, ils ne devroient jamais se mêler de guerre, & au lieu de se battre pour étendre leur commerce, ils devroient s'occuper d'améliorer leurs ventes par l'excellence & le bon marché de leurs marchandises. La délibération & l'exécution ne peuvent pas aller ensemble; il faut que la première précede la dernière. Il est absurde d'invêtir des hommes qui ne font pas soldats, d'un pouvoir incompatible avec le service militaire, & avec cette subordination & cette promptitude d'action, qui peuvent seules assurer le succès des entreprises.

Nous partîmes avec quatre mille hommes pour cette expédition, vers la fin de 1778, avec une grande quantité de bestiaux, & beaucoup de bagages, ce qui n'étoit en aucune façon nécessaire pour notre subsistance, & ce qui retarda considérablement notre marche. Il y avoit dans la division de Ragoba, qui marchoit à l'avant-garde, un grand nombre d'éléphants, lesquels portoient des espèces de châteaux pour l'usage de ses femmes & de ses Officiers ; Ragoba étoit monté sur un des plus grands éléphants. Ces animaux paroissent marcher doucement, mais cependant ils font beaucoup de chemin en peu de tems : c'est à la longueur de leurs pas qu'on attribue le mouvement de roulis que ressentent ceux qui les montent, & qu'ils comparent au mouvement d'un vaisseau. Ces animaux devançoient presque toujours l'Infanterie, & alloient en général beaucoup plus vîte que l'armée. Leur poids énorme imprimoit si profondément leurs pas dans le terrein humide & mouvant, que nos soldats en étoient fort incommodés ; car les trous qu'ils faisoient étant bientôt remplis d'eau ou de boue, on ne pouvoit les distinguer aisément de la surface qui les environnoit. Nos hommes se plongeoient souvent dans ces fossés, ce qui amusoit beaucoup leurs compagnons, tandis que ces chûtes désoloient les patiens. Pendant toute la marche, on ne cessa de maudire les éléphants de Ragoba.

Les châteaux qu'on fixe sur le dos des éléphants, en passant une espece de harnois sous leur ventre, comme les sangles d'une selle, ressemblent à des tentes : chacune peut contenir huit ou dix personnes. Pendant le combat, on ouvre ces tentes, en tirant les rideaux: alors ceux qui font dans l'intérieur, lancent des dards, tirent des fleches, ou font ufage de moufqueterie. Pendant ce tems-là l'animal qui les foutient, devient furieux, & languit de n'être pas au milieu de l'ennemi. Si par hafard les deux armées fe joignent, ce qui arrive rarement, l'éléphant, armé d'une chaîne, qu'il porte avec fa trompe, caufe de grands ravages. — J'ai entendu raconter dans ce pays des faits furprenans, touchant la fagacité de ces animaux. Ce n'eft pas ici le lieu de les faire connoître. — Vous fouvient-il d'un conte fur un éléphant du grand Caire ? Tandis qu'un tailleur travailloit au rez-de-chauffée, la fenêtre ouverte, un éléphant alla pofer fa trompe fur fa planche, parmi fes ouvrages : le tailleur piqua avec fon aiguille la trompe de l'éléphant, l'animal irrité s'en alla, avala une grande quantité d'eau, dont il vint enfuite inonder le pauvre tailleur. Je croyois cette fable, étant enfant, j'y ajoutai plus foi étant plus âgé ; & à présent j'avoue que je ne la crois pas impossible (1). C'est ainsi qu'un certain degré d'expérience conduit au scepticisme. Lorsqu'elle est portée à un plus haut degré, l'esprit fait plus d'attention au témoignage. Mais je retourne à notre expédition en faveur du meurtrier Ragoba. Notre armée fut environnée & défaite près de Pounah. Nous fûmes forcés d'invoquer la générosité des Marattes, en leur disant : nous ne sommes que de pauvres & malheureux Négocians, faites de nous ce que vous voudrez (2). Ce peuple ne profita pas de notre état

---

(1) On trouve dans l'intéressant Ouvrage de M. le Chevalier d'Obsonville, intitulé : Observations sur les mœurs des animaux de l'Inde, plusieurs traits étonnans de la sagacité de l'éléphant. On en trouve aussi de semblables dans les Mémoires de Haïder-Aly. *N. de l'Édit.*
(2) Discours que tint M. Ferrer aux Chefs des Marattes.

déplorable ; mais il demanda seulement que nous nous conformassions aux anciens traités.

Pendant notre campement dans les plaines de *Tulicanoon*, Ragonaut-Rao, qui avoit un camp séparé du nôtre, fit savoir à M. Carnac, le principal député qui dirigeoit toute cette glorieuse expédition, qu'il avoit découvert trois hommes dans son camp, *qu'il soupçonnoit* avoir quelque dessein sur sa vie ; & il demandoit comment il devoit les traiter. M. Carnac lui répondit, qu'il pouvoit les traiter comme il jugeroit à propos. Alors Ragoba punit un de ces malheureux par la perte de ses yeux ; un autre par celle de sa langue, & il fit couper les jambes au troisieme. Ce dernier mourut bientôt par la perte de son sang. Le tyran donna quelques raisons imaginaires pour justifier ces différens supplices.

Il est inutile que je vous dise, quoique vous n'ayez pas été long-tems dans l'Inde, l'Inde, que dans ce pays, toutes espece de voitures sont traînées par des bœufs. En tems de guerre, le nombre de ces animaux nécessaire à une armée, est incroyable. Les boulets de l'ennemi en firent périr une grande quantité. Ces accidens n'étoient pas désagréables pour nos soldats, qui en profiterent.

J'ai souvent été surpris que les Marattes habitant un pays montagneux, fussent des Cavaliers si experts, qualité qu'on leur attribue en général; & comment ils ont eu l'idée de former un si grand nombre de troupes à cheval; car, selon ce que j'avois entendu dire, c'étoit les habitans des plaines & non des montagnes, qui mettoient en campagne un nombre considérable de cavalerie. Mais ce fait ne me parut pas un mystere, lorsque je connus mieux la géographie de l'Indostan. Un fait singulier à observer dans l'Histoire naturelle, c'est que la vaste chaîne de montagnes qui, s'étendant du Cap Comorin jufqu'aux Circars feptentrionaux de la Compagnie des Indes Orientales, fépare la côte de Coromandel de celle de Malabar, n'a pas une pente graduée à mefure qu'elle s'éloigne du niveau de la mer, mais qu'elle s'éleve des deux côtés d'une maniere rapide, à fa plus grande hauteur, & forme une bafe prodigieufe à une vafte plaine qui regne fur le fommet. Elles ne reffemblent pas, comme les autres chaînes de montagnes, au toit d'une maifon moderne, mais elles forment la plus belle terraffe du monde. Les Marattes élevent leurs chevaux fur ces plaines. Dans les pays feptentrionaux de l'Europe, le fol eft en général plus fertile, en raifon de ce qu'il eft plus bas; parce que dans des fituations élevées, l'air eft trop froid pour la végétation. Mais dans ce climat, l'élévation eft favorable pour les productions végétales; & les Paines des Marattes font auffi fertiles & auffi verdoyantes qu'aucune autre du Bengale.

En difant que la chaîne de montagnes qui divife l'Indoſtan, foutient une plaine immenſe, je ne prétends pas parler avec une exactitude géométrique: on y voit de fuperbes éminences, mais ce n'eſt rien en comparaiſon du terrein uni qu'elles diverſifient. Ces éminences ſont couvertes de mangos & d'autres arbres, qui ſont verts pendant toute l'année. Je me ſuis ſouvent promené au matin dans un champ de riz, après que le grain étoit recueilli, afin de jouir de l'odeur des herbes coupées. La férénité de l'atmoſphere, la chaleur agréable du climat, l'odeur des épices qui étoient diſperſées autour de moi, me procuroient un plaiſir inconnu aux climats d'Europe, & qui me préparoit à une jouiſſance encore plus voluptueuſe.

Le luxe des odeurs & des parfums, n'eſt connu qu'en Aſie. Les fumeurs de tabac de l'Europe & de l'Amérique, ne connoiſſent pas encore l'art de fumer. Les fumeurs de l'Inde, c'eſt-à-dire chaque créature humaine, fait une pipe de feuilles d'un arbre qui est d'une nature huileuse & aromatique; & après avoir mêlé du tabac avec différentes épices, le fumeur allume cette pipe, qui brûle avec ce qu'elle renferme, & contribue à donner aux esprits la sensation la plus agréable, qui termine par cet état de langueur, que je ne puis pas mieux dépeindre, que par ces mots d'Horace, *Dulci sopore languida*. Ceux qui rafinent dans l'art de fumer, mettent une noix de cacao sur un trépied, & la remplissent à moitié d'eau; dans cette eau ils mettent le bout d'une très-longue pipe de cryftal, qui a plusieurs contours au milieu. On fait une ouverture au bout supérieur de la noix de cacao, dans laquelle on introduit le bout d'un entonnoir, qui communique, ou plutôt qui est une prolongation d'un encensoir, dans lequel se brûle le tabac avec plusieurs aromates. Les vapeurs de ce composé, sont rafraîchies & rendues très-agréables, par l'eau, dans laquelle on m'a dit qu'ils mettent encore quelques ingrédiens, que je ne puis décrire.

Je ne connois aucun pays où il y ait un plus grand mélange de différentes Nations que dans la préfidence de Bombay. La caufe en eft dans fa fituation, laquelle eft non-feulement favorable pour le commerce par mer, entre toutes les Nations maritimes, mais encore pour la communication par terre avec l'Empire de Perfe. Une partie de cet Empire ayant été conquis par Timur-Bec, eft actuellement dépendante de l'Empire du Mogol. Là, outre des Européens de tous les pays, vous voyez des Turcs, des Perfés, des Arabes, des Arméniens, & enfin une race mélangée, la plus vile de toutes les efpèces, defcendant des Portugais & des rebuts des Gentoux, &c. &c. Les Turcs qui viennent pour commercer, font, comme le refte de leurs compatriotes, graves & réfervés; &, quoique Négocians, pleins de probité dans leurs affaires. Les Perses sont plus gais, plus vifs, & se prêtent davantage à la conversation ; mais je me fierois moins à leur honnêteté dans le commerce, qu'à celle des Turcs taciturnes. Les Arabes sont tout feu, & lorsque vous leur parlez sur quelque sujet, ils vous font de beaux discours en phrases bien arrondies & cadencées ; mais ce sont les plus fripons. En général, les Arméniens ont de beaux traits, un caractère doux, & un naturel bon & bienfaisant. C'est une espèce de Chrétiens, & ils font honneur à cette secte. La plus grande partie des Turcs & des Perses sont d'une grande & forte constitution ; celle des Arabes est plus petite & plus svelte ; cependant ces derniers sont regardés comme les meilleurs soldats. J'ai été témoin de leur agilité, & on m'a dit que leur courage égaloit leur activité. J'ai vu une espece de combat pantomime entre trois Perses & trois Arabes : ils se battent ordinairement à deux. Les Perses resterent toujours à la même place, & parerent assez bien les coups qu'on leur adressa. Les Arabes, au contraire, sautoient en l'air, à une hauteur exaraordinaire, lorsqu'on leur dirigeoit quelques coups, & attaquoient aussi-tôt leurs antagonistes. Pendant le combat, les Perses & les Arabes chantoient, ou plutôt bredouilloient quelques Sentences, que je n'entendois pas. On m'a dit que les Perses chantoient les exploits de Shah-Nadir, & que les Arabes invoquoient le secours de leur Prophete.

Il y a dans ce pays une race d'hommes, qu'on appelle Cafres; ils sont esclaves de toutes les autres classes; ils ont les cheveux noirs & de laine, & viennent originairement de la Cafrerie, située vers le promontoire méridional de l'Afrique. Je fais quelquefois la conversation avec ces malheureux, parce que je crois que l'opinion & les sentimens de l'homme, quelque abjecte que soit sa situation, méritent notre attention. Ils me disent que les Maures sont en général de meilleurs maîtres que les Chrétiens ; s'ils ne s'apperçoivent pas de l'infériorité de leur nature, à celle des Maures, des Indous & des Chrétiens, du moins ils voyent celle qui est dans leur éducation, ils paroissent satisfaits de leur sort, & sont si fort accoutumés à l'esclavage, que je suis persuadé qu'ils n'ont aucun desir de liberté, & qu'ils sont plus heureux en servant un bon maître, qui est pour eux leur protecteur & leur Dieu, qu'ils ne le seroient dans un état d'indépendance ; comme un chien préféreroit à une grande abondance de nourriture dans un désert, de faire un long voyage avec son maître, malgré les coups, la faim & la soif.

Les habitans de ce pays sont plus déliés, & en général plus petits que les Européens ; il est curieux de voir leurs enfans courir nuds, & parler à l'âge de six mois. Je fus étonné d'être salué par ces petits êtres, qui, après avoir donné le *falam*, en mettant leurs mains au front, & se pliant jusqu'à terre, demandent l'aumône; car, tous les enfans de la plus basse classe, sont mendians; & ils vont tout nuds jusqu'à ce qu'ils soient près de l'âge de puberté. Leur intelligence, comme leur organisation se développe bien plutôt qu'en Europe; cependant, il est faux, comme on le croit généralement, qu'elles sont plutôt éteintes. Le luxe oriental, qui regarde la nouveauté, est borné dans les murs du Zénana. Les hommes cherchent sans cesse de nouvelles épouses, & renvoyent les anciennes; mais il y a aussi de très-belles femmes qu'on répudie de cette manière; car, dans ce pays, les femmes de trente à quarante ans sont en général, autant favorisées de la nature à cet âge qu'en Europe. Un habitant de l'Inde, qui regarde les femmes purement comme des instrumens de plaisir, seroit très-surpris de la complaisance d'un bon Européen de soixante ans, se promenant avec une femme de plus de cinquante, appuyée sur son bras.

On montre aux enfans à lire & à compter en plein air. Ils apprennent à connoître les lettres & les chiffres, dont ils se servent en arithmétique, laquelle, à ce qu'on m'a dit, est une espece d'algebre (1), en les formant de leurs propres mains, sur le sable ou sur des planches.

Les garçons & les filles se marient aussi-tôt qu'ils ont atteint l'âge de puberté, c'est-à-dire, les femmes à l'âge de neuf ou dix ans, & les hommes à l'âge de treize ans. La cerémonie du mariage se fait trois fois, la première lorsque les deux personnes destinées l'une pour l'autre sont encore dans l'enfance ; la seconde, lorsque l'époux a environ huit ou neuf ans, & la fem-

―――――――――――――――

(1) L'Auteur se trompe, ce n'est point de l'algebre. *N. de l'Edit.*

me cinq ou six ans ; & la dernière fois à l'âge que j'ai indiqué plus haut. Entre la première & la seconde cérémonie, on permet au jeune couple de se voir ; ils courent & jouent ensemble comme font les autres enfans, & sachant qu'ils sont destinés l'un pour l'autre, ils conçoivent ordinairement, de bonne heure, une affection mutuelle. Mais après la seconde cérémonie, on les sépare ; l'épouse sur-tout, si c'est une personne de condition, est enfermée dans un appartement de femmes, jusqu'au jour heureux de la troisième & dernière cérémonie : alors le Prêtre jette sur les deux époux une grande quantité de riz, comme un emblême de la fécondité.

Ces attachemens contractés de bonne heure, sont certainemeut propres à inspirer aux deux époux une affection mutuelle & éternelle. L'enfance est dans tous les pays le tems le plus heureux ; & tous les objets qui nous rappellent cette époque sont agréables. Les caractères souples des enfans ne font bientôt qu'un, & le tems le plus heureux de leur vie est toujours joint au doux souvenir de leurs premières affections. Il n'en est pas ainsi de nos époux & épouses de trente, quarante & cinquante ans ; ils ont déjà eu quelque attachement ; la plus belle partie de leur vie est écoulée avant leur union, peut-être avant qu'ils se soient jamais vus.

J'eus un jour le plaisir d'assister au mariage d'un parti de la première condition. Je vous en ferai une description détaillée. Vous trouverez des récits importants dans les écrits de graves Historiens : les faits que j'exposerai, seront de si peu de conséquence, qu'ils ne méritent pas d'attirer l'attention de ces personnages ; mais cependant ils pourront flatter la curiosité.

Dans l'Indostan, la dépense des habits n'est presque rien ; celle de la nourriture, du feu & des logemens, c'est-à-dire, pour les habitans, est peu considérable. Les Indous ne sont pas adonnés aux vices qui entraînent de la dépense, leurs passions & leurs desirs sont modérés. Cependant ils sont frugaux & industrieux, & sont aussi empressés d'amasser des richesses que les Européens. Un Juif, un Hollandois, & un Colporteur Ecossois, ne sont pas plus attentifs au gain & à la perte. Quelle en est la raison ? Ils aiment à voir regner dans tous les objets la splendeur & la magnificence, mais sur-tout dans ce qui regarde leurs femmes ; c'est à orner leurs harems, principalement le jour de leurs mariages qu'ils emploient des trésors amassés depuis plusieurs années par leur industrie.

Le Parsis, au mariage duquel je fus présent, envoya plusieurs semaines avant sa célébration, une invitation à tous ses convives, pour se réunir au tems fixé, dans une grande salle construite pour cette cérémonie, dans un très-beau champ; c'étoit alors la saison dans laquelle l'air étoit constamment doux & serein, & tous les végétaux répandoient une odeur très-agréable. La salle fut formée avec des bambous joints ensemble, comme c'est la coutume dans ce pays, & couverts de toile. Elle n'étoit pas si solide qu'une maison, mais elle l'étoit plus qu'une tente. La Compagnie s'y assembla après la chaleur du jour, elle montoit à plusieurs centaines de personnes. Après un très-beau repas, qu'on servit avec une très-grande régularité, nous allâmes à la rencontre de l'épouse : des messagers étoient venus annoncer son approche. Le jeune *Parsis* étoit monté sur un chameau richement caparaçonné; il étoit lui-même paré d'une grande quantité de joyaux, & couvert de parfums. Un grand nombre d'esclaves marchoient à côté du chameau, les uns tenoient un parasol sur la tête de leur maître, d'autres l'éventoient. La Compagnie étoit, comme à l'ordinaire, dans des palanquins. Pendant la marche, nous fûmes accompagnés d'une troupe de muficiens, compofée principalement de joueurs de flûtes, qui fouffloient fortement avec la bouche fur le grand tuyau, tandis qu'ils jouoient fur un autre avec les doigts; en outre il y avoit des trompettes, & une efpece de tambour que les Indiens appellent *tamtams*. La mufique faifoit beaucoup de bruit; je ne la trouvai pas agréable. Elle étoit fur un feul ton; & je n'en ai pas entendu d'autre pendant fix ans que j'ai été dans l'Inde. Nous arrivâmes dans un village, où nous rencontrâmes l'époufe, fuivie d'un grand nombre de femmes de fa connoiffance, de fes proches parens, & d'une foule de valets. On emprunta à un Anglois fa voiture pour la nouvelle mariée. C'étoit un phaéton ouvert, traîné par quatre beaux chevaux Arabes, lefquels marchoient très-doucement. Il eft très-ordinaire, dans les mariages, d'emprunter les voitures Angloifes; & on les prête toujours volontiers. — Quant aux autres dames, quelques-unes étoient sur des chameaux, d'autres dans des voitures traînées par des bufles & des bœufs mouchetés, dont les cornes étoient argentées & la tête ornée de fleurs liées avec des rubans (1). L'épouse étoit grande, & avoit un air agréable; ses longs cheveux noirs lui tomboient sur les épaules, & étoient ensuite relevés en forme de guirlandes, lesquelles étoient richement ornées de rubans brodés & de pierres précieuses. Lorsque son mari lui donna le *salam*, d'un air modeste & respectueux, elle étoit à une petite distance de lui, debout dans le phaéton, & n'étant couverte que par un parasol : moi qui étoit près de

---

(1) Ce goût n'est pas particulier à l'Orient ; dans les guerres civiles de France, Casimir, Prince Palatin, amena à Heidelberg, le butin qu'il avoit fait dans ce royaume, dans des chariots traînés par des bœufs, dont les cornes étoient couvertes d'or. Cette pompe étoit accompagnée d'une troupe de musiciens. *N. de l'Aut.*

l'époux,

l'époux, je vis distinctement sa charmante épouse.

Au bout du village il arriva un accident, qui interrompit pendant quelques instants la joie de la fête, & remplit les esprits des plus fâcheuses craintes. Les hommes aussi-bien que les femmes, poufferent un grand cri, & coururent d'un air troublé, sans savoir ce qu'ils faisoient; l'épouse même fut pendant un moment abandonnée par ses parens & les personnes de sa religion. Il ne lui resta que ses conducteurs Européens. Quelque mauvais plaisant avoit laissé échapper au hasard des cochons qui appartenoient à des familles Portugaises, & ce fut la crainte d'être touché par ces animaux odieux & impurs, qui changea pendant quelques momens, un jour de joie en un jour de tristesse. — Il est impossible de décrire l'horreur que témoignent les Parsis & les Gentous à la vue d'une truie. Seulement la forme de cet animal les fait frissonner. Il leur paroît aussi dégoutant qu'un crapeau aux Européens; & vous pouvez vous imaginer la frayeur que vous ressentiriez à l'approche d'un crapeau de la grosseur d'une truie.

Etant délivrés des cochons, délivrance à laquelle je contribuai beaucoup, nous allâmes joyeusement vers la salle, laquelle, quoique très-grande, ne put contenir tous les convives; en sorte qu'un grand nombre de personnes s'assirent sur l'herbe dans la plaine; on posa des réverberes dans des buissons sur des bâtons de bambous, qu'on enfonça aisément dans la terre légère. La salle, illuminée à l'extérieur & dans l'intérieur, laissoit voir des deux côtés, différents tableaux d'éléphants & d'autres animaux, & des portraits d'hommes. L'oncle du jeune *Parsis*, qui me témoigna beaucoup d'attentions, ainsi qu'aux autres Européens, nous dit que ces portraits étoient des Empereurs Perses. — Voilà *Koresh* (1),

---

(1). Cyrus.

dit-il, & après avoir nommé un grand nombre d'autres Princes, il nous montra *Nadir-Scha* & *Kerim-Khan*, l'Empereur actuel. — Je ne crois pas qu'ils puffent, foit par tradition, peinture, ou ftatue, avoir une idée exacte, s'ils en avoient même une, de la taille, la groffeur, & de l'air de Cyrus. Il faut que l'Artifte ait été guidé purement par l'imagination.

Après qu'on nous eut offert quelques rafraîchiffemens, nous eûmes un bal qui dura pendant toute la nuit. Les dames furent placées d'un côté de la falle, & les hommes de l'autre côté : les dames avoient leurs voiles ; mais ces voiles ne les cachoient pas affez pour qu'on ne pût diftinguer à la dérobée leurs yeux & leurs traits ; lorfqu'on relevoit leurs voiles pardevant, pour les rafraîchir avec des éventails, nous pouvions très-bien voir leurs cols & leurs beaux cheveux. Il eft vrai que dans les mariages, les dames, comme on me l'a affuré, ne font pas fi scrupuleuses dans l'usage du voile, que dans les autres tems. — Il n'y eut aucune communication entre les hommes & les femmes, pas même aucun signe d'intelligence. Les hommes parlerent entr'eux; & les femmes garderent un profond silence, promenant leurs regards devant elles, avec une douceur & une modestie incroyables.

Mais alors s'ouvrit un spectacle qui imposa silence aux hommes & aux dames, & attira l'attention de toute l'assemblée; une Compagnie de danseuses ambulantes, parut sur une plate-forme élevée à la hauteur de deux pieds. On joignit des violons à notre musique, & la danse commença peu de tems après. Les *balladieres*, nom qu'on donne aux danseuses dans cette partie de l'Indostan, sont habillées de la manière la plus extravagante qu'une imagination orientale puisse concevoir. Leurs longs cheveux noirs tombant sur leurs épaules, en boucles, ou bien relevés & tressés, sont chargés de pierres précieuses, & ornés de fleurs; leurs colliers & leur bracelets sont enrichis de la même manière; même les joyaux qu'elles portent au nez, qui choquent les Européens à la première vue, ont quelque chose d'agréable, après que l'habitude a effacé l'effet des préjugés, & a, par une certaine symmétrie, assorti tous les autres ornemens. Rien ne peut égaler le soin qu'elles prennent pour conserver leur gorge, qu'elles regardent comme la plus grande marque de beauté. Afin de l'empêcher de devenir ou trop grosse ou informe, elles l'enferment dans deux étuis de bois très-minces, qui sont bouclés parderrière, avec des boucles de pierres précieuses. Ces étuis sont si unis & si flexibles, que le corps peut prendre telle attitude que ce soit sans les applatir, & sans que la délicatesse de la peau en soit offensée. L'extérieur de ces étuis est couvert d'une feuille d'or, & garni de diamants. Ils s'ôtent & se remettent avec la plus grande facilité. Ces étuis ne cachent pas à l'œil lascif, des palpitations, des soulevemens, & autres émotions tendres & variées, & peut-être contribuent-ils à exciter un desir, tandis qu'en même-tems ils laissent au spectateur quelque chose à deviner. Les balladières croyent augmenter la beauté de leur teint, & l'expression de leur air, en traçant des cercles autour de leurs yeux, avec un pinceau de cheveux qu'elles trempent dans de la poudre d'antimoine. Outre des joyaux qu'elles portent sur la cheville du pied, elles portent aussi des sonnettes, qui, à ce qu'elles croyent, font un bon effet, mais que je ne trouve pas à mon goût.

Il faut observer, que les balladières ne sont pas toutes du même rang ou de la même condition. On m'a dit que c'étoit seulement celles du plus haut rang, qui sont consacrées aux plaisirs des *Bramines*, la première classe, dans cette contrée superstitieuse, qui soit à portée de leur fournir une quantité de diamants, & les balladieres de ce rang ne courent pas le pays : mais si les danseuses ordinaires ne sont pas toujours parées de diamants, elles ont d'autres pierres précieuses & d'autres ornemens, qui attirent également l'attention : dans tout autre point, leur habillement est pareil à celui des balladieres du premier rang.

En dansant, elles ne sautent, ni ne se croisent comme nos Actrices Européennes ; elles ne levent jamais le pied fort haut. Il faut avouer que leurs danses ne seroient pas souffertes, dans une assemblée de dames Européennes. Elles expriment, par les gestes, tous les ravissemens & les extravagances de l'amour ; elles peignent ces momens, où n'étant plus épiés par des yeux surveillans, les amans heureux cedent au desir ardent de la nature. Les gestes ne forment pas seuls ce spectacle, les danseuses accompagnent leurs attitudes voluptueuses, de chansons lascives, jusqu'à ce que succombant au pouvoir de l'imagination, & à la force des parfums, leurs voix s'éteignent, & elles deviennent immobiles; telle est la conclusion de cet opera, ou pantomime. Le bal dura jusqu'au matin. On offrit de tems en tems, pendant la nuit, des rafraîchissemens à la compagnie. Il n'y eut que les plus proches parens de l'épouse qui l'accompagnerent chez son époux. Les dames Indiennes furent de même reconduites par leurs maris ou leurs parens. Quant aux balladieres, des Européens les escorterent chez elles.

Modérés dans tous les autres points, les Indous aiment à l'excès. J'étois en peine de savoir quel étoit le sujet ordinaire de la conversation de cette Nation; car les habitans y sont très-sociables: ils s'assemblent souvent à leur porte, pour fumer pendant toute la journée. On m'a dit, qu'ils parloient de leurs femmes, de leur âge, de leurs qualités, de leur nombre, & de leurs projets d'en avoir de nouvelles, &c. &c. Les Nations barbares de l'Amérique parlent de la chasse & de la guerre; en Angleterre, on parle politique; en Ecosse, de la religion; en France, du grand Monarque (1); dans l'Indostan, les habitans ne parlent que d'amour & de mariages. Cela me rappelle quelques analogies, qui m'ont frappé, entre la presqu'isle de l'Italie & celle de l'Indostan; je les exposerai sans les examiner. Les Indous furent autrefois un peuple célebre & puissant, & leurs connoissances, leur religion & leurs loix, se répandirent dans plusieurs pays de l'Asie. De même les connoissances, la religion, les loix de l'Empire Romain, éclai-

---

(1) C'est un trait de satyre que n'eût pas hasardé l'Auteur, s'il eût long-tems vécu à Paris, & sur-tout avec les hommes qui y pensent. *N. de l'Edit.*

rerent les Nations de l'Europe ; mais par la suite l'Empire Romain fut détruit & divisé en plusieurs états indépendans, par les irruptions des Barbares. L'Empire de l'Indostan essuya un pareil sort, car il fut conquis & démembré par les Tartares Mogols. Les Etats de l'Italie ne sont à présent que des Souverainetés nominales, car elles dépendent de l'Empereur, de la France, & de l'Espagne. De même, les Princes de l'Indostan ont long-tems été sous la protection d'une des Puissances de l'Europe. — Les Italiens d'aujourd'hui, s'occupent fort peu de la guerre ; ils sont efféminés, indolents, & ne trouvent de charmes que dans l'amour & dans la musique. Tel est exactement le caractere des Indous de ce siecle. On pourroit tracer d'autres rapports entre ces deux Nations ; en fait de ressemblance, il faut se défier de l'imagination. Ainsi je ne m'étendrai pas plus loin sur ce sujet.

J'ai mis plusieurs fois les habitans de de ce pays, à même de parler librement des Européens, & de leur tyrannie : mais ils étoient toujours réservés devant moi. Ils se plaignent souvent de l'insolence des soldats. Ils disent que la caste des guerriers Européens doit être composée de méchants hommes. J'entendis un jour une conversation entre un Maure qui tenoit une boutique à Bombay, & un de nos caporaux. Le caporal demandoit le prix d'un morceau de fromage ; le Maure le fit une roupie, ou cinquante sous la livre ; après avoir dit une quantité d'injures mêlées de menaces, le caporal jura qu'il en pouvoit acheter de meilleur en Europe, à quatre sols la livre. « Eh bien, dit le vendeur de fromage : « Je crois qu'il y a » bien peu de personnes ici qui vous em» pêcheront d'aller l'y acheter. Ce fut la plus grande preuve que me donnerent les Indous de leur dégoût pour les Européens. — Un autre jour je fus présent à une conversation entre un Maure & un de nos soldats, sur la religion. Après une longue dissertation, au milieu de laquelle le Chrétien se mit en colere, & maudit Mahomet & tous ses sectateurs, le Disciple du Grand-Prophete répondit d'un air tranquille : » Monsieur, » pourquoi les Chrétiens maudissent-ils » Mahomet ? Nous autres Mahométans » ne maudissons jamais Jesus-Christ. » Le soldat irrité au delà de toute mesure de cette comparaison, auroit certainement battu le Maure, si sa colere ne s'étoit pas dissipée dans un torrent d'imprécations (1).

---

(1) Quoique cette manie ne soit certainement pas excusable, elle prévient souvent de plus grands maux. Un particulier du Nord de l'Angleterre, qui avoit le caractere irascible, possédoit une mine de charbon, souvent il maudissoit ses charbonniers, ce qui le soulageoit & appaisoit sa fureur. Mais comme il begayoit beaucoup, il n'avoit pas toujours le pouvoir de prononcer des malédictions, alors il étoit accoutumé de les battre. C'est pourquoi, lorsque les pauvres char-

Il y a à Bombay, où l'on trouve tant de différentes Nations, une espèce de langue qui est composée des mots les plus usités de la langue de chaque Nation, & de signes naturels. On soutient la conversation par des gestes & des contorsions; ce qui offre à l'étranger un spectacle plaisant. Les Indous parlent d'un ton de voix très-haut, ce qui me parut désagréable, jusqu'à ce que l'habitude qui nous fait prêter à tout, me le rendît familier; cependant leurs voix ne sont pas rudes, mais au contraire naturellement douces & mélodieuses. Les hommes se rasent la tête, mais toutes les femmes portent leurs cheveux très-longs. Les Juifs & les Parsis portent de longues barbes; mais les Indous, dont la religion ordonne la propreté,

---

bonniers voyoient sa colere prête à éclater, & lui incapable de parler, ils lui disoient souvent : « O, si » votre honneur pouvoit prononcer un ou deux juremens! *N. de l'Aut.*

se rasent les cheveux, dont ils laissent cependant une touffe sur la couronne de la tête, la barbe, les aisselles, &c. Les potiers gagnent beaucoup dans ce pays-ci, car les Gentoux ne se servent jamais deux fois du même pot ou de la même assiette, ce qu'ils regarderoient comme une souillure ; mais quant aux assiettes, ils en forment avec de larges feuilles épaisses de banane, & ils ne se servent point de cuillers ; ils ont des cuillers à pot, faites de noix de cacao, avec lesquelles ils servent leur riz, qui est ordinairement mêlé avec du guy, espece de beurre à demi-battu, qu'ils conservent frais pendant des années entières, dans des bouteilles de cuir, sans y mettre de sel, & des épices, ce qui forme une nourriture agréable & nourrissante. Ils ne mangent pas cela avec des couteaux, ni avec des fourchettes, mais avec les doigts. La nourriture des carnivores Européens les choque : car, excepté les Guerriers, les Indous ne mangent point de viande. Il est de certaines classes parmi eux, auxquelles on permet de manger du poisson. En parlant des Anglois, ils disent en secouant la tête : » Ah, les Anglois mangent tout, com-» battent tout ».

J'avoue que la coutume qu'ont les Européens & les Maures, de manger des serpens & des grenouilles, me répugna beaucoup. Les grenouilles de ce pays-ci sont aussi grosses que des poulets. Elles font les soirs par leurs croassemens, un très-grand bruit dans les étangs & dans les champs, ce qui remplace la mélodie des oiseaux en Europe. Ceux qui en mangent, m'ont dit que c'étoit une nourriture très-délicate. Je les en crois sur leur parole. Le feu Général Wedderburne les aimoit tant qu'il avoit un pêcheur de grenouilles, comme on tient en Europe des pourvoyeurs de volailles.

Il y a une espece de serpents, qu'on peut apprivoiser; ils s'accoutument à vivre dans les maisons, & sont certainement sensibles aux charmes de la musique. Car, au son d'un violon, ils levent la tête, & font des mouvemens qui sont en rapport avec la musique. Lorsqu'on leur touche le dos, ils paroissent sentir les caresses, ils le témoignent par des mouvemens plus vifs, & par un éclat qui brille dans leurs yeux.

Je n'ai pas encore, ni par la lecture, ni par la conversation, pu avoir des détails satisfaisants sur l'origine, des idées de souillure, & des antipathies singulieres, qui causent de si grands tourmens aux Indous. Il y a eu plusieurs Ecrivains qui les ont attribuées aux rufes des Prêtres & des premiers politiques. Le charlatanisme des Prêtres & de la politique n'inspire pas aux hommes de nouveaux desirs ni de nouvelles aversions. Il peut sanctifier les préjugés déjà reçus, & les corroborer; il peut les perfectionner, les augmenter & s'en servir comme d'un instrument pour ses desseins. Mais je crois, que rarement les Prêtres & les Législateurs

teurs les créent. Que l'édifice soit l'effet de l'art, le fondement est dans la nature. C'est peut-être une précaution sage de la politique, de punir les crimes antinaturels; & en effet on les punit; mais la punition de ces crimes est-elle établie par les vues d'une politique sûre ? C'est une aversion naturelle qui porte d'abord les hommes à les punir; de même qu'un enfant est porté par une antipathie naturelle, à tuer les reptiles odieux qui se présentent à sa vue dans les bois & dars les champs. — Les Européens sont sujets à plusieurs antipathies, dont il est impossible d'attribuer la source à la superstition & à la politique ; de même les Asiatiques ont les leurs, avec cette différence, qu'elles sont tout à la fois plus violentes & en plus grand nombre. Il paroît que leurs nerfs sont plus sensibles; ils sont frappés avec plus de force de chaque objet.

Les Gentous ont une manière de boire qui est singulière. Par un motif de

Tome I. G g

dévotion ils ne touchent point avec les lèvres le vafe qui contient la liqueur, & ils fe la verfent dans la bouche, en le foutenant à un pied de diftance. En le touchant, ils craindroient être fouillés par de l'eau ftagnante. Ils boivent volontiers de l'eau coulant par une pompe, par un ruiffeau, mais jamais celle d'un étang.

Les Indous confervent la coutume Afiatique, felon la Bible, de fe fervir de bœufs pour battre leur bled. On fixe dans la terre, un bâton, au bout duquel eft un pivot qui fert d'axe à une roue, ou plutôt à une forme de bois, qui eft tournée par les bœufs, & qui circonfcrit leurs pas dans l'aire ; le grain eft delivré de fon écorce & de la paille, par les mouvemens répétés de leurs pieds. Deux bœufs peuvent battre deux ou trois cent boiffeaux de riz par jour. Les Européens ont effayé plufieurs fois d'inventer une machine fimple pour battre le blé, opération la plus pénible & la plus coûteufe de l'agriculture.

Nos laboureurs ne pourroient-ils pas imiter les Asiatiques, & se servir de leur méthode de battre le grain avec le secours des bœufs. On construit l'aire en étendant sur un terrein uni, une pâte composée d'eau, de terre, & de fumier de vache. Les femmes sont chargées de cette opération.

Il n'est rien de plus précieux aux yeux des Gentous, que le fumier de vache. On ne sçait peut-être pas en Europe, que ce fumier est un remede infaillible contre toute espèce d'animaux nuisibles. C'est pour cela qu'on s'en sert dans la construction des aires. C'est encore pour la même raison, qu'on s'en sert comme de plâtre, délayé dans de l'eau & mêlé avec un peu de terre, pour en revêtir les maisons. On en met d'abord une couche sur les murailles, & lorsqu'elle est seche, on en applique une seconde, pour remplir toutes les crevasses qu'une excessive secheresse pourroit avoir occasionnées.

Lorsque cette pâte est bien unie & bien solide, on blanchit les murailles avec une très-belle chaux faite d'écailles d'huîtres, & elles sont couvertes à l'extérieur comme à l'intérieur, des figures de différens animaux, principalement d'éléphants. Mais je n'ai pas encore fait connoître toute l'utilité du fumier de vache (1). C'est une chose non-seulement nécessaire dans l'agriculture & dans l'architecture, mais dans leurs cérémonies religieuses. Les Indous frottent avec

―――――――――――――――――――――

(1.) Il y a quelque tems, un Prince Parsis & un Bramine vinrent en Angleterre ; M. Burke, guidé par sa générosité ordinaire & son goût pour le bien public, recommanda à la Compagnie des Indes Orientales, de leur procurer un beau logement dans la Paroisse de Saint-James. Mais si cet Orateur s'étoit rappellé la vénération que les Indiens ont pour le fumier de vache, il n'auroit trouvé aucun endroit de la Paroisse de Saint-James convenable pour la demeure de ces Etrangers : il les auroit logés dans *West-Smith-Field*, (partie de Londres qui est presque campagne). *Note de l'Auteur.*

du fumier de vache, les endroits de leurs maisons qui ont été touchés par des Chrétiens. Comme nos soldats logerent, pendant la guerre avec les Marattes, dans les Pagodes de l'Isle de Salsette, elles furent regardées comme avilies, & on les abandonna entierement jusqu'à ce qu'elles eussent été purifiées par du fumier de vache. Il est humiliant pour un Sectateur du Christianisme, d'être regardé par l'ancienne & nombreuse secte des Indous, comme un animal beaucoup plus dégoûtant & plus odieux que les excrémens d'un bufle ou d'un bœuf.

Il est certain que les Gentous sont de grands Idolâtres (1). Je ne connois point la doctrine de leurs Prêtres; ils adorent des figures d'hommes avec des

---

(1) C'est un point qui est contesté. Il est difficile de prononcer. Il y a des Voyageurs & des Ecrivains qui nient cette idolâtrie. *N. de l'Edit.*

têtes d'éléphants, & plusieurs autres Idoles. Les figures humaines auxquelles les Indiens rendent un culte, ont plusieurs mains, & un corps énorme. Ils adorent aussi différentes espèces d'animaux (1); j'ai vu dans leurs temples, des bœufs en vie. J'ai cru qu'ils attendoient le moment d'être sacrifiés à leur Dieu ou Dieux; mais on me fit bientôt entendre qu'ils étoient eux-mêmes des Dieux.

On sçait que les Parsis qui habitent ce pays, adorent le feu, mais non d'une manière absurde, ni idolâtre; car plusieurs Parsis dignes de foi m'ont assuré, qu'ils adorent le feu seulement, comme un emblême de la Divinité, & comme son principal agent dans le systême de l'Univers. — Ils n'éteignent jamais leur

---

(1) On peut en voir la description dans l'Ouvrage de M. Sonnerat, sur les Indes & la Chine. *N. de l'Edit.*

feu. Ils restent pendant des heures entières près de leurs lampes, adressant leurs prieres à Dieu les mains jointes, & portant les yeux vers le ciel avec de grandes marques de dévotion. Ils prient tout le jour, & mêlent leurs prieres dans les affaires & la conversation ordinaire.

Ils ont une vénération superstitieuse pour les coqs & les chiens. Ils élevent une grande quantité de ces derniers dans leurs maisons, & les nourrissent en leur donnant deux fois par jour du riz & du gui. Ils font très-charitables envers les chiens, même envers ceux qui ne leur appartiennent pas. En quelque endroit qu'ils en voyent, ils les appellent pour leur donner à manger. Lorsque vous passez dans quelque village Parsis avec un chien, vous entendez crier: *Jo! jo!* successivement par plusieurs personnes; tout le monde s'empresse d'être le premier à amuser votre chien. Ces animaux sont aussi sacrés dans tous les pays fous la domination des Turcs (1). Il y a quelques années, la plus grande partie des chiens de l'Isle

---

(1) En 1743, les chiens se multiplierent en si grand nombre à Constantinople, qu'ils devinrent insupportables aux habitans ; ils furent obligés de les nourrir, de crainte qu'enragés par la faim, ils n'attaquassent leurs bestiaux & leurs enfans même, fait dont il y a des exemples. Cette affaire devint si sérieuse, qu'elle fut portée au Divan. Il fut dans le plus grand embarras, car il ne savoit pas quel remede apporter aux plaintes des habitans de Constantinople, sans violer la doctrine de leur religion, qui défend expressément à ses Sectateurs d'ôter la vie à un chien. Le Divan fut tiré de son incertitude par une finesse du grand Visir. Ce Ministre remarqua, que quoique le Saint Prophete eût défendu aux Musulmans de tuer un chien, cependant il ne leur avoit point défendu de les transporter d'un endroit à un autre. Après avoir reçu l'approbation du Divan, il envoya donc tous les chiens de la capitale des Turcs dans une isle déserte de l'Archipel. On chargea plusieurs vaisseaux de ces passagers, qui furent débarqués avec le plus grand soin, & moururent bientôt de faim. L'équipage d'un vaisseau Anglois, qui deux jours après passa près de cette Isle, fut frappé d'horreur en entendant leurs hurlemens, dont il fut la cause en arrivant à Constantinople. *N. de l'Aut.*

de Bombay, devinrent enragés; lorsque cette nouvelle parvint au Gouvernement, il ordonna de tuer tous les chiens sans exception. Consternés en apprenant cet ordre, les Parsis s'assemblerent & firent une ligue pour défendre leur vie, aux dépends de la leur. On crut donc qu'il étoit prudent de ne point insister sur l'exécution de l'arrêt passé contre ces animaux fideles & affectionnés.

Qu'il est difficile de distinguer les sentimens de la nature, des préjugés de l'éducation ! La plupart des Nations connues ont bien soin d'enterrer leurs morts, & regardent comme une espèce de malheur, lorsque les amis qu'ils ont dans des pays éloignés, ne sont pas honorés de funérailles décentes. Cette même circonstance, qui selon Homère, augmentoit encore le malheur des héros qui périrent dans le siege de Troye, dont les membres dispersés furent dévorés par des chiens & des vautours affamés; cette circonstance, dis-je, si horrible aux yeux des Grecs, eût paru aux Parsis un sujet de consolation. Car ils abandonnent leurs cadavres aux oiseaux de proie, le regardant comme dernier service que l'amitié puisse rendre aux morts. Ils élevent à cet effet des bâtimens de dix pieds de haut ; au-dessus de ces murailles, ils construisent une grille de fer sur laquelle ils placent les morts. Ces bâtimens ressemblent beaucoup aux fours, excepté qu'ils n'ont pas de toit. Les corneilles, les milans & les vautours, ont bientôt dévoré la chair ; & lorsque les os ont été exposés au soleil pendant quelque années, ils tombent par degré en poudre dans le fond du bâtiment, & font ainsi place aux autres cadavres.

Je préfere à cette coutume des Parsis, celle que les Gentous suivent pour les funérailles de leurs morts. Ils brûlent leurs corps avec du bois de sandale, & d'autres aromates. Je connois un très-digne homme, nommé le Capitaine West, qui est si enchanté de cette manière, qu'il a ordonné qu'après sa mort son corps soit brûlé avec du bois de sandale, selon la coutume des Indous. — Les pauvres Faquirs, dont vous avez si souvent entendu parler, enterrent leurs morts dans les mêmes endroits qu'ils habitent, qui sont, ou des chaumières ou des cavernes. Ces martyrs volontaires passent souvent plusieurs jours & plusieurs nuits couverts de poussière, sous des bananiers Là ils confessent leurs fautes, & les expient par le repentir : ils ont pour toute nourriture une bouteille d'eau & un peu de *gram* ou de blé sec, qui ressemble aux pois, mais le goût en est plus doux. Cet ordre de mendians procure souvent des provisions à nos *Patty Maures* (1), lorsqu'ils voyagent; s'ils ne recevoient pas de secours, ils courroient risque de mourir de faim, car les Indous les fuient com-

---

(1) Couriers.

me s'ils étoient quelques animaux nuisibles.

On fait généralement que la coutume d'inoculer la petite vérole est suivie dans tous les pays de l'Asie ; mais il est un moyen pratiqué dans l'Indostan, qui n'est pas connu en Europe, dont l'effet certain est d'empêcher que les enfans ne conservent des traces de la petite vérole. Ce préservatif est composé de certaines herbes Indiennes, & d'une espece d'huile, qu'on applique sur la figure, aussitôt que les boutons commencent à noircir. Je suis surpris qu'aucun Chirurgien de la Compagnie ne se soit jamais informé de la composition de cette recette ; car je suppose qu'il l'eût bientôt découverte ; le fait est, que les Indous savent comment prévenir les ravages de la petite vérole sur la peau.

A présent que je suis entré dans le sujet de la Chirurgie de l'Indostan, je ferai connoître une autre opération Chirurgicale, dont je puis affirmer les heureux effets. Lorsqu'une personne se meurtrit, soit par une chûte, par un coup, ou d'une autre manière, ceux qui se rencontrent près d'elle lui ôtent bien vîte la plus grande partie de son habillement, & lui frotent doucement avec la main la partie blessée, & après cette première friction, elles lui frottent avec plus de force tout le corps. Ce sont les femmes qui rendent ordinairement ce service : dans le fait, elles sont les Chirurgiens & les Médecins de ce pays ; & elle dirigent leurs malades avec toute l'adresse du membre le plus expérimenté d'une faculté Européenne.

Avant que les Indous sortent de leurs lits, ils allongent leurs corps, & font plusieurs mouvemens rapides avec les bras & les jambes. Ensuite ils vont à la porte de leurs maisons, où ils s'asseoient en cercle, pour se nétoyer les dents. Ils se remplissent plusieurs fois, la bouche d'eau, ensuite ils renversent la tête en arrière, & font un bruit semblable à celui des grenouilles. Ceux qui suivent la religion des Gentous font plusieurs autres ablutions secretes.

Quoique les Indous soient un des peuples les plus doux de l'Univers, cependant ils disputent quelquefois. Je vais vous rendre compte d'une de leurs querelles. Les tempêtes font souvent connoître la nature du sol qu'elles ravagent. — Les parties irritées commencent d'abord par se reprocher chacune leurs injustices, & citent plusieurs maximes de morale & de religion, qui ont été violées par ces injustices. Ils détaillent les actes de violence & de fraude, que leurs antagonistes ont commis contre les autres & contre eux-mêmes. Ils décrient leurs familles réciproques, en se disant : « Votre sœur alla un jour
» chercher de l'eau au puits, & elle se
» laissa embrasser par un soldat Chrétien ;
» vous avez, par avarice, violé les loix
» de notre divine religion, en vous ser-
» vant du même pot de terre pendant

» une semaine entiere. Et un jour vous
» étiez tellement ivre de brabtrée-toddy,
» que non-seulement vous touchâtes le
» vase avec les lèvres, mais vous le
» serrâtes entre les dents. — A la
» mort de votre pere, votre mere ne se
» rasa pas la tête, mais elle se laissa enlever
» par un Cipaie». Ils disputent ainsi pendant quelques heures ; mais ensuite la querelle devient plus sérieuse, & les termes déshonorants de Caffre & d'Hallachore sont prodigués avec la plus grande fureur. Pour le dernier degré d'insulte, ils ôtent leurs souliers, crachent dedans, & se les jettent à la figure l'un de l'autre (1). Ensuite ils s'arrachent les cheveux, se battent, non pas avec le

---

(1) Il faut observer que lorsque les Gentous entrent dans leurs temples, ou dans l'appartement d'un homme de qualité, ils ôtent leurs souliers & les laissent à la porte. Paroître en présence de quelqu'un sans souliers, est la plus grande marque de respect. Les jetter à la figure de son voisin, est la plus grande marque de mépris. *N. de l'Auteur.*

poing, mais avec la paume de la main, comme font les femmes & les enfans. Lorsqu'ils sont fatigués de cet exercice, ils se quittent, & chacun proteste qu'il auroit donné à son ennemi de plus grandes marques de sa colère, s'il ne se croyoit pas autant souillé en le touchant, qu'il le seroit en approchant un porc ou un Chrétien.

J'ai vu une très-grande preuve de l'influence qu'a la nourriture sur la constitution animale, dans les combats des chiens de ce pays. Ceux qui sont nourris par les habitans avec du riz & du guy, ne sont pas plus en état de combattre avec ceux nourris par les Anglois, quoique de la même espèce, qu'un d'eux ne le seroit avec un lion. Nos soldats prennent un grand plaisir à faire combattre leurs chiens avec ceux des Indous, ce qui est un amusement bien cruel.

Ceux qui connoissent la résolution avec laquelle les femmes des Indons périssent sur

sur le bûcher de leurs maris, ne seront point surpris si je leur dis, qu'il y a à présent à Bombay, une femme née à Mangalore, qui s'habilla en homme, & s'enrôla dans une troupe de Cipaies; elle espéroit retrouver son amant, qui s'étoit engagé à notre service dans la dernière guerre. Après avoir combattu dans un ou deux engagemens, dans lesquels elle déploya un courage mâle, elle le trouva, se fit connoître à lui, & devint sa femme. Les femmes des Heymals, sont chargées de l'emploi de porteurs, comme leurs maris, & la crainte du fouet les retient dans cette occupation, ainsi que les hommes; la constance & l'héroïsme de cette femme, lui procurerent la place de surveillante des femmes des Coulies : je l'ai vue, le rattan en main, remplir l'office d'un sergent.

Il y a des exemples de mariages contractés entre des Européens & des filles de Maures & de Parsis, du consentement de leurs parens. Mais je n'ai jamais entendu dire qu'un Européen eût épousé la fille d'un Gentou. Je crois que les femmes sacrifieroient souvent les préjugés de leur religion à l'amour qui l'emporte sur tout, si elles n'étoient pas arrêtées par l'autorité de leurs parens. Un jour que le Lieutenant L. — Th. se promenoit dans les fauxbourgs de Bombay, il apperçut une femme de la plus grande beauté à la fenêtre d'une maison, dont une des murailles touchoit au jardin dans lequel cette fenêtre donnoit. Il s'arrêta pour l'admirer; mais cette Dame s'en apperçut, & se retira aussi-tôt dans sa chambre. M. — L. — Th. resta au même endroit, espérant que l'objet de son admiration reparoîtroit à la fenêtre; son espoir ne fut pas trompé; car soit par curiosité ou par l'envie d'être admirée, ou soit que la passion qui enflammoit le Lieutenant, commençât à poindre en elle, elle se remit à la fenêtre, mais sans promener indifféremment ses regards, comme elle l'avoit d'abord fait. — L'amoureux la salua respectueusement, & s'efforça de lui faire connoître, par des gestes, les émotions tendres qu'elle lui avoit inspirées. Que la nature est éloquente, lors même qu'elle n'est point aidée de la parole ! Cette jeune personne parut comprendre son intention; car, après lui avoir lancé un coup d'œil, qui n'exprimoit ni l'aversion, ni le mépris, elle secoua la tête gracieusement, & se retira. Le Lieutenant, qui ne pouvoit penser qu'à cet événement, retourna au même endroit le lendemain, à la même heure. Après avoir attendu quelque tems, la demoiselle regarda par la fenêtre, & la même conversation muette qui s'étoit passée la veille, recommença; mais elle dura plus long-tems.

Quoique la Compagnie des Indes Orientales donne de bien plus grands appointemens aux Officiers qui entendent la langue des habitans, M. — L. — Th. qui se soucie fort peu de l'argent, ne s'étoit jamais occupé de l'apprendre ; mais son nouvel amour lui rendant cette langue nécessaire, on le vit, avec étonnement, devenir très-studieux, & ne point quitter le *Dictionnaire Persan de Richardson*. Il fut bientôt assez habile pour pouvoir exprimer sa passion à l'objet de son amour. Dès-lors, il commença à lui rendre des visites plus régulières, & ils fixerent l'heure de leur entrevue à la nuit, dont l'obscurité est favorable aux amants, & à la délicatesse de leur passion. M. — L. — Th. & son aimable Gentou brûloient de la même flamme, qui fut suivie d'un heureux succès ; car la Demoiselle s'étant parée de ses plus beaux habits, & ornée de tous ses joyaux, elle suivit à l'heure de minuit les pas de son amant, & dit ainsi un éternel adieu à sa maison paternelle, à ses parens, & à sa religion. Le pere de cette jeune personne se plaignit amerement au Gouverneur de Bombay, de la conduite de M. — L. — Th, qui, selon lui, avoit avili sa fille au-dessous du rang d'hallachore, & couvert sa famille d'une tache ineffaçable. En un mot, il demanda que pour faire quelque réparation à la dignité de sa maison, on renvoyât le Lieutenant L. — Th. du service de la Compagnie.

Le Gouverneur répondit, que si M. — L. — Th. s'étoit servi de la fourberie ou de la violence, pour enlever sa fille, la Compagnie lui ôteroit non-seulement sa commission, mais que les loix de la Grande-Bretagne lui auroient infligé quelque punition sévere ; mais qu'il paroissoit que l'enlevement s'étoit fait avec le consentement de la demoiselle, & qu'ainsi il n'avoit aucun droit, non plus que le Gouvernement Anglois, de blâmer la conduite du Lieutenant. Madame L. — Th. a perdu pour toujours l'amitié de sa famille ; mais cette circonstance la rend encore plus chere à un mari affectionné & généreux.

En regardant à la date de ma Lettre,

je vois qu'elle a rempli mes momens de loisir pendant cinq jours. — Je pourrois encore vous donner plusieurs petits détails ; mais le Patty Maure part demain pour Calcutta.

Je suis, &c. &c. &c. &c.

Fin du premier Volume.